POLICY ANALYSIS
OF THE PUBLIC CRISIS GOVERNANCE

公共危机的政策分析

谷雪 著

北京大学出版社
PEKING UNIVERSITY PRESS

图书在版编目(CIP)数据

公共危机的政策分析/谷雪著. —北京:北京大学出版社,2014.2
ISBN 978-7-301-23740-3

Ⅰ.①公⋯　Ⅱ.①谷⋯　Ⅲ.①突发事件-公共管理-研究-中国　Ⅳ.①D63

中国版本图书馆 CIP 数据核字(2014)第 011801 号

书　　　　名:	公共危机的政策分析
著作责任者:	谷　雪　著
责 任 编 辑:	闵艳芸
标 准 书 号:	ISBN 978-7-301-23740-3/C·0976
出 版 发 行:	北京大学出版社
地　　　　址:	北京市海淀区成府路 205 号　100871
网　　　　址:	http://www.pup.cn
新 浪 微 博:	@北京大学出版社
电 子 信 箱:	zpup@pup.cn
电　　　　话:	邮购部 62752015　发行部 62750672　编辑部 62117788
	出版部 62754962
印　刷　者:	三河市博文印刷厂
经　销　者:	新华书店
	965mm×1300mm　16 开本　16 印张　226 千字
	2014 年 2 月第 1 版　2014 年 2 月第 1 次印刷
定　　　价:	38.00 元

未经许可,不得以任何方式复制或抄袭本书之部分或全部内容。
版权所有,侵权必究
举报电话:010-62752024　电子信箱:fd@pup.pku.edu.cn

目 录

导论 1

第一章 公共危机与公共政策的基本逻辑关系 33
  第一节 公共危机：公共政策的重要逻辑起点 33
  第二节 公共利益：公共危机治理的核心要素 38
  第三节 政府危机：公共危机的必要而非充分条件 46

第二章 公共危机治理政策网络分析 52
  第一节 政策网络理论的兴起动因和基本概念 52
  第二节 政策网络理论的效能与限度 62
  第三节 罗茨政策网络模型及其补充 66
  第四节 公共危机治理政策网络分析模型 75

第三章 公共危机治理政策环境分析 82
  第一节 公共政策环境的分析途径 83
  第二节 公共危机治理政策的压力环境 93
  第三节 公共危机治理政策的动力环境 98
  第四节 公共危机治理政策的阻力环境 116

第四章 公共危机治理政策主体分析 127
  第一节 政策社群的主导角色 127
  第二节 府际网络的支撑角色 138

第三节 专业网络的双重角色　148
第四节 议题网络的复杂角色　157

第五章　公共危机治理政策执行分析　171

第一节 作为政策体系输出的政策执行　171
第二节 作为政策体系输出的"政策不作为"　181
第三节 公共危机治理政策体系输出的膨胀效应　186
第四节 公共危机治理政策体系输出的掩盖效应　195

第六章　公共危机治理政策发展分析　198

第一节 政策发展的基本内涵　198
第二节 公共危机的政策发展效应　205
第三节 公共危机:政策失败的结果抑或政策发展的契机　215
第四节 案例分析:厦门PX事件的政策发展意义　219

结论　228

参考文献　233

中文专著及译著　233
中文期刊　239
英文参考文献　246

后记　251

图表目录

图 1　政治系统的简化系统　23
图 2　公共危机治理政策的系统分析框架　24
图 1-1　国家起源理论与公共危机关系简图　37
图 1-2　公共危机核心利益冲突的"冰山"形态　50
图 2-1　罗茨模型政策网络谱系结构图　68
图 2-2　政策网络金字塔　69
图 2-3　公共危机政策网络分析模型　80
图 3-1　政策环境的因素分析途径与影响力分析途径　89
图 3-2　公共危机治理政策的产出性压力方程　97
图 4-1　府际"关系网络"的交叉结构　147
图 4-2　府际网络支撑角色的三个维度　148
图 5-1　公共危机治理政策执行的矛盾性特征　179
图 6-1　元政策的"价值—制度—技术"体系　203
图 6-2　公共危机在政策发展中的双重标志特征　219
表 1-1　公共利益视角下的危机分类与政策功能　46
表 3-1　荒政中"劝分"政策的利益博弈　109
表 4-1　公共危机中政策网络主体的角色功能与互动方向　170

导　论

一、研究的背景和意义

1. 研究背景

公共危机是人类发展过程中所普遍面临的一种紧张情境,是在短时间内对公共利益造成巨大调整、威胁或损害的不确定性状态。公共危机治理是现代政府最重要的一项基本职能。

危机表示一个"在表面上正常发展的系统的无序阶段,是一个常规的运作方法无法运行的变阶段"①。公共危机在政治和社会系统中可被归为小概率事件,在价值判断上具有天然的消极属性。但这种小概率事件并非稳定而均匀地分布,在某些特定因素的激发下,公共危机可能频繁发生。小概率的公共危机,蕴含着巨大的破坏能量,且这种破坏性往往与危机发生的概率成反比关系,即概率越小,破坏性越大——极其偶然爆发的公共危机却可能极大地威胁和损害公共利益;处置不当,则可能严重影响政府的合法性和权威性。

公共危机也有外部性,其天然的负面属性是针对一个既定的政治和价值体系而言的,跳出这一局限,如果从大历史的观点来看,公共危机在人类发展史上又发挥着关键的催化作用。从进化主义的历史观看来,公共危机是历史大进步、社会大发展的必经阶段和重要契机,没有近代以来中国历届政府所经历的种种严峻的公共危机,中国的现代化就无以催生,社会主义也无以在中国大地落地生根、开花结果。这种外部性我们不可忽略,因为它蕴涵了公共危机与政治发展的内在逻

---

① 〔荷兰〕阿金·伯恩,保罗·特哈特.危机管理政治学——压力之下的公共领导能力[M].赵凤萍等译.郑州:河南人民出版社,2010:3.

辑关系。

本书研究背景主要基于如下几个判断:公共危机是普遍存在的,且随着社会的发展具有很多新的历史特征;公共危机具有脆弱性累进和非线性特征,决定了其影响和危害程度与危机治理能力成反比;公共政策在危机治理的过程中扮演着重要而复杂的角色。

(1) 公共危机的普遍性与新特征。

公共危机的普遍性是风险社会的一个重要特征,尽管人类已经掌握了许多控制和消弭危机的经验和技术,但"世界上的大部分地方每天仍然遭遇这些'古老'的危机"[①]。同时,随着科技和社会的发展,当代公共危机具有一些新的特征。

首先,现代技术和制度一方面抑制和消除了许多传统类型的公共危机,另一方面也导致许多新型危机的产生。

经常困扰我们的问题是,和先人相比,我们到底是生存在一个更加安全的世界,还是一个更加危险的世界。诚然,随着现代技术的发展和制度的完善,人类已经可以抑制和消除很多传统类型的公共危机,例如对疫病的防治、对极端气候和地质灾害的预报乃至对骚乱的抑制和社会秩序的恢复等。但另一方面,与科学技术的飞速发展、社会系统的复杂程度不断上升相伴随的是管理制度设计的不完善,我们又开始面临许多新型的危机,如核危机、电力中断、信息系统崩溃、恐怖主义等。这些危机和传统意义上的公共危机有所区别,但其影响和威胁却并不亚于任何历史上的危机类型,业已成为威胁当代人类社会的重大隐患,也是公共危机治理的重要对象。

其次,在危机传播时间和波及影响方面,出现了畸短和畸长两个极端。相对于传统可预期的危机传播速度,全球化时代的公共危机出现了快速传播和影响极其深远两个现象。

由于交通和通信工具的高度发达,现在无论是危机本身的扩散还是危机信息、恐慌情绪的蔓延,都已经成为瞬间的事情。以前一种病

---

① 〔荷兰〕阿金·伯恩,保罗·特哈特.危机管理政治学——压力之下的公共领导能力[M].赵凤萍等译.郑州:河南人民出版社,2010:7.

毒的扩散,或许需要飘洋过海耗费几个月甚至几年,而崇山峻岭和深沟险壑也往往成为危机阻隔的天然屏障,但这些时空限制对今天的新型危机影响甚微———一种致命流行性病毒可以在短短几天内遍布世界的任何角落,而一则恐慌性新闻甚至可以在几分钟内便引起全球人类肾上腺素的集体升高。

同时,还存在一种时间维度上的"蝴蝶效应"。今天人类所遭受的巨大灾难和危机,也许是几十年前的决策和行为所导致的;而今天的决策和行动,很有可能成为几十年甚至几百年后巨大灾难的祸根。

危机的极速传播让人惊慌,而影响的深远又使人茫然无措。诚如阿金·伯恩所言,"如果说危机管理过去是困难的,那么它现在正变得越来越困难"①。技术的发展给人类创造了更多的决策支持工具,但同时决策的风险并非缩小,而是大大增加了。

再次,公共危机的流动性显著增加,全球性特征日趋明显。在今天的风险社会中,从区域性(regional)危机转换为全球性(global)危机的可能性大大增加,某一地区或个别人群的危机会迅速蔓延并传导到全球范围,引起大范围和深层次的影响。

亚洲金融风暴、"9·11"恐怖袭击以及甲型H1N1流感病毒,最初都只发生在某个局部地区,但最终其影响的深度和广度都大大超出肇始地的范围,成为改变全球各国政府乃至普通民众决策和行为的重大标志性危机事件。

危机的流动性显著增加,流动的速度和范围空前增大,且流动的形式呈现网络化、放射状和不规则状态,这都给全球风险社会的危机治理带来新的挑战。

最后,公共危机发生的频率显著增加。由于危机的发生源、传播速度、影响范围和层次都有显著的全球性特征,区域性与全球性危机的相互转换更加迅速,这些因素的叠加导致公共危机发生频率显著增加,不同时间和地域发生的公共危机都可能迅速影响风险社会中的每

---

① 〔荷兰〕阿金·伯恩,保罗·特哈特.危机管理政治学——压力之下的公共领导能力[M].赵凤萍等译.郑州:河南人民出版社,2010:12.

一个政府和社会成员。

所以,随着全球风险社会特征的日益凸显,公共危机更加频繁发生,对危机的恐惧和焦虑成为风险社会中社会成员的普遍心理状态,而公共危机治理也成为当代政府职能中的核心构成。

(2) 风险的脆弱性累进与危机的非线性特征。

脆弱性(vulnerability)是一个由各种因素累积而成的综合性函数,可以用来评价一个社会或地区遭遇公共危机威胁的可能性大小和危害后果的严重程度。

脆弱性累进是指由"根本原因"、"动态压力"和"不安全条件"等三方面因素共同作用的动态变量。"根本原因"包括经济发展水平、政治制度和意识形态等,如一个经济上贫穷和政治上专制的社会;"动态压力"包括地方层面危机应变能力的大小以及从宏观角度所体现出来的防灾抗灾能力的变化等,如低效的、不负责任的危机应对体系和新闻不自由等;"不安全条件"是该社会或地域所固有的可能导致危机事件的特定威胁性条件和因素,如地处地质灾害频发或疫病流行地区等。所以,在一个贫穷而专制的社会中,在一个危机应对效能低下但却热衷于新闻信息封锁的地区政府管理下,一个长期处于地质灾害和严重疫情威胁的地区,再恰逢危害性(hazard)巨大的如山洪、泥石流、地震、飓风或疫病爆发,那么在这些脆弱性因素的累积效应下,该地区遭受巨大人员和财产损失的可能性就十分大。

综上所述,可将公共危机的风险计算公式表述为:

$$风险(Risk) = \frac{危害(Hazard) \times 脆弱性(Vulnerability)}{危机应对能力(Capacity)}$$

即:

$$R = \frac{H \times V}{C}$$

上述公式[①]说明,风险与"危害的程度"和"脆弱性的强度"成正

---

① 参见 Brain Ward, 2000, *Disaster Risk Assessment. ADPC. Community Based Disaster Management*, Trainer's Guide (M3-01)。

比,与"危机应对能力"成反比①。所以,降低公共危机风险的关键,就在于减少脆弱性的累进而提高危机应对的能力。在全球化时代的今天,世界各国都面临着前所未有的公共危机挑战,各国政府均尝试通过各种方式来积极应对,其基本目标就在于提高政府和社会应对公共危机的能力并降低面对公共危机的脆弱性。

公共危机的非线性特征是指导致公共危机的原因是综合而复杂的,并非传统思维中的重大事件一定要有重大原因。公共危机事件发生的原因和导致的后果,存在很大的不可预测性,并不一定按照大事件产生大危机,大危机导致大后果这样的逻辑顺序演进。公共危机事件发生后,到底朝哪个方向发展、结果如何,存在很大的不确定性。

(3)公共政策的危机治理功能。

导致公共危机发生的原因,可能是"上帝的行为",也可能是"人为的错误"②,但公共危机治理,却决然不能单纯依靠"上帝的怜悯",而更重要的是靠人类有意识、有组织的群体理性行为。在集体行动的过程中,政府作为社会的组织者和管理者自然居于主导地位,而包括社会民众和各种非政府组织、企事业单位在内的多元角色也逐渐成为危机治理中不可或缺的主体,他们共同构成公共危机治理的网络体系。

公共危机治理依赖于制度和技术两个层面,且技术往往依赖于制度平台才能充分发挥其治理效能。在公共危机的治理过程中,如何规范和引导多元治理主体之间的关系,如何合理而高效地配置各类资源,如何考量和评估危机治理的绩效水平并提出未来减少危机的有效途径,这一系列关键性问题的解决都取决于制度安排的方式和质量。在现代政府的运行中,最重要的制度安排方式即是公共政策。公共政策作为"价值的权威性分配"方案,决定了政府做什么、不做什么以及如何做,所以从根本上决定了危机治理的成效。

---

① 转引自姚国章.应急管理信息化建设[M].北京:北京大学出版社,2009:10-12.
② 杨冬雪.风险社会与秩序重建[M].北京:社会科学出版社,2006:19.

约翰·金登认为,"政府的政策一直并永远是危机的一个函数"①。这一方面体现出公共政策所普遍存在的"困境状态和失败倾向"②,另一方面也肯定了公共政策的基本职能之一便是公共危机治理。

为了降低公共危机风险、减少脆弱性的累进并提高危机应对的能力,各国政府均制定了大量的危机治理政策,内容既包括危机战略规划、风险管理、危机预警,同时也包括危机中的回应与应对、危机后的恢复与重建以及危机治理评估等。这些公共政策在危机治理过程中发挥着至关重要的作用,因为它们所包含的价值、制度和技术,决定了政府和社会在危机治理过程中的利益排序、行动规范和工具选择。

然而,公共政策在公共危机中始终面临严重的困境和挑战。"公共危机—公共政策—社会公众"三者往往会陷入恶性循环的怪圈:公共危机带来政策困境,政策困境又导致公共利益的进一步受损、社会公众的不满加剧、事态扩大,从而造成更严重的危机情势③。所以,公共政策在危机治理中应然性的行动指南和实然的危机治理效果之间并不完全统一,有时甚至南辕北辙。

2. 研究意义

首先,公共危机通常对人类社会的基本层次即"生存"发生直接而巨大的威胁,其直接挑战个人生存的权利、政府的合法性和权威性,而且不留给政府和社会任何退缩或回旋的余地:或者解决掉公共危机,或者被公共危机解决掉。对公共危机进行政策分析,正是出于如何从公共政策的角度更加有效地预防、控制和应对公共危机,把公共危机带来的影响和损失尽量降到最低,维护和改善公共利益,维护政府的合法性和权威性。

其次,从公共危机"脆弱性累进模型"中可以看出,公共危机的风

---

① 〔美〕约翰·W. 金登.议程,备选方案与公共政策[M].丁煌等译.北京:中国人民大学出版社,2004:119.
② 〔以〕海叶卡·德罗尔.逆境中的政策制定[M].王满传等译.上海:上海远东出版社,1996:4.
③ 同上。

险与"危害的程度"和"脆弱性的强度"成正比,与危机应对的能力成反比。公共危机治理是一个全球性的问题,现代公共危机往往会蔓延出一地一国,迅速发展成全球共担的风险和危机。在同类公共危机面前,不同政府有不同的反应速度和模式,有各异的行动办法和准则,最终产生相应的公共危机应对效果。研究公共危机中的公共政策,可以从比较的角度考察和分析不同政府类型的政府能力,尤其是公共危机的治理能力,为构建更加成熟有效的公共危机治理体系提供决策参考。

再次,变态与常态并无天壤之别,只是情境使然。应对公共危机所使用的制度、技术和资源,我们大多可在常态社会中寻得。只是在公共危机面前,这些要素进行了重新的排列组合,给予了更高的目标要求或进行了集中的强化配置。公共危机是一个高度浓缩的竞技场,它要求政府和所有裹挟其中的成员都要在很短的时间内完成一次"汇报演出",但正所谓"台上一分钟,台下十年功",这场短暂的演出却蕴含着长期的积累、酝酿和准备。德罗尔认为"逆境"下的政策制定正是政策科学研究的主要对象,因为"逆境最容易暴露统治方式和政策制定的缺陷"[①]。认识和消除这些缺陷和弊端是政府决策水平和执行能力提高的关键。

从公共危机这一特定"逆境"角度考察公共政策体系,有利于发现缺陷和问题并有针对性地加以改进,增强其抵抗和应对公共危机的能力,同时也可将公共危机中所激发的政策创意和灵感合理有效地移植到日常管理中来,形成日常公共管理和公共危机治理之间的良性互动。"从常态管理,到对危机的非常态管理,再到对风险的常态管理的回归,这体现的是管理理念和形态的超越与提升。"[②]

最后,公共危机是一种极其特殊的政策环境,它带来巨大的社会紧张和政府逆境。如何拓展公共危机的考察视野,从更加客观和理性

---

① 〔以〕叶海卡·德罗尔.逆境中的政策制定[M].王满传译.上海:上海远东出版社,1996:3.
② 张成福,唐钧,谢一帆.公共危机管理:理论与实务[M].北京:中国人民大学出版社,2009:2.

的角度分析和评价公共危机及其治理机制,是本项研究的一个重要方面,本书试图从政策网络和公共利益的角度寻求摆脱公共危机政策困境的有效方案。在政策网络的视角下进行公共危机研究,可以让我们跳出传统行政科层和政策过程分析模式的束缚,更加清晰地考察和分析公共危机与公共政策之间的多维互动效应,更加准确地把握政策环境、政策主体、政策执行、政策发展等要素在公共危机情境下的各自特征与相互关系。

二、研究现状及相关文献分析

1. 国外相关研究

公共危机管理理论的产生和发展是与公共危机管理实践相适应的。

尽管自人类诞生之日起,就一直遭受着各种危机的威胁和侵害,但直到 20 世纪中叶以前,公共危机的应对之道并未有多少彻底的改变和创新,仍具有很强的技术依赖和传统沿袭特征。各国政府尚未设立具有独立职能和权限的公共危机管理部门,也很少有学者从组织管理的角度和系统综合的高度来分析研究这一长期困扰人类生存和发展的重大课题。究其本质原因,这是与公共危机本身的不确定性特征紧密相关的。

公共危机的不确定性突出表现在发生时间、发展过程和治理效果三个方面。诚如阿金·伯恩所言,"危机是动态的、混乱的过程,而不是按照线性时间表排列的单一事件"[1]。如果危机事件发生的时间无法确定和预测,发展过程是非线性的随机游走,治理效果也很难在短时间内准确评价,那么为什么要创造一套现代的所谓危机管理理论来代替旧有的占卜、祭司或荒政模式?我们又如何创造一套稳定有效的理论体系来界定和分析具有高度不确定性的公共危机事件?也就是说,公共危机管理理论产生的必要性和可能性是什么?

---

[1] Arjen Boin, *Public Leadership in Times of Crises: Mission Impossible*? Vol. 3, edited by Arjen Boin, first published in 2008, SAGE Publications Ltd., p. 3.

首先是必要性。二战结束后,尤其是冷战结束后,欧美各国面临的主要矛盾不再是战争的威胁,于是许多非传统的安全问题和公共危机管理成了社会关注的焦点和政府工作的重点。随着战后社会经济的恢复和繁荣,公共危机所造成的危害和损失也更加引人注目;政府的结构日益复杂、分工日益细化,各部门在应对公共危机的过程中,需要更多地沟通、协调和配合,也需要统一的政策规范来指挥和引导危机应对中各部门之间的分工与合作。

更重要的是,对公共危机的理解,以及政府对公共危机的解释,在当今时代已经不能再简单地归咎于上帝的惩罚、自然的无常或帝王的无德,人们更倾向于认为是由于政府决策失误、执行不力或监督无效而导致的负面结果。"有关'天意'的争论或者世俗的必然结果('倒霉事')不再能满足解释危机的发生和严重性的需要。"[①]所以,人们需要关于公共危机发生发展的更清晰合理的解释,且需要确定到底谁应该为其负责。这一切都为公共危机管理理论的产生奠定了制度基础。

其次是可能性。第二次世界大战后科学技术的发展突飞猛进,无论是自然科学还是社会科学,都得到了长足的发展和进步,一些新兴的交叉学科也应运而生。公共危机作为一个社会热点问题,逐渐成为各学科研究的重点之一,各学科领域的学者们开始从不同的角度研究和分析公共危机,并试图解释公共危机发生发展的逻辑过程。学者们也不再满足于简单地将危机类型分为"天灾型"和"人祸型",开始寻求一种能够更具包容性和解释能力的危机管理理论,将所有类型的公共危机均纳入其分析视野进行合理有效的分析。这为公共危机管理理论的产生奠定了技术基础。

最后是机会窗口。这是一个有趣的问题,因为一方面公共危机为政策发展和社会变革提供了机会窗口,另一方面公共危机管理理论本身的创立和发展,也需要机会窗口——那就是影响巨大的公共危机事件。古巴导弹危机事件、美国"9·11"事件、SARS等重大危机事件,都

---

① 〔荷兰〕阿金·伯恩,保罗·特哈特.危机管理政治学——压力之下的公共领导能力[M].赵凤萍等译.郑州:河南人民出版社,2010:183.

给公共危机管理理论的发展开启了机会窗口,大量人力、物力、财力开始投入到公共危机管理研究领域中来,大批优秀研究成果也相继问世。在对"公共危机"这一概念的解读中,人们经常强调"危"中有"机",意在强调如果处理得当,甚至会有意想不到的正面效果。可以说,影响巨大而深远的公共危机事件推动了公共危机管理理论的大发展,也是对这一论断的有力佐证。

当代公共危机管理理论是一个庞大复杂的理论体系,不同国家、不同学科领域和不同流派的学者从公共管理、公共政策、国际关系、法学、心理学、社会学、传播学以及企业管理等角度对这一课题进行了多维度的深入研究。下面,我们从与本研究关系密切的几个角度,对公共危机管理经典著作、主要思想和最新发展等做一简要述评。

(1)公共管理的角度:荷兰莱顿大学危机研究中心及其研究。

荷兰莱顿大学危机研究中心,由乌里尔·罗森塔尔教授于1984年在荷兰莱顿大学建立,是一个在公共危机研究领域颇具特色和享有盛誉的研究机构,也是欧洲公共危机研究流派的重要代表。罗森塔尔领导下的危机研究中心,是一个从公共管理和政治学角度出发对公共危机进行专门研究的实体机构,其研究重点是公共危机管理的一般通用理论,分析和探讨公共部门如何应对公共危机,其对于公共危机管理的许多经典理论都有所贡献,如导致公共危机的原因、危机管理的过程和绩效、协调和沟通等等。尤其是罗森塔尔关于公共危机的定义——"一个系统的基本结构或基本价值或规范受到严重威胁,由于受到时间压力和处于高度不确定状态,这种威胁要求人们作出关键性的决策"[1],得到了大多数危机管理学者的认同,也是中国危机管理学界引用率最高的一种公共危机定义。

依托危机研究中心,乌里尔·罗森塔尔与他的团队合作出版了一系列富有影响的公共危机管理奠基性著作,包括《应对危机:灾难、暴乱和恐怖行为管理》(乌里尔·罗森塔尔、迈克尔·查尔斯、保罗·特

---

[1] Uriel Rothenthal, *Crises Decsion Making in the Netherlands*, *Nehterlands' Journal of Sociology*, 22 (1986), pp.103—129.

哈特著)、《管理危机:威胁、困境和机会》(乌里尔·罗森塔尔、阿金·伯恩、路易斯·康福特著)以及《危机管理政治学:压力之下的公共领导能力》(阿金·伯恩、保罗·特哈特、埃瑞克·斯特恩及邦特·桑德留思著)等。作为一个不断发展的完整理论体系,荷兰莱顿大学危机研究中心通过搜集、整理和分析大量的实际案例,对公共危机进行了更加严谨的过程描述、更加准确的概念定义、更加科学的类型归纳,更加深刻地探讨了公共危机产生的原因和治理的方式。

其中阿金·伯恩的研究独辟蹊径,他通过一个基本的范式假设即"公共领导者肩负着特殊的责任以帮助社会免受危机的不利后果"[①],从公共领导的视角考察危机管理,提出了公共危机中领导的五个关键性任务,即意义感知、决策制定、意义构建、终止和学习。

这些研究颠覆了人们对于公共危机的许多常识性理解,如公共危机是偶然的自然或人为现象,是不可预测的和令人厌恶的,进而指出公共危机并不是命运的安排,其本身就是社会发展过程中不可避免的一种紧张和不确定性状态,随着风险社会的到来,公共危机已经深深嵌入政治、经济和文化等各个层面。

随着当代公共危机形式的不断变化,荷兰莱顿大学危机研究中心也在不断拓展其研究领域,如对未来危机、跨地区危机以及体制危机等,都有较为深入和独到的研究[②]。

(2) 公共政策的角度:逆境中的政策制定。

《逆境中的政策制定》为政策分析提供了基于危机视角的全新研究思路。德罗尔在其中总结了政策制定在三个不同环境中的特征,分别为"繁荣时期的政策制定、逆境中的政策制定和严重危机下的政策制定"[③]。德罗尔强调,"政府决策的许多基本特征,自国家出现以来就一直恒定不变,有些甚至可以追溯到人类群体活动的早期形态"。

---

① 〔荷兰〕阿金·伯恩,保罗·特哈特.危机管理政治学——压力之下的公共领导能力[M].赵凤萍等译.郑州:河南人民出版社,2010:15.
② 参见吕孝礼.荷兰莱顿大学危机研究中心相关研究述评[J].中国应急管理,2010(5).
③ 〔以〕叶海卡·德罗尔.逆境中的政策制定[M].王满传译.上海:上海远东出版社,1996:10.

德罗尔特别强调系统过程的动态观点,把逆境和逆境中的政策制定视为内在的、动态的、相互作用的社会过程,并从内生的和外生的两方面环境进行考察。

在这部通过政策分析的方法考察政策逆境的经典著作中,德罗尔特别指出了逆境与危机的不同。他认为,逆境可根据需要用各种词语进行界定和形容,它泛指政策制定时所面临的各种形式的严重困难,而危机是指"有一定时限、需要迅速作出决策的突发事件甚至灾难"①。德罗尔特别提出,应注意逆境政策制定和危机中政策制定的不同模式,"严重的逆境包含一种向灾难形势发展的倾向,而一旦处于巨大灾难之中,其政策制定就要遵循不同的模式,同时也会产生一些特殊的问题"②。

《逆境中的政策制定》是研究公共危机与公共政策相互关系的经典著作,它十分独到地将普遍存在的公共政策制定逆境作为环境变量,考察在这一变量的影响下政策制定过程的各种表现形式,以及如何通过政策制定和执行能力的提高来克服逆境可能带来的不良政策后果。

(3) 国际关系的角度:有效的外交工具。

格雷厄姆·阿利森于1962年出版的《决策的本质:解释古巴导弹危机》被普遍认为是公共危机管理理论诞生的一个重要标志,也是从国际关系角度研究公共危机的经典著作。在该书中,阿利森从一个独特的视角描述和分析了冷战时期这一几乎引发"第三次世界大战"的重大国际公共危机事件,并通过引入三个理论模型来从不同角度和层次分析政府在重大公共危机中的决策和行为模式及其动因。这三个模型分别为理性行为者模型(Rational Actor Model)、组织行为模型(Organizational Behavior Model)和政府政治模型(Governmental Politics Model)。通过这三个模型,阿利森试图回答三个问题,即是什么导致公共危机的发生(苏联为何要运导弹到古巴),公共危机应对主体的决

---

① 〔以〕叶海卡·德罗尔.逆境中的政策制定[M].王满传译.上海:上海远东出版社,1996:5.
② Ibid.,p.4.

策及其应对行动是什么(美国的决策及其行动),危机中冲突双方的互动关系是什么(苏联和美国的互动及最终导致的危机结果)。

从国际关系角度来研究公共危机,由于研究对象是国家和代表国家的政府,其所涉及的危机类型也往往是影响深远的重大危机事件,所以研究空间很大、范围很广,可以从宏观、中观、微观等多个层次对其进行考察。

在国际关系学者看来,"危机管理既不是一门艺术,也不是一门科学,而是一种有效的'外交工具'"①。成功的国际危机管理往往将冲突限制在双方都可容忍的限度内,避免战争而实现自己的利益,至少本国所付出的代价或作出的让步要小于对方。

(4)企业危机管理的角度。

就组织与管理的规模、体量和流程而言,现代公共管理和企业管理有很多相通之处,公共管理也在不断借鉴私营部门管理的经验和做法,提倡客户导向、追求效率,并倡导公共部门与私营部门在公共事务中的分工合作。同样,在危机管理方面,私营部门同样有很多值得公共部门学习和借鉴的经验,或者说,企业危机管理和公共危机管理之间有很多互通之处。

在国外企业危机管理体系中,有很多经典理论,如基于对组织内外环境及其相互关系的研究而建立的危机管理系统理论,基于对组织所处外部环境压力变化的战略性考察而建立的危机管理结构理论,基于对危机"成长"过程的阶段性描述和分析而建立的危机管理生命周期理论,以及基于考察组织如何与利益强相关体和利益弱相关体(尤其是大众传播媒介)的沟通管理而建立的危机管理扩散理论等。② 这些理论对于公共危机管理同样具有很大的参考价值,且已经作为理论基础和分析模型在公共危机管理研究中被广泛应用。

2. 国内相关研究

如果对近年来国内出版的公共危机管理类研究做一简单分类,则

---

① 张彩云,郭晓峰,王存银.公共危机与管理[M].银川:兰州大学出版社,2009:41.
② 有关企业危机管理理论的评述,可参见魏立尧,陈凯.企业危机管理理论评述与扩展[J].华东经济管理,2005(6).

公共危机的政策分析

我们大体可以将之归为四大类,即通论类、专题类、案例类和实务操作类。从著作实体的角度考察近年来我国公共危机管理领域的研究现状,可以更加清晰、客观地了解国内学者的学术兴趣点和研究实践。在此我们选择一些较为典型的研究进行简要回顾和述评。

（1）通论类研究。

2003年春季突如其来的"非典"危机是中国公共危机管理研究的一个重要分水岭,正是从"非典"之后,有关公共危机管理的通论和专题研究开始日趋丰富,公共危机管理成为公共管理领域的热点问题。在这一关键节点出版的《危机管理:转型期中国面临的挑战》[①],亦获得学界和政界的密切关注和普遍好评。薛澜、张强和钟开斌在该项研究中,不但对公共危机进行了基本概念的厘清和时间序列的分析,而且从组织行为和决策过程两个方面,就公共危机管理中的多主体共同参与和危机决策特征进行了详尽论述,并结合国际和国内的丰富案例,以全球化和转型期为宏观背景对公共危机的治理体系、管理机构和具体个案进行了深入剖析。

《公共部门危机管理》[②]最大的特点便是充分突出了"公共部门"的主体意识。张小明在该研究中从公共部门危机管理模式、理论、法制化、评估机制等角度,系统阐述和介绍了公共部门危机管理的基本理论,同时还分析了公共部门危机状态下的信息管理、公关对策、沟通管理、绩效管理和决策分析等。

相对于其他通论类研究,胡税根等人的《公共危机管理通论》[③]最大的特征在于十分重视绩效评估和新公共管理理论在公共危机管理中的作用。该研究更加强调有预见性的政府而非单纯抢险应急的政府,尝试运用新公共管理理论来规范和引导危机治理过程,关注危机管理中政府的效率发挥、资源的充分利用以及治理效果的公众满意等公共危机管理理论的最新发展趋向,进而在此理论框架下强调多种制

---

① 薛澜,张强,钟开斌.危机管理:转型期中国面临的挑战[M].北京:清华大学出版社,2003.
② 张小明.公共部门危机管理[M].北京:中国人民大学出版社,2006.
③ 胡税根,余潇枫.公共危机管理通论[M].杭州:浙江大学出版社,2009.

度设计和管理技术的应用,多元危机治理主体的参与。该研究的另一个突出特点在于将非传统安全纳入公共危机治理的范畴,从全球风险和中国语境两个方面对非传统安全威胁下如何提高中国的危机应对能力进行了探讨和分析。

《公共危机管理:理论与实务》[①]作为危机管理的通论类研究,同样具有较强的系统性和规范性,其对危机管理战略和政策的分析对本书有很高的借鉴和参考价值。在该研究中,张成福、唐钧、谢一帆重申了全面整合的危机管理模式,亦即公共危机管理的政治承诺属性、超越"天灾—人祸"二分法属性、多元参与管理、风险社会背景和危机发展效应等一系列突出的全面整合管理属性。该研究同时提出,危机管理的政策工具运用,就是在市场工具和政府工具之间的摇摆和选择过程,而直接供给、政府管制、经济诱因、保险保障和宣传教育等政策工具则是危机管理者政策工具箱中最基本的工具。

宋英华编著的《突发事件应急管理导论》[②]兼具通论与实务操作两种特征,其中将突发事件应急管理系统细分为指挥协调系统、决策支持系统、管理信息系统、处理实施系统和资源保证系统,并重点介绍分析了突发事件应急救援、应急资源配置等具有操作实务性的内容,同时提出了突发事件应急管理的网络化发展趋势和框架构建。

(2)专题类研究。

《社会危机治理:价值变迁与治理成长》[③]是一项具有较强哲学意味的危机管理专题类研究,蔡志强在该研究中试图构建社会危机情境和相应治理框架的逻辑关联,并超越实操层面而从更高的价值和制度层面来探讨危机中个人和政府各自的角色和定位,同时从二者的价值疏离、制度设计、组织秩序等角度来分析探讨公共危机产生的根源并寻求合理的治理方案。

---

① 张成福,唐钧,谢一帆.公共危机管理:理论与实务[M].北京:中国人民大学出版社,2009.
② 宋英华.突发事件应急管理导论[M].北京:中国经济出版社,2009.
③ 蔡志强.社会危机治理:价值变迁与治理成长[M].上海:上海人民出版社,2006.

于建嵘的《抗争性政治:中国政治社会学基本问题》[①]主要是对当代中国普遍面临的抗争性政治冲突进行研究,这是当代中国公共危机的重要类型。于建嵘在书中提出了抗争性政治的基本研究逻辑即生存伦理、依势博弈和边界冲突,同时指出,在当前中国所频发的集体行动与维权抗争中,农民采取的多是"依法抗争",而工人也往往采取的是"以理维权";这些维权抗争的方式,都在既有制度内,并试图依靠现有制度框架实现自身的利益诉求,而并非要从根本上打破这一制度框架。

周晓丽在《灾害性公共危机治理:基于体制、机制和法制的视界》[②]中,将研究的重点集中于"灾害性公共危机"这个特定的对象上,同时将研究的维度设定在"体制、机制和法制"这"三制"上,认为"三制"是相辅相成的,任何一方的缺失或不足都会对灾害性危机的应对产生不利影响,但在同样的条件下,机制的完备可以弥补体制或法制方面的某些不足,"三制"的实行是灾害性危机事件得以有效治理的关键。

《中国转型期的社会风险及识别》[③]的关注重点是风险与危机的关系,亦即风险在什么契机下将转变为现实的危机,风险和危机二者的逻辑旨向有何不同。在这一研究中,作者童星、张海波等认为"危机"和"风险"其实有着重要的区别,它们属于两套不同的话语体系:"风险"是经济学话语,"危机"是管理学话语;使用"风险"是为了解释问题,使用"危机"更侧重解决问题;"风险"是抽象的,"危机"是具象的。

杜骏飞等著的《政府网络危机》[④]最大的特色即在于从互联网这一独特视角来考察近年来政府危机的诱因、过程和治理途径,并重点分析了危机中包括政府、媒体、公众、NGO、专家等在内的多个行为主

---

① 于建嵘.抗争性政治:中国政治社会学基本问题[M].北京:人民出版社,2010.
② 周晓丽.灾害性公共危机治理:基于体制、机制和法制的视界[M].北京:社会科学文献出版社,2008.
③ 童星,张海波.中国转型期的社会风险及识别——理论探讨与经验研究[M].南京:南京大学出版,2007.
④ 杜骏飞.政府网络危机[M].北京:中国发展出版社,2011.

体及其互动关系。该研究的一个重要理论贡献是基于"利益冲突程度—体制化程度"这两个核心变量各自的高低程度而构建了危机事件主体互动的二维模型,将各类政府网络危机事件及其治理过程和结果均纳入到这一分析模型中。该研究同时指出不同象限内的危机间具有相互转换的可能,如从"利益冲突程度低—体制化程度低"向最危险的"利益冲突程度高—体制化程度低"的转换等。

《政策网络与政策工具:理论基础与中国实践》[①]作为一项专题类研究,最大的学术价值在于其充分运用当代政策网络的基本理论,深入分析了民国政府期间的婺源回皖运动(1934—1947年间)。朱春奎在该研究中,在简要介绍政策网络理论的基础上,将研究重点放在了案例分析上,尤其是对20世纪三四十年代的婺源回皖运动中包括乡绅、报纸(媒体)、赣皖两地政府、中央政府和各界民众等一系列行动主体的互动研究。该研究充分证明了政策网络的理论适用度,亦即其不但对当代公共政策运行具有显著的阐释能力,而且在更广的历史视野内,同样具有很强的解释效能。

(3)案例类研究。

案例研究是中国公共危机管理研究的重要方面,而随着近年来我国公共危机事件的频发,以案例分析为主要研究对象的著作也逐渐增多。

胡百精主编的《中国危机管理报告》[②]从2005年开始连续出版,按年度记录了中国近年来发生的引人注目的公共危机事件,并将看似独立的公共危机事件加以整合抽象,从中发现和总结理论线索,以期透过热点的公共危机事件分析中国政府、社会民众在公共危机治理中的不同角色形象、行为方式和价值定位。

菅强主编的《中国突发事件报告》[③]是更加标准的公共危机管理案例分析研究著作。在书中作者详细介绍和分析了2008年中国南方

---

① 朱春奎.政策网络与政策工具:理论基础与中国实践[M].上海:复旦大学出版社,2011.
② 胡百精.中国危机管理报告[C].北京:中国人民大学出版社,2005.
③ 菅强.中国突发事件报告[C].北京:中国时代经济出版社,2009.

雪灾、2005年松花江水体污染事件、阜阳手足口病、中国输日"毒水饺事件"、河北石家庄"3·16"爆炸案等数十个典型案例。赵麟斌主编的《危机公关》①则通过十六个典型案例的分析来厘清公共关系在危机治理中的地位和作用。

（4）实务操作类。

《应急管理信息化建设》②是典型的实务操作类公共危机研究。姚国章在书中系统介绍了信息通信技术在应急管理中的应用理论和技术规范，阐述了应急平台的体系构成及其建设要求、建设框架和原则、内容，详细介绍了通信保障和移动通信、卫星通信、互联网在应急管理中的广泛应用和发展趋势，提出要着力构建应急知识管理系统和应急管理地理信息系统。同时，作者还以日本、印度、美国、澳大利亚、英国等国在应对公共危机中构建和充分发挥信息通信技术作用为案例，为我国建设应急管理信息系统提出了决策参考和操作指南。

由人力资源和社会保障部编撰的《公务员突发事件应对培训教程》③及张丽莎、陈宝珍主编的《学习国家应急预案》④，主要是为了贯彻落实《中华人民共和国突发事件应对法》和《国家突发公共事件总体应急预案》的培训类著作，注重对国家法律法规和政策规章的解读和分类、分步骤指导，增强政府工作人员对国家应对公共危机所制定的公共政策的理解程度和认知水平，以提高政策的执行效率和危机应对能力。

3. 相关文献综合评价

首先，从数量来看，我国公共危机研究呈现井喷的状态，即从2003年"非典"以后，公共危机研究开始加速增加。无论是通论、专题、案例还是实务操作研究，每年都产生大量的研究成果，越来越多的学者开始将研究兴趣点转向公共危机，抑或将其研究领域和公共危机相

---

① 赵麟斌.危机公关[M].北京:北京大学出版社,2010.
② 姚国章.应急管理信息化建设[M].北京:北京大学出版社,2009.
③ 人力资源和社会保障部编.公务员突发事件应对培训教程[C].北京:人民出版社,2009.
④ 张丽莎,陈宝珍.学习国家应急预案[M].北京:科学出版社,2009.

结合。

其次，就几类公共危机研究的成果来看，通论类和案例类研究具有一定的同构甚至是同质性，亦即进行这两类研究的学者通常采用的是类似的研究框架，或选取的是差异不大的案例事件。

就通论类研究而言，主要是由于我国在公共危机研究领域起步较晚，目前尚处在翻译、引进和吸收阶段，所以受国外危机管理研究影响很深；同时受先期出版的通论类研究框架影响很大。而就案例类研究而言，一方面近年来我国频繁发生的公共危机事件为案例的选编和分析提供了良好的事实和文本基础，另一方面由于信息获取渠道的限制，大多数案例分析类的著作还只能从仅有的主流新闻媒体的既有报道出发，搜集有关危机事件的起因、经过和结果信息，而很少能就危机事件本身再对当事人（包括危机治理者在内）进行访谈或问卷。这造成案例研究更多的是一种主流新闻分析或年度危机事件盘点，缺乏探究公共危机案例本身独特性和鲜活性的渠道和能力。不可否认，陆续出版的通论和案例研究著作，为我们进一步厘清了公共危机的基本概念和理论，同时也对近年来频繁发生的公共危机事件做了不同角度的分析，不但描述了情绪对立和行动冲突，而且揭示了其中深层次的利益矛盾。

再次，专题类著作具有更广的视野和更多的视角，学者们逐渐开始从更加独特和深入的视角来考察当代中国的公共危机事件及其治理模式，如从危机治理体系、制度设计、风险识别和控制、灾害性公共危机、群体性事件、公共卫生事件、大城市危机治理、公共关系、危机传播和媒体沟通等角度，开始抽丝剥茧地对公共危机发生的原因、发展的过程和逻辑以及导致的后果、治理效果等等方面进行深入研究。专题类著作是近年来我国公共危机研究领域最具挖掘潜力的领域之一，也代表了中国公共危机研究发展的一个重要方向。

最后，实务操作类著作在整体上数量偏少，且亟需与中国及各地的具体实际密切结合。这从另一个方面说明我国缺乏公共危机方面的实证研究，这对具体的危机治理实务操作不利。无论是政府、社会组织还是民众，尽管需要了解和理解危机应对的基本理论和逻辑关系,但更重要的是让民众知道危机来临时应按照什么方案去拯救自己和他人的生命和财产,有几套方案,以及支撑这些方案的信息系统、物资系统和人力组织系统是否完善,能否发挥其应有功能。实务操作类研究的缺乏,和我国目前各地各行业整体上的危机预案空洞化有关,危机预案大多只存在于文件和报道中,而其因地制宜性、科学性和实效性,都有很大的探讨余地。

三、研究的理论基础

1. 危机管理理论

危机管理理论是本项研究最基本的理论基础,也是决定本项研究设计的重要依据,它所提出的问题、提供的研究方法以及分析结构,都为本研究提供了线索和思路,也是本项研究区别于常态政策分析的重要特征。

危机管理理论是一个跨学科的综合理论体系,主要分析公共危机的发生诱因、发展过程、治理方式和绩效等。我们可以从诸多角度考察公共危机管理理论,但如果将分析对象一一剥离,则可将这一理论体系抽象归纳为"对事的分析"、"对人的分析"、"对制度的分析"、"对技术的分析"和"对价值的分析"五个方面。

所谓"对事的分析",即是对"公共危机"本身的分析,其集中于厘清公共危机的内涵和外延,针对不同的危机类型进行区归,总结和比较其各自特征。这一层面的分析具有较大的理论普适性,尤其是对公共危机的定义及分类,对于构建一般意义上的危机管理理论具有很大的支撑作用。

所谓"对人的分析",是对公共危机这一特殊情境所关涉人群的分析。这些人既包括深陷危机之中亟需救济的被侵害者,也包括组织、领导和行动在危机之中旨在控制和消除危机的应对者。在危机管理理论中,这部分人可以是具体的,也可以是抽象的,可能是对具体某个危机管理领导者的行为和心理分析,也包括对组织化了的人,如各类公私组织(包括政府)的分析。

"对制度的分析"集中关注那些引导公共危机治理的政策规范和

法律原则,这是人类区别于一般动物——即通过理性而非本能来应对公共危机的本质所在。这类分析中既包括危机状态中的危机决策、政策执行、政策反馈和政策终止等,也包括常规状态下为应对危机所创制的各类法律法规和政策设计。作为公共危机管理的专项研究,本书即属于公共危机的制度分析范畴。

"对技术的分析"关注的是公共危机治理的技术器物层面,即公共危机中的人在制度安排下,通过什么工具化的手段来具体应对危机的威胁和侵害。这类技术一方面是危机类型所对应的控制技术,如卫生防疫、天气预报、地质勘探、防暴突击等,另一方面也包括一般意义上的技术类型,如公共危机中的灾情遥感、交通恢复、通信保障、医疗救护等。

"对价值的分析"旨在对公共危机治理过程和效果进行评价。这种评价既包括对事的评价,也包括对人、制度和技术的评价。它是按照某种特定的规则和标准来评判危机本身的属性以及危机管理的绩效,包括危机管理中的正义性与合法性、公平与效率等。公共危机中的价值分析,更倾向于一种评估和反思,试图回答危机是否可以避免发生,危机治理主体是否正义合法,治理过程是否规范有序,治理结果是否有效且可持续,对今后预防类似危机的发生是否有借鉴意义等。

当然,现实中的危机管理理论并非以单一的类型出现,而多以复合分析的形式出现。

2. 政策网络理论

政策网络理论是本书的基本分析工具。"政策网络的概念成为过去十年政策分析研究中的主要范式之一"[1],"是大多数政策分析家分析工具库中的重要组成部分"[2]。政策网络理论是对原有政策过程理论的创新和补充,即这一理论突破了政策阶段论的"决策—执行—反馈—终止"单一向度(或单一向度的循环)分析模式,而更多的是从政策多元主体的互动网络角度来考察实际政策的运作情况。政策网络

---

[1] Hudson, J., & Lowe, S., 2004, *Understanding the Policy Process: Analyzing Welfare Policy and Practice*, Bristol, *The Policy Process*, p.127.

[2] Ibid., p.128.

理论是时代的产物,随着现代政治社会中行动主体和目标的多元化,传统科层体制的打破,政府与公民社会在更多的公私事务上具有相互依赖的特征,政策过程也开始从单一的线性展开转化为网络状的相互作用。

本书引入政策网络的概念作为核心分析工具,以此来解析公共危机治理中的政策结构、过程和功能。此外本书尝试基于政策网络理论构建"公共危机的政策网络治理模型",通过不同政策网络类型主体及其相应的功能性输出,达到公共危机治理的目的。

尽管危机应对的方式取决于危机的类型,面对种类繁多的"天灾"和"人祸",公共危机治理者必将采用不同的技术手段和流程来加以应对,但我们认为,在宏观战略上,当代公共危机治理的一个突出共性便是基于政策网络的治理模式,即治理主体的多元化,治理结构的扁平化,治理行动的相互影响和依赖。所以,将政策网络理论应用于公共危机治理分析中,具有较强的解释效能。

3. 公共利益理论

公共利益是贯穿本书的核心概念。本书基于公共利益理论对公共危机进行了重新定义,认为公共危机是指"一种在短时间内对公共利益造成巨大调整、威胁或损害的不确定性状态"。本书将公共危机分为公共利益威胁型、公共利益诉求型和混合型等三类。在本书所构建的公共危机政策网络治理模型中,公共利益是关键要素之一。政策网络主体的功能性输出的根本目的就在于通过对公共利益的表达、整合和调整,以保证对公共利益的维护和改善。

公共利益最大的特征是具有社会分享性,但如果从汉语的语义学上仔细界定,那么这种"分享"有时也会成为一种"共受",即一种"强迫分享"。

"公共利益强迫分享"是基于现实公共行政状态的实用主义解释,或者可以看做是一种"合法程序"的强制性公共利益分享[①],即此类公共利益虽然"只为个人或少部分人需要",但只要是通过法定程序被认

---

① 陈庆云,鄞益奋,曾军荣.论公共管理中的公共利益[J].中国行政管理,2005(7).

可,那么就形成了"公共利益"的事实并具有了"社会分享性",而不论其认定主体的资格、动机以及利益受体的反应(结果)。在这种公共利益的实现过程中,程序性代替了目的性,合法性超越了合理性,这是公共危机产生的重要诱因。

四、研究思路与框架

1. 研究思路

从结构功能主义的角度出发,戴维·伊斯顿构建了经典的政治体系简化模型,以此来描述在环境输入、政治系统和政策输出之间的相互关系(见图1)。且相对于环境输入和政策输出的可考察性而言,政治系统通常被认为是一个"黑箱",即就政治生活而言,要求和支持的输入以及决策和行动的输出是相对清晰的有限变量,而政治系统的转换过程却是模糊和未知的。尽管我们可以从输入和输出之间的对应关系推理和揣度转换过程的机理,但这并非是必然的、可重复的逻辑关系,在结构与功能之间,还存在着影响政治体系转换过程的多重变量。

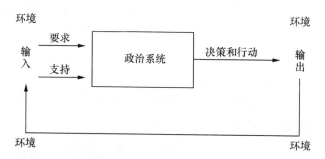

图1 政治系统的简化系统①

根据上述政治生活的系统分析框架,通过引入"公共利益"和"政策网络"两个核心分析变量,本书构建了公共危机的政策系统分析框架,用来描述和解释在公共危机状态下决定政策转换的基本要素及其

---

① 〔美〕戴维·伊斯顿.政治生活的系统分析[M].王浦劬译.北京:华夏出版社,1999:37.

逻辑关系,我们将之归结为政策网络互动。这一分析框架的基本结构如图2所示:

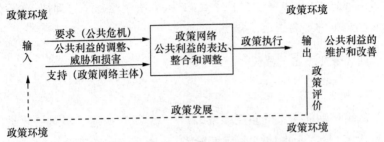

图2　公共危机治理政策的系统分析框架

具体而言,本书的研究思路是以系统分析为基本框架、以政策网络为分析工具、以公共利益为核心概念,对构成公共危机治理政策体系的诸要素进行系统分析。

第一,有关公共危机治理的政策体系分析。

本书认为,当代公共危机治理政策体系是一个开放的网络结构,它超越了一国、一地或某一具体领域行业的限制,在更广泛的时空范围内产生影响、寻求有效的治理方案。这一政策网络中的行动者和目标是多元的,其发挥角色功能的途径既可以基于传统的实体渠道进行利益表达,也可以透过互联网等信息平台结成的议题网络甚至利益联盟,对公共危机治理发挥重要的影响作用。另外,危机治理政策体系也向全球的危机治理者开放,提供相应的政策接口,需遵循全球基本的治理标准和价值趋向。

具体而言,本书从以下四个方面分析了公共危机治理的政策体系:

政策主体,被界定为一个包括政策社群、府际网络、专业网络、生产者网络、议题网络和关系网络在内的多元、复杂的危机治理网络体系。

政策客体,亦即公共危机本身,与公共政策具有天然的逻辑关系,其核心是对公共利益的巨大调整、威胁和损害,而且具有事实与价值、过程与极点的双重特征。

政策环境,被界定为多向度的环境影响力,包括政策压力环境、政策动力环境和政策阻力环境,它们之间具有相互抵消的关系和相互转化的可能。

公共危机治理的政策工具体系,不限于狭义上的工具理性层面,还包括危机治理理论体系的发展和完善、危机管理信息体系的设计和构建、不同领域危机应对技术的协同和改进等,是一个全面综合的危机治理工具体系。本书认为,公共危机治理中除了传统的政府工具和市场工具,政策网络工具作为第三种选择,具有弥补前二者缺失的独特优势。

第二,有关公共危机治理的政策网络分析。

当代公共危机的复杂性和严峻性使得政策过程的线性展开模式越来越无法适应治理的需求,而更需强调政策过程的互动,包括危机治理者、危机情境、公共政策方案之间的互动与博弈。公共政策的危机应对过程本身就是在巨大挤压和膨胀效应下展开的对公共利益的保全、救济、表达、整合和调整的过程,超越单向度的政策过程理论而强调多元互动政策网络的作用,有助于提升对这种非常态、非均衡状态的解释效能。

无论是阶段模型还是网络模型,通常理解的政策过程都是一个"行动"或"作为"的过程,而托马斯·戴伊对公共政策的经典定义——"凡是政府选择作为或不作为的行动即是公共政策"①则为我们提供了另一个理解政策过程的角度。在公共危机治理中,政府的"不作为"现象频发,以往的政策分析通常将这种状态视作无政策输出的"零作为",而我们认为,"不作为"与"零作为"有本质的区别。在公共危机治理中,政府的"不作为"在很多情况下是一种有意识的特殊形式的政策输出,而非无输出。产生这种危机应对"不作为"的原因很多,除了面对公共危机束手无策而不得不采取的"鸵鸟政策"外,更主要的原因是基于特定利益排序的考虑而"故意"且"主动"做出的决策。对这些"政府选择不作为的行动"加以考察,将政策"不作为"纳

---

① 〔美〕托马斯·戴伊.理解公共政策.孙彩红译.北京:北京大学出版社,2008:1.

入政策过程的分析视野,为危机治理政策分析开辟了一个新的视角。

第三,有关公共危机治理中的利益分析。

本书认为,公共危机治理的核心在于"公共利益"。在公共危机中,被威胁、被损害或被诉求的,核心均在于公共利益。尽管有时它以个人或集团利益的面貌出现,但其背后隐藏的仍旧是公共利益的内核。

本书以公共利益为核心概念构建了公共危机、公共利益与公共政策三者间的因果互动关系。公共危机的发生是由于短时间内对公共利益造成巨大的调整、威胁和损害,而作为危机治理的基本工具,公共政策的最佳治理方案就是对公共利益进行最大限度的救济和保全,并在公平的原则下合理调整和有效增进公共利益。

同时,本书指出,在部分公共危机治理中,政府治理的核心是政府危机而非公共危机。在危机决策和执行过程中,政府所控制和消弭的是对政府利益的威胁和调整,而非完全旨在对公共利益的维护和改善。

爆发性的公共危机事件通常只是一个"导火索",政府更多倾向于将已经点燃并迅速燃烧的导火索扑灭,以免由于爆炸而伤及自身,但对于危机的根源,即最根本的利益冲突和制度矛盾,却往往熟视无睹,因为往往政府本身就是利益冲突的重要制造者之一。由此,公共危机治理成了简单的剪断导火索,公共危机被政府危机所异化。

对于公共危机治理的绩效评估,不应仅局限在对于导火索扑灭或"点消除"的效果,也不应把政府危机的治理绩效等同于公共危机的治理绩效,危机治理应更加注重对公共利益的最大保全、合理调整和有效增进。在治理过程中,应更强调危机问责而非治理表彰,将政策制定和执行力量更多放在探寻和解决危机的制度和利益根源上。

2. 研究框架

一般意义上的公共政策系统分析,通常是从政策主体、政策客体、政策环境和政策工具[①]等几个层面依次展开。具体到公共危机治理政

---

① 陈庆云.公共政策分析[M].北京:北京大学出版社,2006:68.

策的系统分析,为了使得各层面的逻辑关系更加清晰,我们需要对上述分析顺序进行必要调整,以保证各章节之间具有更加合理和确切的逻辑递进和关联。

具体而言,作为公共危机治理政策的系统分析,必须首先界定什么是"公共危机",公共危机治理与公共政策之间的基本逻辑关系是什么,亦即厘清公共危机治理政策客体的基本内涵和特征。

其次,我们需要决定采用哪种政策工具、通过哪种视角来分析和治理当代公共危机。政策网络既是一种理论上的政策分析工具,也是一种实践中的政策治理工具,本书通过引入政策网络的分析视角和理论体系,为公共危机治理提供了新的分析路径和治理方案,亦即确定公共危机分析和治理工具的选择。

再次,我们需要厘清公共危机治理所处的政策环境。公共危机本身具有双重属性,一方面它是公共危机治理政策的客体,另一方面它也是公共危机治理政策的环境。政策环境分析是对政策客体分析的补充,同时也为政策主体分析奠定了基础。

顺次,在界定了公共危机的基本内涵,确定了危机治理的工具选择,厘清了危机治理政策环境特征的基础上,我们将对危机治理的政策主体及其互动进行集中分析,以探寻各政策主体在公共危机治理中的角色特征和互动模式。

最后,就政策系统本身来看,在特定的政策环境中,公共危机是压力输入,各政策网络主体的角色功能发挥及其互动是系统转换过程,而政策执行(或"不作为")则是系统输出,政策发展(或政策失败)是系统反馈。这些要素和环节共同构成一个完整的公共危机治理政策系统及其动态过程。

基于以上思路,本书从公共政策系统分析及其动态过程的角度,按照"政策客体(公共危机)—政策工具(政策网络)—政策环境—政策主体—政策输出(政策执行)—政策反馈(政策发展)"六个章节来分别展开论述。尽管这一分析思路与经典的政策系统分析顺序有所区别,但却能够更加集中地围绕公共危机治理这一核心议题展开层层递进的深入分析。

第一章(公共危机与公共政策的基本逻辑关系)是"政策客体"分析,是导论部分的延伸,旨在进一步阐明公共危机与公共政策的相互关系,厘清公共利益视角下公共危机的基本内涵和外延,为整个研究奠定理论基础。

在这一章中,重点分析了公共危机与政策起源,从亚里士多德、洛克、霍布斯、马克思、恩格斯以及魏特夫等人的政府起源理论角度总结归纳公共危机与公共政策的关系。其次,厘清了公共利益、公共危机与公共政策的关系,将公共利益确定为本研究的核心概念,从公共利益的角度对公共危机进行再定义和再分类,并据此对危机中公共政策的功能和角色进行再定位。再次,区分和厘清了公共危机与政府危机的逻辑关系,从事实抑或价值、过程抑或极点等两个角度来说明公共危机与政府危机的区别与联系。

第二章(公共危机治理政策网络分析),是对公共危机治理中宏观政策工具选择的集中思考。本章首先考察了政策网络理论兴起的动因,界定了政策网络理论的基本概念,梳理了政策网络理论的主要流派、研究传统和理论模型,并分析了政策网络理论在公共危机治理分析中的效能和限度。在此基础上,通过公共利益这一核心变量,将不同类型公共危机的治理需求与政策网络主体各自的功能输出联系起来,构建了公共危机的政策网络分析模型。该章的另一重点是结合中国背景,对经典的罗茨政策网络分析模型从结构和主体两个维度进行补充,提出了"政策网络金字塔"和"关系网络"两个具有鲜明中国特征的分析维度。

第三章(公共危机治理政策的环境分析)在传统政策环境"因素分析途径"的基础上,提出了政策环境的"影响力分析"途径,从政策环境压力、政策环境动力和政策环境阻力三个角度,考察公共危机治理政策的整体环境。

该章在政策环境压力方面具体分析了结构性压力、资源性压力和产出性压力;在政策环境阻力方面具体分析了治理体制矛盾、官民利益冲突、危机信息封闭和危机意识落后;在政策环境动力方面具体分析了政策体系动力、文化感召动力、国际支持动力和议题网络动力。

同时提出,对政策环境不但要有深刻认识,而且要进行有效管理,通过有效的沟通和合理的引导,实现环境压力向环境动力的转换,并限制环境阻力的负面影响。

第四章(公共危机治理政策的主体分析)从政策社群、府际网络、专业网络、议题网络、生产者网络、关系网络等六个维度具体分析了公共危机治理的政策主体,探究了不同政策主体的角色功能及其互动关系。

该章具体分析了政策社群的义务主导、责任主导、决策主导、执行主导的主导性角色特征,府际网络的政府间纵向网络支撑、横向网络支撑和"关系网络"支撑的支撑性角色特征,专业网络的凝聚与分裂、阐释与粉饰的双重性角色特征,以及议题网络的公众话筒、政府喉舌及传媒自利性的复杂性角色特征。

第五章(公共危机治理政策的执行分析)是政策系统的输出分析。在公共政策执行理论代际分析的基础上,该章重点研究了公共危机与政策执行的两组典型互动效应,分别为:膨胀效应,包括行政裁量权膨胀、外部性膨胀和反应膨胀等三种亚效应;掩盖效应,包括主动性掩盖和外部性掩盖。

该章对公共危机治理政策执行中的"不作为"进行了重点分析,亦即公共危机中的"不知作为""不愿作为"和"不敢作为"等三种主要"不作为"类型及其动因。

第六章(公共危机治理政策的发展分析)是政策系统的反馈分析。首先,通过对政策发展几个相关概念,包括政治发展、政策范式转化和元政策变革等的分析,厘清了政策发展的基本内涵。进而考察了公共危机与政策之窗的逻辑关系,以及公共危机的政策发展效应。

其次,该章对"政策失败—公共危机—政策终止—政策发展"这一逻辑发展关系进行了探讨,考察了公共危机究竟是政策失败的结果抑或是政策发展的契机。

最后,该章以厦门PX事件为典型案例,以公共利益为核心要素,以政策网络为基本视角,考察在该影响深远的公共危机事件治理过程中政府利益与公共利益的博弈、各政策网络主体的功能性输出效能,以及公共危机的政策发展效应。

结论部分对本书主要观点和基本分析要素做了高度概括的归纳、总结和重申,并提出进一步研究的方向。

五、研究方法

1. 文献研究

文献研究是本书最基本的研究方法,正是在对有关文献认真研读和深入分析的基础上,本书寻找到了研究的立足点和突破口。这些文献包括中外关于公共危机管理和公共政策分析的基础理论、专项研究和案例选编等,尤其是集中于危机管理、政策网络、公共利益、政策执行、风险社会等研究领域的著作,也包括对近代和当代中国社会文化危机的有关研究。

2. 规范研究

规范研究是本书的基本研究方法。规范研究主要解决的是"应然性"问题,并可根据"应然"与"实然"的差距来作出对实际政策行为的纠正和指导。规范研究同时重视价值标准的设定。

中国当代的公共危机管理理论,尤其是对公共危机的政策分析,其中基本的价值设定、概念厘清和理论结构尚未完备。在这一阶段进行规范研究,有利于从公共危机治理领域的"元政策"角度对上述基础性的重大问题予以进一步分析和解答,从而构建更加客观理性的公共危机政策分析框架。

3. 案例研究

案例研究是贯穿本书的重要研究方法。本书所选取的案例,一则具有典型性和象征性,力图用最典型的案例来验证理论假设,支撑理论阐述;二则具有鲜活性,即很多案例都是新近发生的乃至依然在持续发展的危机事件,这些案例与发展中的中国公共危机管理理论同步,也进一步丰富了理论内涵。

六、研究创新

在全球风险社会的时代里,公共危机是每个国家、政府和组织都必须积极面对的严峻挑战,其影响的深度、广度和要求回应的迫切性,已超出了对政治体系的其他任何一种输入性压力。

在国内已有的公共危机研究中,通论类的、教材式的研究较多,而集中于公共政策分析角度的专题研究尚有很大空缺。所以,综合运用公共政策相关理论,对当代公共危机治理进行多维度、多层次的全面系统分析,重新定义和发现公共危机的本质,探讨公共危机治理中所应关注的价值核心、内外环境、网络结构、工具选择和发展路径,是十分必要且有意义的。这也正是本书的主要创新和贡献所在。

具体而言,本书的创新主要体现在以下几个方面:

第一,整体而言,本书以系统分析为基本框架,以政策网络为分析工具,以公共利益为核心概念,对公共危机治理政策体系的诸要素进行了系统分析,丰富了公共危机治理和公共政策分析各自的理论体系,也为二者的交叉研究搭建了平台。

第二,在分析模型方面,本书根据政治系统的简化分析模型,构建了"公共危机治理政策的系统分析模型",并在此基础上充分运用政策网络的相关理论和分析工具,基于不同危机类型的利益取向和政策网络主体的功能性输出,构建了"公共危机治理的政策网络模型"。这两个分析模型,对于更好地从公共政策角度理解和认识公共危机治理过程,更有效地发挥政策网络主体的危机治理功能,优化政策流程,从而避免落入危机治理陷阱等,都有很大意义。

第三,在核心概念方面,本书从公共利益的角度对公共危机进行了重新定义和分类,将公共危机定义为"短时间内对公共利益造成巨大调整、威胁或损害的不确定性状态",并据此将公共危机划分为公共利益威胁型、公共利益诉求型和混合型等三种类型。本书指出,爆发性的公共危机事件通常只是一个"导火索",公共危机治理不应仅局限于对导火索的剪断或扑灭,而更应关注对导火索背后深层次利益威胁和诉求的回应。这一全新的公共危机定义和分类方式,有助于对公共危机的重新理解和认识,为当代中国公共危机治理提供了又一理路。

第四,本书抓住了当代公共危机治理中的一系列核心矛盾,通过对这一系列核心矛盾关系的厘清,使本书的分析更具逻辑辩证和现实意义。这些矛盾包括:公共危机定义中包含的"价值—实事""极点—过程"关系,公共危机治理旨向中包含的"公共利益—政府利益"关系,危机治理政策环境中包含的"压力—动力—阻力"关系,政策社群主导角色中包含的"义务—责任"关系,专业网络双重角色中包含的"凝聚—分裂""阐释—粉饰"关系,议题网络复杂角色中包含的"政府喉舌—大众话筒—媒体自利"关系,危机治理政策执行中包含的"膨胀—掩盖""产出性压力—政策不作为"关系,以及公共危机政策发展效应中包含的"政策失败的结果—政策发展的契机"关系等。

  第五,本项研究从宏观上重新概括和定义了公共危机治理的目标和途径,即应以公共利益的维护和改善为目标,以政策网络的构建和管理为途径。以公共利益为核心概念、以政策网络为分析工具的系统分析,使我们可以突破危机类型分析的局限,从更普适的高度来考察和分析当代公共危机治理:其一,公共危机本质上是对公共利益的巨大调整、威胁和损害,危机治理的根本旨向在于对公共利益的维护和改善;其二,在宏观战略上,当代公共危机治理的一个突出共性是基于政策网络的治理模式,即治理主体的多元化,治理结构的扁平化,治理行动的相互影响和依赖。

第一章 公共危机与公共政策的基本逻辑关系

第一节 公共危机:公共政策的重要逻辑起点

英国著名历史学家汤因比在其经典著作《历史研究》中指出,人类文明起源与发展的动力来源于对所面临各种挑战的成功应对。这种挑战可能来自于自然环境,也可能来自于人类社会自身。它是人类普遍面临的一种困境,也是广义上的公共危机。所以,如果从历史和哲学的角度考察,对公共危机的成功应对,亦是人类社会发展的重要逻辑起点。

公共政策的逻辑起点,是一个鲜有人专门探讨的问题,因为公共政策是附属于公共权力的一种规则性工具,故无论从逻辑上还是实证上,都应与公共权力,或与其具化的实体政治形态即国家或政府同时诞生。由此,公共政策的逻辑起点问题便转化为政府与国家产生的问题。

西方政治思想家在考察国家和政府起源问题时,都离不开"人性"及"自然状态"这两个密切相关的核心问题。从亚里士多德到卡尔·马克思,那些秉承人性本恶、自然状态是"一切人反对一切人"的战争灾难的悲观主义者自不必说,即使是那些坚信人类本初状态是自由、幸福、善良、健康的乐观主义者,也往往逃不出人类谋求生存的普遍困境——这种紧张状况,本质上就是"公共危机"的原始形式。

尽管生存是人类最低层次的权利和要求,但这一基本问题从来就没有得到根本解决。时至今日,人类仍然在为种群延续以及个体生存而在与自然及人类自身进行着顽强的抗衡和斗争。国家和政府,以及其所确立的种种政策规范,之所以被历史地创造出来,无论它是来自

"自愿的契约"还是被迫接受的"必要的恶",其最基本的目的还是为了化解人类的生存危机。这种危机,既包括人与自然之间的矛盾,更是人与人之间的冲突。

一、亚里士多德的自然主义起源说

亚里士多德认为,人类具有天然的合群的性情,但同时"品类相异"是人类的基本特征,亦即每个人所具有的天然特征和禀赋是不同的。这种特征和禀赋,既有与生俱来的能力差异,也有因其所处的环境不同而造成。这种"品类相异"导致单个人不可能凭借自己的力量实现自给自足而生存下去,克服生存危机唯一有效的途径就是合作和交换,通过结成一定的团体和组织,发挥群体的互补优势,才能实现单凭每个人所无法实现的生存目标。

但结成组织和团体,实现合作和交换,需要一定的场所和规则,这就需要一个有力的政治共同体为组织和团体的结成、合作与交换的实现提供保障和规范,于是国家和公共政策便应运而生。所以,在亚里士多德看来,国家和公共政策的产生,与人性的善恶并无多大关系,真正原因在于天生禀赋不同造成的人类品类相异,无法实现自给自足,唯有通过有规则的合作和交换才能求得生存这一简单的逻辑关系。

二、洛克的自然法和社会契约起源说

洛克认为人类的本原状态是一种自然状态。在自然状态中,人人均为自由、平等和独立的,且人们都相互承认彼此的平等和独立地位,任何人都不去侵害他人的生命、健康、自由或财产。自然的财富为每个人所共同拥有和分享,人们在自然法则和理性光辉的引导下,每个人所拥有的财富和被赋予的能力,都是相同和平等的。

但即使是在洛克所构建的这种充满善意和美好的自然状态,最终也逃脱不了由于缺乏利益规则而导致的危机状态。正是由于这种绝对的自由、独立和平等,使得在自然状态中,人人都是裁判者和执行者,每个人都以自己的判断作为行事的唯一准绳和规则,而不受其他个人或团体判断的左右和决定。但从整体看来,每个人的判断都是正

确的恰恰导致没有了正确标准,个人之间的裁判和情感发生冲突——对于自己认为正确的或感情乐于接受的,便热衷于此;反之,便疏忽和冷漠。每个人同时也是执行者,这使得当冲突发生时,每个人都有意愿和权力采取行动来维护自己的平等、独立和自由,且对于限制他们发挥这种行动自由的人,通过强力进行报复和反对。最终结果是每个人的正确导致了集体的不正确,人类同样面临生存危机的威胁和挑战。

在这种情况下,需要将每个人都拥有的裁判和执行权力进行有效整合,通过社会契约让每个人都让渡出一部分权利来组成一个代表所有人进行裁判和执行的机构,由这个机构代表所有人行使权利。这就是国家和政府。所以,在洛克看来,自然状态中人类面临的最大危机是人人都是裁判者和执行者,缺乏统一的标准和规范,也缺乏利益协调机制,而国家和政府的产生,是解决这一危机的唯一有效途径。

三、霍布斯的利维坦起源说

霍布斯所描绘的自然状态与亚里士多德和洛克的大相径庭。霍布斯所持的是一种现实主义的悲观态度,他认为人性的根本在于自我保全的利己动机,而激情和欲望才是人类行为最基本的动力。霍布斯所构建的是一个充满危机的丛林世界,对这个丛林世界的恐惧和规避,是国家起源的重要原因。霍布斯的利维坦学说很好地呈现了公共危机与公共政策起源之间的逻辑关系。

霍布斯认为,自然状态下每个人都有满足自己激情与欲望的权利和能力,且这种能力的差别微乎其微,但自然资源是有限的,无法满足所有自然人的欲求。于是,为了争夺有限的资源,人的生活变得"孤独、贫困、卑污、残忍而短寿",自然状态便成了一种"一切人反对一切人"的可怕战争状态。这种可悲的充满危险的自然状态本身就是人类生存的巨大危机,要想克服这种危机,便要通过个人权力的让渡来建立统一的政治秩序,由这个统一的公权机构即"利维坦"来限制个人的激情与欲望,保证人类不被自身的激情和欲望所带来的自相残杀而毁灭。所以,国家被发明出来的目的即是"为人类生存提供一种政治秩序,这种政治秩序是人类克服普遍生存危机的唯一选择"①。

四、马克思、恩格斯的阶级起源说

同样是现实主义者,马克思、恩格斯所关注的现实是关于人的"社会生存"的现实,而非霍布斯的"自然生存"的现实。马克思认为,"人的本质是一切社会关系的总和"②,社会是人的生存方式,同时也是造成人类生存危机的根本原因。在社会条件下,由于对私有财产的拥有不同,人群分化为不同的阶级,不同阶级之间的利益冲突便不可避免。如果这些冲突无法得到有效的化解和调和,整个社会就有可能由于阶级间的经济利益冲突而解体,人类的生存受到严重的威胁和挑战。

所以,尽管马克思和恩格斯同样把国家的起源归结于严重的矛盾冲突和生存危机,但这种冲突和危机并不是霍布斯所描述的原子化的个人危机,而是阶级之间的冲突。如果没有一种规则的力量把这种冲突和危机限制在可控的范围内,那么整个人类社会的生存就会受到威胁。这种规则的力量,就是国家,以及随之而来按照统治阶级的利益和意志建立起来的一整套秩序和规范。

五、魏特夫的"东方专制主义"起源说

除了以上关于国家起源的经典论述外,被称为"马克思主义异类"的卡尔·魏特夫(Karl Wittfogel)在其广受争议的代表作《东方专制主义:对于极权力量的比较研究》中,在继承马克思关于国家产生的阶级冲突理论后,提出了双重国家起源学说,即以私有财产为基础的西方国家起源于阶级剥削和阶级压迫,而以国有财产为基础的东方国家起源于社会职能的执行过程,具体而言,这种社会职能就是"治水"③。

魏特夫认为,处于干旱、半干旱地区的东方国家都是"治水社会",

---

① 蒋永甫.人类生存困境与政治国家的产生——亚里士多德,霍布斯与马克思国家起源理论比较[J].广西社会科学,2009(1).
② 马克思恩格斯选集.第一卷[M].北京:人民出版社,1995:60.
③ 魏特夫.东方专制主义:对于极权力量的比较研究[M].徐式谷,奚瑞森,邹如山等译.北京:中国社会科学出版社,1989:19.

其基本特征是"水"在这些国家中的矛盾角色:"水"既是母亲河,又同时由于其周期性的泛滥,也给人民的生存带来严重威胁。所以,对水利的利用和对水灾的预防,便成为东方国家最重要的生存之道。但这绝非一己之力就可完成的任务,而是需要大规模社会协作的浩大系统工程,在古代只能由国家才能完成,且在这种协作中又会强化纪律、从属和领导的重要性,由此激发出了东方专制国家的诞生。

作为一家之言,我们且不论其推论结果所谓的"东方专制主义"是否为逻辑必然或历史现实,单就魏特夫的基本假设而言,国家起源于"治水",无疑又是一个关于危机催生国家建立的经典假设。"治水"危机在东方国家的历史上乃至今日的严峻性是不容置疑的,但其是否是唯一的危机,抑或其严重程度是否足以超出所有其他类型危机,这是值得商榷的问题。但这并不妨碍证明魏氏理论也在重申危机在国家和公共政策诞生中的关键性作用。

通过图1-1,我们对上述经典学说中人类生存困境与公共权力产生之间的关系作一个简要梳理。

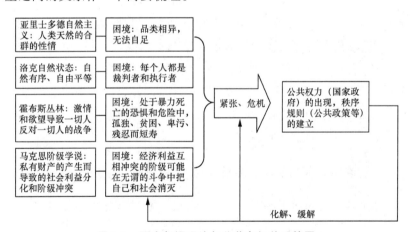

图1-1 国家起源理论与公共危机关系简图

综上,诸多政治思想家们无论认为人性本恶、本善或天然具有政治的属性,无论将自然状态描述成欢乐的天堂还是灾难的地狱,不管是从原子化的个人还是从集团化的阶级,都普遍将国家的诞生归结于一种紧张的冲突或难解的危机。这种紧张状态唯有通过公共权力的约束、规范和引导,才能得以缓解,否则就可能导致个体、阶级乃至全人类的消亡。而公共权力最重要、最基本的一项职能就是进行价值(利益)的权威性分配,这也正是公共政策的本质功能。

当然,历史实践证明,国家的诞生并未成功化解思想家们所担心的困境和危机,恰恰相反,国家在化解部分危机的同时,又创造出了许多新的危机。

本节所使用的"国家"概念只是一个抽象的代名词,在这里它等同于公共权力、政府抑或抽象的制度规范,亦即本书的核心概念"公共政策"的功能本质。所以,通过逻辑的传递我们可以推定,公共危机与公共政策在理论上具有很强的因果联系,公共危机是公共政策的逻辑起点之一。

第二节 公共利益:公共危机治理的核心要素

公共利益,已经成为当代中国最具争议和备受关注的一个词汇,也是哲学、政治学、行政学、公共管理学和法学共同研究的核心词汇。有人慨叹:自由,自由,多少罪恶假汝之名以行。而在转型期的中国,由于对"公共利益的代表、受益对象、判断主体等关键问题的模糊认识和界定"[1],使得"公共利益,多少罪恶假汝之名以行"成为可悲的社会现实。公共利益虽然"并不一定完全体现真、善、美"[2],但至少不应成为"假、恶、丑"的代名词或频频制造公共危机的根源。

一、理解公共危机本质的新视角·公共利益

诚如著名政策科学家安德森所言,公共利益概念的模糊性是公认的,几乎"不可能对这个概念进行一个普遍接受的和客观的界定"[3]。但这并非意味着对公共利益这一概念没有总结和归纳的必要和可能,

---

[1] 参见胡鸿高.论公共利益的法律界定——从要素解释的路径[J].中国法学,2008(4).
[2] 陈庆云,鄞益奋,曾军荣.论公共管理中的公共利益[J].中国行政管理,2005(7).
[3] James E. Anderson, 2003, *Public Policy Making: An Introduction*, Houghton Mifflin Company, p.134.

或其缺乏普适的价值,而是强调学者们对公共利益的种种概念界定,只揭示了公共利益的某一侧面,虽有其合理性,但也有明显的片面性和局限性,始终无法通过单一简洁的定义对公共利益进行完美界定。

有学者认为,利益是人们为了生存、享受和发展所需要的资源和条件①。这一定义是用"资源和条件"这两个更加中性和客观的"低阶"名词来定义和解释"利益"这个具有主观积极判断意义的"高阶"名词,是一种互为解释的定义方法。

公共利益区别于一般利益的最大特征就在于其公共属性。在对利益的公共属性定义上,纽曼认为应遵循"不确定多数人"的利益原则②,边沁则提出应秉承"最大多数人的最大幸福"这一标准③,其核心都在于强调利益属性中的数量意义,亦即公共利益至少不应为少数人所有而将大多数人排斥在外,公共利益不应具有专属性和排他性,而应具有社会分享性。这一经典定义是基于数字逻辑的价值定义,即从价值应然来看,公共利益应当为不确定多数人或最大多数人所拥有和分享,否则便不是真正意义上的公共利益。

然而,从现实政策运行来看,一些显然与上述应然价值明显冲突的利益类型也被定义为"公共利益"。比如,尽管某种利益为少数人所有,但由于其通过了法定程序,会对多数人产生影响,故而也具有社会分享。此类"公共利益"的核心并非"最大多数人的最大幸福",而只是少数人的幸福,是一种强迫的公共利益社会分享④。这种"分享"也许被称为"共受"更为确切。尽管其违背了边沁"最大多数人的最大幸福"之公共性原则,但由于履行了法定程序,所以在客观上依然被定义为"公共利益"。

当我们通过"公共利益强迫分享"视角来考察包括唐福珍在内的一系列公共危机事件时,可以部分验证这一理论假设的解释能力。

---

① 陈庆云,鄞益奋,曾军荣.论公共管理中的公共利益[J].中国行政管理,2005(7).
② 陈新民.德国公法学基础理论[M].济南:山东人民出版社,2001:185—186.
③ 参见[美]博登海默.法理学:法律哲学与法律方法[M].邓正来译.北京:中国政法大学出版社,1999:106.转引自胡鸿高.论公共利益的法律界定——从要素解释的路径[J].中国法学.2008(4).
④ 陈庆云,鄞益奋,曾军荣.论公共管理中的公共利益[J].中国行政管理,2005(7).

"公共利益强迫分享"是基于现实公共行政运行的实用主义解释,或者可以看做是一种"合法程序"的强制性分享,即这种公共利益即使只为"个人或少部分人需要",但只要是通过法定程序被认可,那么就形成了"公共利益"的事实并具有"社会分享性",而不论其认定主体的动机和利益受体的反应。在这种"公共利益"的实现过程中,程序性代替了目的性,合法性超越了合理性,这是公共危机产生的重要诱因。

这种所谓"合法程序"造就的"公共利益",被民众深深怀疑。近年普遍发生的听证会"逢听必涨"现象,以及网络上流传甚广的"被代表"现象,就充分说明了这种所谓的程序合法其实是绑架民意。一旦这种"公共利益"的动机和内容被认定是扭曲和褊狭的,那么这种强迫性的社会分享必然潜藏着危机。

在近年发生的群体性事件和公民"依法抗争"事件中,总可以发现隐藏在其背后的政府自利性[①]与公共利益的冲突;尽管事件中冲突双方都无法完全代表政府和民众,但"官民"利益冲突的烙印却被深深打上。例如,2009年6月郑州市规划局向村民征地建经济适用房用以解决中低收入者住房困难,最终拔地而起的却是12幢联体别墅。在询问此事处理意见时,副局长逯军质问记者:是准备替党说话,还是准备替老百姓说话?[②]这句"掷地有声"的疑问可以让我们更加清晰地认识到公共利益之争下蕴含的不安与危机。

本书认为,公共危机和公共利益是紧密相关的两个概念,其基本关系包括:(1)公共危机的公共属性决定了其影响的对象是不确定多数人的利益,所以公共危机的基本表现形式即是对公共利益的调整、威胁和损害,这是公共危机区别于企业和个人危机的重要特征;(2)公共利益的强迫分享,是导致公共危机的重要原因;(3)公共危机治理的核心,是对公共利益进行及时的维护和改善,同时要对强迫分享的公共利益进行纠正和调整。

---

① 这里更多的是指政府的角色利益和失常利益,参见陈庆云,曾军荣.论公共管理中的政府利益[J].中国行政管理,2005(8).
② 记者调查经适房土地建别墅遭官员质问:替谁说话[N/OL].中央人民广播电台经济之声. 2009-06-17. http://news.163.com/09/0617/09/5C0HSV0S0001124J.html.

二、公共危机的重新定义与分类

1. 公共危机再定义

回顾赫尔曼、罗森塔尔、巴顿、斯特恩和拜楠德尔等国外学者,以及薛澜、张金马等国内学者关于"公共危机"的经典定义,可总体将之归纳为"情境说"或"状态说",即均把公共危机理解为一种具有威胁性的、紧张的、需要决策和执行主体迅速加以处置和解决的状态。

所不同的是,诸多定义对这种状态(或情境)所威胁和损害的客体到底是什么有着不同的界定,包括"基本或根本的价值""行为准则框架",以及"人员、产品、服务、资产和声誉"等。但如果我们从公共利益的角度来考察公共危机,就会发现这种"特殊状态"所关涉的核心对象就是公共利益。在公共危机中,被威胁、被损害或被诉求的核心是公共利益,尽管有时它以个人利益的面貌出现,但其背后隐藏的,仍旧是公共利益的内核。

所以,我们可以从公共利益的角度给公共危机重新下一个定义。即公共危机是指"在短时间内对公共利益造成巨大调整、威胁或损害的不确定性状态,需要以政府为主导的政策网络迅速加以决策和处置,以最大可能地对公共利益进行及时的维护和改善"。

在这一定义中,与以往定义相同的关键词是"短时间"和"不确定性",这是公共危机的两个基本特征,所不同的是我们将这种短时间内的不确定性状态指向了"公共利益"而非其他目标。同时,定义中用巨大"调整""威胁"和"损害"来描述这种状态对公共利益的影响形式。其中,调整是最基本的行为模式,因为威胁和损害本质上也是一种调整,只不过是一种负向的调整;威胁指的是一种潜在的损害,而且这种损害具有较高的发生概率,或明确规定了发生的时间,只是尚未到达这一时刻;损害是一种既成的利益减损状态,或称之为负向的利益调整。

最后,在公共利益视角的定义下,公共危机治理的根本目的是对受到威胁和损害的公共利益进行最大限度的维护和改善。如果说公共危机是对"最大多数人的最大幸福"的威胁和损害,那么公共危机治理就是对"最大多数人的最大幸福"的维护和改善。

2. 公共危机再分类

对于公共危机的分类,可以采用很多不同的标准进行。[①] 按危机发生的具体领域进行分类,可分为洪涝灾害、气象灾害、海洋灾害、地震地质灾害、重大公共卫生事件、食品安全事件以及社会治安和群体性事件等。从起因上可以分为人为的危机和非人为的危机,即我们常说的天灾和"人祸"。从可预知程度上分,可分为一定程度上可预测的危机和很难预测的危机。从影响范围可以分为全球性危机、地区性危机和局部性危机。从复杂程度上可分为单一性危机和复合型危机。从发生顺序上可分为原发性危机和继发性危机。按照来源可分为内生型危机和输入型危机。

罗森塔尔按照危机中人群的态度和倾向是否一致的分类标准,将危机事件分为"利益一致型"和"利益冲突型"两类[②]。利益一致型危机是指危机关涉者在价值判断和行动方向上均为一致的危机类型。利益冲突型危机是指危机事件所关涉的个人或团体对于危机本身有不同的价值判断和治理目标,其利益和目标是相互冲突的,对治理方案的选择也是迥异的。

参照罗森塔尔的利益一致和冲突分类方法,从公共利益角度出发考察公共危机的分类,本书将危机分为"公共利益威胁型""公共利益诉求型"和"混合型"三种。

公共利益威胁型危机属于罗森塔尔所定义的"利益一致型"危机,典型的如自然灾害、地震、洪水、火灾以及矿难、瘟疫等。这种危机对公共利益造成严重的威胁和损害,需要以政府为主导的危机治理网络迅速采取行动进行干预和救助,以将损失降到最低。在这一类型的危机中,公共政策的最大功能是利益保全,亦即最大可能保证现有公共

---

① 参见苗兴壮. 超越无常——突发事件应急静态系统构建[M]. 北京:人民出版社,2006:39—45.

② 中国现代国际关系研究所危机管理与对策研究中心编著. 国际危机管理概[M]. 时事出版社,2003:8. 转引自苗兴壮. 超越无常——突发事件应急静态系统构建[M]. 北京:人民出版社,2006:44—45.

利益的安全和不受损害,或至少保全关键性公共利益。

公共利益诉求型危机属于罗森塔尔所定义的"利益冲突型危机",还可以继续细分为利益分配诉求、利益增量诉求和利益减量诉求。尽管公共利益具有"社会分享性",亦即"分享机会的无差异性"[①],但由于现实中的公共利益具有层次性和区域性,公共利益分配不均、总量不足及"强制性分享"等问题频繁发生,成为导致危机的重要原因。

利益分配诉求型危机本质上是基于政府"公平"缺失导致的公共危机。如中国作为一个肝病发病率高的国家,乙肝患者或病毒携带者在入学、就业时却经常受到歧视和不公正待遇,他们维权起诉政府部门而产生强烈的社会效应,就是基于入学、就业机会等公共利益分配不平等所致。

利益增量诉求型危机是由于政府"效率"缺失而导致的危机。近年我国企业职工养老金逐年提高,但由于养老金基数低,地区差异大,且物价和生活成本攀升较快,所以为了退休养老金、工龄买断金、各种特殊社会群体补助待遇等原因而产生的群体性事件不断发生,多表现为集体请愿,如在政府门前或高速公路静坐等。

利益减量诉求型危机是因政府"制度"缺失而导致的危机,本质上是对"公共利益强制分享"的一种抵触和抗争。如为保证市政污水处理厂和配套公路施工的顺利进行,四川省成都市金牛区决定对唐福珍的"违章建筑"进行拆迁,但双方就补偿办法始终无法达成协议,金牛区给出的"不低于土建及装修成本的补偿价格"与唐福珍所要求的数额相去甚远。而自2007年10月至唐福珍自焚的2009年11月,由于受唐福珍及其亲属的多次"违法"阻挠的影响,市政金新路一直未能全线贯通,该片区污水管道无法铺设,城北大天污水处理厂也不能正常运行。可见,政府在此次拆迁活动中是以公共利益的代表出现的,而唐福珍则希望在这种公共利益中豁免,至少是在未能达成补偿协议的情况下,这种豁免是唐福珍所希望的。但现有的制度没有提供"公共利益"减量诉求的途径和规则,于是在双方的刚性利益冲突中,唐福珍

---

① 陈庆云,鄞益奋,曾军荣.论公共管理中的公共利益[J].中国行政管理,2005 (7).

选择以燃烧自己来做最后的抗争。

在公共利益诉求型危机中,公共政策需要对公共利益进行结构和总量上的调整,以保证公平地分配公共利益、有效地增进公共利益并保证"被迫分享公共利益"群体的合法权利不受损害。

第三种危机类型我们定义为混合型危机。混合型危机兼有公共利益威胁和公共利益诉求的双重利益旨向。如前所述,由于对公共利益的认定主体和认定标准不同,所以对同一事件,政府可能认为是对公共利益的威胁和损害,而参与的民众则认为是一种对公共利益的诉求。

如在轰动一时的厦门PX项目事件中,由于厦门市政府决定在厦门海沧兴建PX(对二甲苯)项目,专家和市民担心化工污染群起反对但无果,于是2007年5月至6月间,民间人士通过手机短信和网络号召厦门市民在6月1日上街"集体散步",通过这种平和的压力形式,呼吁PX项目迁址。在厦门PX事件中,"公共利益威胁"和"公共利益诉求"的混合型特征十分明显,厦门市政府认为"散步"事件可能导致这一"造福"厦门财政收入和就业岗位的大型化工项目建设受阻,且"6·1"市民集体上街"散步"可能导致骚乱等群体性事件而引致市政府被动,所以将之认定为对公共利益的威胁事件。而市民认为这次集体"散步"恰恰是从维护公共利益(200多万厦门市民及子孙后代的健康安全)的角度出发,是一次典型的公共利益诉求行动。

从第三方的角度来看,在类似事件中,"公共利益威胁"和"公共利益诉求"的确是同时存在的,这种威胁一方面可以理解成诉求活动的外部性,另一方面有时也是诉求活动的工具。通过对既有公共利益的威胁和损害,来给政府施加压力,以对新的公共利益诉求产生迅速回应。所以,观察和界定此类"混合型"公共危机,需要从第三方的角度出发。

三、公共政策的危机治理功能定位

公共政策是一种治理工具。公共危机是"对公共利益的巨大调整、威胁和损害",所以,作为应对公共危机最重要的工具,公共政策在危机中的功能和角色定位也必须做出相应的转换,才能达到有效治理的目的。

首先，针对危机对公共利益的威胁和损害，公共政策的功能和定位是"利益维护和改善"，即最大限度地对公共利益予以保全或至少对关键性公共利益予以保全，以有效控制和降低危机的损害和威胁。于是，在诸多种类公共利益同时受到威胁时，哪种利益应优先保全，或称之为利益的排序问题便凸显了出来。

在健全的法律和政策体系中，通常会将最大多数民众的生命、健康作为第一优先，如在"5·12"汶川地震中，党中央提出首先要"救人"，把保护和抢救生命作为危机处理的第一要务；其次是对公共和私人财产的保护和抢救；另外，还包括对环境、文化的保护，对国家形象和政府信誉的保护，等等。

危机中，个人和集团利益在一些条件下可以上升为公共利益，同样需要政府摆在优先考虑的位置予以保全。如在矿难中，被困井下矿工的生命；还如重大交通事故中的受伤人群；再如重大药品食品安全事故或公共卫生事件中的受害者，等等；这些人群如果从单纯的数量上来看，只是个人利益或充其量是集团利益，但危机的特殊情境，使得这些也许在数量上并不占多数的个人和群体的利益具有了公共利益的特征，因为这些个人和群体是"不特定人群"，具有公共属性。

恰如罗尔斯的"无知之幕"（Veil of Ignorance）假设，这些个人和群体的危机境遇具有很高的代表性，如果我们漠视这种利益需求而置之不理，那么当"无知之幕"拉起，也许我们自己也处在同样的位置，经受同样的折磨而无人问津——这也许就是为什么唐福珍为了保护自己的"违章建筑"被拆迁而在楼顶自焚，这件本身可以作为民事或最多刑事附带民事的案件来处理，但最终引起社会的普遍关注和"官民"关系的紧张，形成公共危机事件——因为在危机的特定条件下，个体私益上升为了公共利益。今天燃烧的是唐福珍，而明天这一拆迁规则就可能适用于任何一个拥有70年（或由于二手房而更少）产权的有房公民，所以，规则的普遍适用性使得它产生的威胁是对不确定多数的人群。

其次，在公共利益诉求型及混合型危机中，公共政策的功能和定位是根据公平原则对公共利益分配方案进行适当调整,对于不合理的利益格局进行重新划分,并有效地增进公共利益总量。对于民众的合理诉求,应给予足够的重视和及时的回应,并提出可行的解决方案,与诉求团体形成法制化的良性互动,避免危机恶化或更大的冲突和损失。

表 1-1　公共利益视角下的危机分类与政策功能

利益方向	危机类型		政策功能	典型危机
利益一致	公共利益威胁型		公共利益维护和改善	地震、洪水、火灾、瘟疫等自然类灾害
利益冲突	公共利益诉求型	利益分配诉求	保证公共利益的公平分配	"乙肝"患者、异地高考考生家长的维权事件
		利益增量诉求	提高公共利益的效率和效益	下岗工人、离退休职工的维权事件
		利益减量诉求	避免"公共利益强迫分享"	以公共建设为名的拆迁维权事件
	公共利益混合型		在公共利益维护和改善的前提下,积极回应诉求并合理调整利益结构	厦门 PX 事件,江苏启东事件,广东乌坎事件

第三节　政府危机:公共危机的必要而非充分条件

在委托—代理的理论假设下,公共危机和政府危机有很大的重合部分。公共危机会对公共利益产生巨大的调整、威胁和损害,这种紧张状态会迅速由公众传递到政府的决策和执行机构,对政府造成压力。其中有一类公共危机的发生将直接导致政府危机,公共危机与政府危机并行。如利益诉求型危机直接针对政府的公平机制、效率发挥甚至合法性来源。另一类公共危机尽管不等同于政府危机,例如单纯的公共利益威胁损害型(天灾类)危机,但如果政府治理不善,低劣的危机治理效果亦会带来严重的政府危机。所以,公共危机治理中,政府既是社会的救助者,同时也是自我救赎者。

一、从公共危机到政府危机:事实抑或价值

公共危机首先是一种客观的紧张状态,这种紧张来自于短时间内

对公共利益造成巨大调整、威胁和损害的可能性或现实影响。紧张状态是公共危机的本质属性和事实基础,也是公共危机与其他社会状态相区别的依据。所以,公共危机首先是一个事实概念。

但与此同时,不应忽视公共危机的价值属性。尽管公共危机中社会的紧张状态是客观的,但社会成员和政府对这一紧张状态的感受、判断和界定是不同的,甚至会出现截然相反的结果。同一危机事实有不同的危机感知和危机评价,政府作为公共权力的执行机构,对危机认定具有权威性。

但权威性并不代表客观性,政府何时将公共危机纳入政策议程、如何界定公共危机的性质、如何拟定危机治理的方案以及治理的程度和效果如何,这些关键性问题并无统一答案,而往往是因"政府"不同、由"个案"而异。但不可否认的是,公共危机与政府危机有着复杂而深刻的互动关系。

例如,由于土地出让金在地方财政中占据的比例和份额越来越大,且随着城市化的不断扩张,近年来各地政府都在大规模征地,除了城市内部既有的商业用地,更多的是从城市边缘和乡村向农民征地。失地农民不断增多,且由于地方政府被开发商利益裹挟,所以往往在补偿办法上做得并不完善。农民丧失土地,征地补偿明显不合理,城市化的发展又无法及时接纳这些失去生产资料的农民,种种因素综合促使失地农民成了社会的不稳定因素,继而可能对公共利益产生严重影响。据统计,近年来因征地而引发的农村群体性事件已占全国农村群体性事件的65%以上[1]。这一切都已经满足了公共危机的必要构件,即政府涸泽而渔的盲目征地(且补偿不到位)行为,已经在短时间内对公共利益造成威胁和损害。但是,从具体实践看来,此时的政府通常不会意识到或即使意识到了也不会将这种情形纳入政策议程加以处理。

当然,情况也会发生变化。如果征地和补偿问题引起集体上访或

---

[1] 经济参考报.土地矛盾渐成不稳定因素,征地制度改革成关键[N/OL].转引自人民网,2006-02-27. http://finance.people.com.cn/GB/1037/4145124.html.

群体性暴力冲突事件(例如由于集体上访而导致上级政府给予本地政府以压力,更具体的说是给予本地政府的主要领导以直接压力,要求其迅速解决问题,平息事态;再或者是失地并对补偿不满意的农民群体通过暴力直接给当地政府以压力和刺激,要求政府在短时间内作出决策和回应)那么一般意义上的公共危机就转化成了具有很高目标指向的政府危机,其所调整、威胁和损害的利益类型就从不确定多数的公共利益变成了确定的政府利益,此时公共危机通常会迅速进入政策议程。"为使组织在危机中得以生存,并将危机所造成的损害降至最低限度,决策者必须在相当有限的时间约束下作出关键性决策和具体的危机应对措施。"①

所以,对公共利益的巨大调整、威胁和损害并不一定是政府"作出关键性决策和具体的危机应对措施"的充分条件,只能说是必要条件,而若政府利益在短时间内受到巨大调整、威胁和损害,那么政府积极行动的概率会显著增加。

类似群体性事件通常会在地方及上级政府的共同努力下,得以迅速化解,但大多只是化解了"爆发性"事件本身,即政府所面临的危机,至于事件之所以发生的深层次矛盾,却并不会被同时彻底化解,甚至不被触及。通过危机事件的处理,失地农民也许会引起关注并继而在补偿上有所增加,但更大的赢家往往是地方政府,他们有效保护了自身财政收入和利益格局不受损失,并为今后继续开拓思路、经营城市、扩大财政积累了"宝贵"的实战经验。

所以,我们认为,在部分公共危机治理中,政府治理的核心是政府危机而非真正的公共危机;在政策决策和执行过程中,政府所控制和消弭的是对政府利益的威胁和损害,而并非旨在对公共利益的维护和改善。

爆发性的公共危机事件通常只是一个"导火索",政府更倾向于将已经点燃并迅速燃烧的导火索扑灭,以免爆炸伤及自身,但对于危机

---

① 薛澜,张强,钟开斌.危机管理:转型期中国面临的挑战[M].北京:清华大学出版社,2003:26.

的根源,即最根本的利益冲突和制度矛盾,却可能视而不见,因为此时政府本身就是利益冲突的重要制造者之一。由此,公共危机治理成为简单的剪断导火索,公共危机被政府危机所异化。

二、从政府危机到公共危机:过程抑或极点

公共危机作为一种高度紧张和压力的状态,必然具有极点性质,也就是所谓的"危机爆发点"。若缺乏"爆发极点",充其量这种紧张压力状态也只是海叶卡·德罗尔所说的严重"逆境"而非"危机"[①]。公共危机所蕴含的巨大能量在极点事件(或时间)迅速聚集,并寻找爆发的突破口,可以说,极点事件在很大程度上成了公共危机的代名词,是整个公共危机中最引人注目的时间点或事件。

但公共危机并非无源之水、无根之木,短时间内爆发的极点事件只是冰山一角,其巨大的冲突性能量隐藏在爆发极点的下面。实践证明,在危机爆发点前,往往有漫长而复杂的危机积累过程,危机的爆发只是矛盾能量积累和自然喷发的结果。

2003年中国的SARS案例充分说明了危机爆发的过程特征。尽管从广东发现第一例病例到世界卫生组织解除北京为旅游警告城市这一过程中,最引人注目的是一些标志性的时间点和关键性事件,但这一系列的时间和事件点是连续发展且具有逻辑关联的。

如果从更大范围来考察这一突发公共卫生事件,就会发现危机的产生除了非典病毒本身的突发性和致死率外,居民的环境卫生意识、国家的公共卫生防疫体系、应急体系、政府信息公开体系等等,均是导致这次公共危机的重要原因,甚至以上任何一个原因,对于整个国家和社会而言,都比非典病毒本身更具长期危害性。非典病毒只是一个偶发性变量被投入到了这个复杂的政治和社会结构中,才催化了危机的蔓延和危害。

[①] 参见海叶卡·德罗尔.逆境中的政策制定[M].王满传等译.上海远东出版社,1996:4-5.海叶卡在本书中提出三种类型的政策制定,即"繁荣时期的政策制定,严重逆境中的政策制定和巨大灾难中的政策制定"。他认为"逆境"是指政策制定时所面临的各种严重困难,与"危机"不同,危机是有一定时限,要求迅速作出决策的突发性事件乃至灾难。

海叶卡·德罗尔在描述政府的危机反应时用了一个形象的比喻:"政府的举动就像一个被吓坏了的小孩,面对失控的快车,只会推动所有的操纵杆、按下所有的按钮。"①但他最多只说对了一半,还有一些被"吓坏的孩子"面对失控的火车,什么都不做,甚至对所有人说,火车并没有失控。

本书之所以提出公共危机的过程性蕴含,是希望拓展危机治理的深度和广度,避免将公共危机理解为孤立的、单一的极点,而忽视了它起因的复杂性和治理的综合性。危机治理应该是一个综合的过程治理而非简单的事件"摆平",危机事件往往只是深层次矛盾的表象。若仅满足于对这类表象事件的简单处理,只研究事件处置本身的效率和技巧,那么即使我们可以不断地"点消除",但始终无法跳出类似危机不断循环发生的怪圈。

危机爆发点的消除固然重要,这是公共危机治理的基本前提,但并非全部。我们真正要避免的并非公共危机事件的偶然爆发,而是同一类危机事件的不断重复发生。

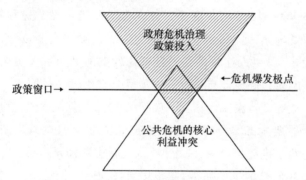

图 1-2 公共危机核心利益冲突的"冰山"形态

综上,状况、问题与危机,是相互关联的三个基本概念,但它们的内涵却有本质的区别。什么样的状况构成问题,什么样的问题转化成危机。公共危机在很大程度上是一个政策窗口,它是很多社会焦点问

---

① 海叶卡·德罗尔.逆境中的政策制定[M].王满传等译.上海:上海远东出版社,1996:3.

题得以进入议程的关键性要素。但公共危机事件和公共危机所蕴含的矛盾冲突是不同的，所以针对危机事件的解决政策也有别于从根本上调整利益冲突的政策。如处置三鹿奶粉事件和加强国家食品药品安全是不能等同的，解决出租车司机罢工与调整出租车行业管理和利益格局也是不能画等号的。

对于公共危机治理的绩效评估，不应仅局限于对导火索的扑灭或"点消除"的效果，也不应把政府危机的治理绩效等同于公共危机的治理绩效。危机治理应更注重对公共利益的保全救济、合理调整和有效增进。在治理过程中，应更强调危机问责而非治理表彰①，将更多政策力量放在解决那些导致危机发生的制度和利益冲突上。否则，即使我们在危机事件的应对技术上有再多的改进和发展，危机仍然不会消失，灾难还将继续重演。

在当前我国公共危机治理过程中，公共政策应更加突出其应有的价值内涵，追求危机治理中的"善治"，而非单纯追求器物层面上危机处置技术的效率发挥。

---

① 2010年1月7日，湖南省湘潭县煤矿事故已经发现25名遇难矿工遗体。一篇由湘潭县官方提供的新闻通稿，用"领导高度重视，反应非常迅速，工作措施有力，取得很好成效"等来描述抢险工作，遭到众多网友的批驳和嘲讽，被戏称为史上"最牛矿难新闻稿"。参见《都市快报》(2010-01-08)。

第二章 公共危机治理政策网络分析

公共危机治理政策体系是一个开放和复杂的系统,传统分析模型只有静态的结构描述而缺乏动态的过程分析,从而影响模型的解释能力和拓展应用。本章引入"政策网络"理论作为主要分析工具,尝试构建公共危机的政策网络分析模型,以更有效地考察公共危机治理政策体系的诸构成要素及其逻辑关系。

第一节 政策网络理论的兴起动因和基本概念

诚如博雷尔(Tanja)所言,"网络"近年变成了一个十分时髦、炙手可热的词汇[①]。这种热度并不局限于政治学领域,而是在许多学科中都有充分体现:微观生物学家将细胞描述成一个信息网络,生态学家将生存环境界定为一个网络系统,计算机科学家开发出了具有自我组织和学习能力的神经网络。在社会科学领域,对网络的关注、研究也方兴未艾,无论是在社会学、经济学、商业管理还是公共政策等诸多领域,各种与"网络"相关的研究不断涌现。"网络"成为研究"复杂性架构的全新范式"[②]。

自20世纪五六十年代诞生于美国以来,政策网络理论逐渐受到包括英国、德国、荷兰等多国公共政策学者的共同关注,逐步发展出了一整套概念体系、分析框架和研究方法。政策网络理论较传统公共政

[①] Tanja Borzel, 1997, Policy *Networks-A New Paradigm for European Governance?* European University Institute, Badia Fiesolana, San Domenico (FI), p.5.

[②] Kenis, Patrick & Schneider, Volker, *Policy Networks and Policy Analysis: Scrutinizing a New Analytical Toolbox*, in Marin/Mayntz (eds), 1991, pp.25—59.

策理论最突出的特点便是可以更好地分析和诠释动态、复杂、多元的政策过程及政策主体间的逻辑关系,已成为公共政策研究中不可或缺的一种理论框架,是公共政策学者理论工具箱中必备的分析工具。如今,政策网络理论已被广泛应用到各种类型的公共政策分析中,以研究政策主体间的复杂互动关系及其对政策结果的影响。本书即是将政策网络理论应用到公共危机治理政策领域的一次尝试。

一、政策网络理论的兴起动因及借鉴意义

关于政策网络理论兴起的理论和现实动因,有学者将其归纳为三个方面:(1)现代社会和公共事务的复杂性、动态性和多元性,即政策环境的变化;(2)"有限政府"倾向不断加强,公私部门的依赖程度不断提高,即治理主体和资源配置的变化;(3)非层级化趋势的不断发展,水平协调成为重要方式,即治理结构的变化。[①]

在当代政策实践中,政策环境、治理主体、资源配置以及治理结构等关键要素的重大变化,导致原有公共政策理论面对不断发展变化的政策现象无法作出完善的理论解释,由此催生了新的理论体系。政策网络理论是对政策网络现象的学术归纳和分析整理,其兴起既有政策实践的现实基础,也是理论发展的必然要求。

当代公共政策实践已不再是自上而下的政府一元统治模式,政府不再拥有全部的信息、资源和权威优势,无法单独依靠自身的决策和执行体系对政治、经济和社会事务进行完全的控制和干预,无论是从法理上还是实事上均无法排除其他主体对公共事务的参与。

但这种参与,也不等于原子化的多元治理模式。当代政府的权威和影响力尽管受到一定的制约和限制,但仍旧是公共治理中的主导性力量,其地位和作用绝不仅是制定模糊的行动纲领和政策框架。过分矮化政府的地位和作用,凸显多元主体的功能与角色,是脱离实际的空想——现实的政策实践是多元政策主体在政府主导下的互动模式,

---

[①] 参见陈敬良,匡霞.西方政策网络理论研究的最新进展及其评价[J].上海行政学院学报,2009(5).

而非超越政治和法律规范的无序利益博弈。

政策网络理论正是基于对"政府一元统治"和"社会多元治理"两种模式的扬弃发展出的一套全新理论体系,其既强调多元主体的共同参与和社会共治,同时也注重多元治理中的互动关系和利益妥协,承认网络中不同政策主体之功能与地位的不同,重点考察政策主体之间、政策主体与政策环境的互动及其对政策结果的影响。

第一,政策网络的兴起是民主政治发展的必然趋势和要求。

政策网络理论深受"多元主义"和"统合主义"的影响[①],本质上它们都是对利益集团与政府之间不同关系模式的假设和推断。多元主义强调利益集团间的平行竞争,而竞争的结果会对政府行为和政策输出产生影响,以实现自身的利益诉求。统合主义则认为在公共政策过程中利益集团之间以及利益集团和政府之间可以实现合作——政府在决策中仍居于决定性的主导地位,利益集团则通过合作实现对决策过程的影响,形成有利于自身利益实现的政策方案;同时,利益集团也有义务和能力约束集团中成员对政策的认同,从而使政府无需对分散众多的社会行动者单独给予关注和干预——这是一种共赢的政策模式。

无论多元主义还是统合主义,它们都是西方民主政治发展到一定程度后的理论体系,是对政府与公民社会之间合理关系的界定。多元主义和统合主义,尽管一个强调"竞争"、一个注重"合作",但都否定政府一元化统治和集权主义,都强调参与、协商、互动和妥协。

我国学者对政策网络理论的引进和关注始于 21 世纪初,近年相关研究呈现蓬勃发展的态势,越来越多的学者开始将政策网络的概念和理论引入中国的公共政策分析中来,政策网络理论也日益发挥出其独特的解释效能。这也从另一个侧面说明了我国深化政治体制改革、推进社会主义民主化进程所取得的突出成就,即政府开始主动将各种利益团体和利益诉求纳入公共政策的过程中来,正视、承认和尊重不

---

① 参见任勇.多元主义、法团主义、网络主义:政策过程研究中的三个理论范式[J].哈尔滨市委党校学报,2007(1).

同利益团体的正当利益诉求,通过民主协商和政治妥协来实现公共政策的民主化和科学化。政策网络理论能够在中国的政治土壤中生根发芽,是政治民主化发展进程中的一个重要标志。

第二,现代信息和传播技术减少了信息不对称,为政策网络的构建和管理奠定了技术基础。

政策网络需要构建,其运行更需要管理①。政策网络现象,亦即政策过程中多元主体间的互动,由来已久,但这种互动在初级阶段还处于"寡头网络"的状态,亦即尽管政策网络具有多节点和互动的特征,但节点的个数很少,网络通路单一,网络的信息和资源基本上由少数几个网络成员所掌控,而非真正意义上的多元网络。政策过程中的参与、协商、互动和妥协,仅限于包括政府在内的少数几个利益集团,政策网络并没有被良好地构建、管理和运行。

现代信息和传播技术的发展,使得更多的社会团体和个人拥有了知情的权利和可能,他们开始积极寻求参与政策过程和社会治理的途径,更多的网络成员要求加入到政策网络的运行中来,政策网络的多元、互动特征被真正激活出来。克林(Klijn)认为,政策网络分析的三个基本变量为"博弈、策略和感知"②,其中感知是基础,即政策网络成员对政策环境的清楚认知和对其他政策网络成员行动的知晓和理解,之后便形成相应的行动策略,进行政策互动,达到政策的稳定运行。信息的公开和共享是有效感知的前提,也是形成理性策略和博弈的基础。

可以说,现代民主政治的发展为政策网络中的"博弈、策略和感知"提供了制度可能性,而信息和传播技术的发展则为其提供了技术可行性,它通过抑制和消除政策网络中的信息不对称,来达到政策网络的有效管理和运行。它可以"使得包含全社会网络的政策网络体系的构建成为可能,政策网络不再只停留在对现实政治的事后描述,而

---

① Klijn, Erik-Hans, 1996, *Analyzing and Managing Policy Processes in Complex Networks: A Theoretical Examination of the Concept Policy Network and Its Problem*, in Administration & Society, 1996, p.106.

② Ibid., p.99.

是使社会网络成员可以动态地参与到政策过程中来,并影响政策的走向"①。

在我国,也正经历着这一政策网络构建的过程,利益集团、非政府组织和社会公众逐渐有条件进入政策网络,通过利益联盟和利益表达,实现对政策进程和结果的影响。政策网络主体的多元化特征日益凸显,政策网络管理成为政府面临的突出问题。

第三,政策网络的兴起,并不意味着政府能力的下降。

政策网络的一个突出特征在于相互依赖,亦即政府不再掌握所有的社会资源,在公共事务中需要和其他利益团体乃至公民个人进行协商和合作,以动员和汇集分散在其他利益团体中的资源。这一系列特征似乎显示了政府控制能力的下降,只能被动地选择与其他利益集团共同治理,于是在客观上呈现出政策网络的多元和互动特征。

我们认为,政策网络的兴起,并不意味着政府能力的下降。与之相反,这是一种"顺势治理",即政府"面对复杂、动态、多元的环境,尽量顺势运用社会的反对势力,而非以管制手段或中央集权式的公共政策来削弱社会势力"②。政策网络的兴起是现代民主政治发展到一定程度的必然产物。政府将更多的政策网络主体纳入其中,从而达到更好的社会治理效果,而自身的权威并不会因此而受到损害和削弱。一个开放、理智的政府,会将更多精力用在对政策网络的扶植培育和有效管理上,而非通过集权来打压和抑制政策网络的生长。恰是那些视多元网络主体参与为洪水猛兽的专制政府,其"逆势"控制的能力才无法维系。

所以,近年来中国公共政策领域中政策网络治理模式的日趋鲜明,并不意味着政府能力的下降,与之相反,这说明政府开始重新定位,以开放和自信的姿态吸纳多元政策网络主体参与共同治理,是一种"顺势"的理性选择,具有积极和进步的意义。

---

① 唐云锋,许少鹏.政策网络理论及其对我国政策过程的启示[J].中共浙江省委党校学报,2012(2).
② 陈敬良,匡霞.西方政策网络理论研究的最新进展及其评价[J].上海行政学院学报,2009(5).

第四,政策网络已经超越隐喻而成为政治现实。

政策网络是被发现而非被发明的。作为一种公共政策过程中多元主体的互动模式,政策网络并非全新的政治现象,可以说,即使是在古老的政治体系中,也可以发现政策网络的原始形式。

在当代,政策网络之所以被作为一种独特的政治现象加以研究,是因为政策网络切实影响了政策结果的输出。这种影响是真实存在且具有积极意义的,它可以弥补政府一元统治的不足,可以调和不同利益团体间的矛盾和冲突,让决策更具民主性和科学性。近年来在我国公共政策的决策执行中,政策网络的功能发挥越来越突出,对于政策过程和政策结果的影响也越来越显著。政策网络绝非格言式的隐喻,而是发挥着重要影响作用的真实政治存在。

二、政策网络理论的基本概念和研究传统

政策网络理论作为一种新兴的公共政策理论体系,也有其固有的缺陷和不足。一个突出的特点便是有关政策网络的定义林林总总、内容交叉、表述雷同,学者们由于研究传统和流派的不同,对同样的政策网络现象有不同角度、不同倾向和侧重的表述,这导致了有关政策网络的定义一直处于备受争议的处境。

学界普遍认为政策网络理论的研究传统有三个来源,即美国传统、英国传统以及德国和荷兰传统。这三种研究传统在分析层次、理论基础、分析对象等方面各有侧重,所以对政策网络的定义也各有不同。

1. 美国研究传统及其定义

美国的政策网络研究传统在分析层次上侧重于微观分析,其理论基础是多元主义和组织社会学,分析对象开始主要集中于政府行政机关、国会立法机关和利益集团的人际关系,亦即经典的"铁三角"关系模式。后随着政策环境的发展变化,参与政策过程的行动主体不断增加,其研究对象的范围也逐步拓展,但依然侧重于微观的人际关系层面。美国学者对政策网络的定义因而更加注重政策网络主体及其相互关系,如卡赞斯坦(Katzenstein)认为"政策网络就是公私行动者之

间的一种关系模式"①。

美国学者普遍认为,政策网络主体是具体的政府官员、议员或社会行动者,他们之间会通过资源的相互依赖而达成某种"具有持续形态的统一体或关系模式"②。所有政策方案的制定和执行,都是在多元行动主体的互动博弈中产生的,这些行动主体具有不同的目标和利益要求,也居于不同的社会层次,但他们都掌握着某种资源,使他们有资格和能力在政策过程中"发挥推动或阻碍的作用,从而导致政策的成功或失败"③,以确保其共同政策偏好的实现,并排除其他异议团体。同时,美国学者认为,这种基于不同团体成员间人际关系的互动与最终政策结果的成败之间,无法得出一一对应的确切关系,亦即政策网络对政策结果的影响是不确定的。

20世纪70年代末,赫柯罗(Heclo)即提出,传统关于政府、议会和利益集团的"铁三角"关系描述虽有一定的解释效能,但并非在所有的政策类型中都普遍适用。与这种结构封闭、成员稳定的铁三角关系相对的,另一种更加开放、松散和灵活的政策网络结构——议题网络却被证明更加普遍地影响着政策的制定和执行④。麦克法兰(McFarland)进而认为,议题网络产生的基础是对某项政策议题的共同兴趣,议题网络本质上是一种沟通和意见表达网络,其具有开放性、非制度化、非正式、结构松散、不具排他性等特征⑤。"议题网络"的提出,丰富和完善了政策网络理论,也是政策网络理论体系中最具魅力和解释能力的概念之一。

2. 英国研究传统及其定义

英国政策网络的研究传统是中观层面的分析,其理论基础是法团

---

① Peter Katzenstein, 1977, *Between Power and Plenty*, Madison: University of Wisconsin Press, p.892.
② Van Warden, Frans, 1992, *Dimensions and Types of Policy Networks*, in European Journal of Political Research, Vol.21, p.31.
③ Peterson, J., & Bomberg, E. E., 1999, *Decision-Making in the European Union*, New York: Palgrave.
④ Heclo, H., 1978, *Issue Networks and the Executive Establishment*. In A. King (Ed.), The New American Political System. Washington: American Enterprise Institute for Public Policy.
⑤ 李允杰,丘昌泰.政策执行与评估[M].北京:北京大学出版社,2008:89.

主义,分析对象集中于政府部门和利益集团间的结构和关系。如史密斯(M. Smith)将政策网络界定为"利益团体与政府交换信息,且政府认可该团体在政策领域中的利益,此时政府与利益集团的关系便构成了政策网络"①。当然,政府对利益集团在政策领域利益的认可,并不意味着政府能力的降低,而是通过创造一种协商互动机制吸纳更多的利益集团参与政策过程,夯实和扩大社会权力基础,从而避免利益矛盾和冲突。

以罗茨为代表的英国学者对政策网络的概念和理论体系有很大贡献,突出表现在:

(1)突出中观层面的分析。罗茨认为,政策网络的研究对象应专注于中观层次的政府部门或政府间关系,即使宏观环境和治理结构的变化会对微观个体产生影响,也需通过中观层面的政府部门及其互动关系而发生作用。无论从理论逻辑上还是政治实践上,都显示了将政策网络分析对象设定在中观层面的合理性和优势。

(2)对政策网络进行合理有效的分类。罗茨根据政策网络的稳定性、成员准入的资格高低、权力等级及其支配性等特征,将政策网络分为政策社群(policy community)、专业网络(professional network)、府际网络(intergovernmental network)、生产者网络(producer network)、议题网络(issue network)等五种类型②。其中,作为政策网络"强控制"的一端,政策社群的结构稳定、成员准入资格较高且具有等级化的权力控制体系和支配能力;而作为政策网络"弱控制"的另一端,议题网络则表现出截然相反的特征,其结构不稳定、成员流动性很大,不具权力等级体系和上下支配能力。有学者将这种从集中到发散的政策网络形式形象地看做一个光谱结构,其光束集中的一端是以"铁三角"为代表的政策社群,而光线发散的另一端则是松散流动的议题网络。

---

① Smith, Martin, 1993, *Pressure, Power and Policy: State Autonomy and Policy Networks in Britain and the United States*, New York: Harvester Wheat Sheaf, p.54.
② D. Marsh and RAW. Rhodes, 1992, *Policy Networks in British Government*, Oxford: Clarendon Press, p.14.

"把铁三角放在光谱的一端,议题网络在另一端,子系统和亚政府在中间。"①

(3) 重视"府际关系"的影响。罗茨从英国的政治实践出发,认为发展了的政治现实已经超越传统的中央集权、统一控制、集中决策模式,地方政府和各级政府部门不仅仅限于对决策的执行,而是拥有更多的资源和裁量权,可以对政策过程发挥更大的影响。地方政府和政府部门之间的关系,在很大程度上无法完全依赖于中央政府的控制和协调,这些政府(部门)间的横向关系变得越来越重要,既有的垂直权力结构逐渐呈现扁平化趋势,以政府部门为代表的府际关系构成了政策网络的主要节点和通路。

3. 德国和荷兰研究传统及其定义

德国和荷兰学者研究的最大特征就在于将政策网络定义为一种新的治理形态,而非单纯的政策主体间的互动关系。这种治理形态是"介于政府与市场之间的第三条道路,是资源广泛分布于公共与私人部门时的一种政治资源动员体制"②。

如果我们将美国、英国学者的研究传统归结为微观和中观层面的技术设计,那么德国和荷兰的政策网络研究传统则是宏观层面的制度安排。这使得我们可以从一个全新的高度来考察政策网络的价值和意义,也给介于政府和市场之间的治理模式提供了新的定义和解释工具。

在德国和荷兰学者看来,政策网络超越了"铁三角"或政府(部门)间关系的简单利益关系,而旨在构建更加和谐稳定的政府、市场与公民社会之间的互动格局,其价值蕴涵远远超出局部的人际和府际利益协调,可以促成更大范围内共同利益的实现。

德国和荷兰学者十分重视"网络管理"。他们认为,政策网络是可

---

① Mccool D., 1989, *Sub-governments and the Impact of Policy Fragmentation and Accommodation*, Policy Studies Review, 8(4), pp.264—287. 转引自鄞益奋. 利益多元抑或利益联盟——政策网络研究的核心辩解. 公共管理学报,2007(7).

② Tanjia A. Borzel, 1998, Organization *Babylon-On the Different Conceptions of Policy Networks*, in Public Administration, Vol. 76, summer, pp.254—264.

以管理且也应被管理的,但这种管理不同于传统的政府管理模式,并非自上而下的科层控制和资源配给,而是充分承认治理过程中的互动与博弈。政策网络管理的宗旨在于建立博弈规则、维持博弈秩序、协调博弈冲突,激发新成员加入到博弈过程中来,通过资源的共享和互补来达成各自和共同的利益诉求。在德国和荷兰学者看来,随着经济社会的发展,当代政府管理的基本职能即在于"网络管理"。同时他们认为,当代公共政策失败的原因,并不在于政府控制和执行能力的缺失,而在于互动机制的不健全和不完善。正是由于互动博弈的链条被阻断,资源的动员和共享无法有效实现,才最终导致政策失败,而良好的网络管理是避免政策失败的重要途径。

与传统的国家和政府中心论相比,政策网络中的政府不再居于超核心地位,不再拥有绝对的控制权和执行力,但其仍然处于重要的治理"导航"角色,可以发挥关键的平衡、协调和博弈规则维系等功能。这些功能迄今为止尚无法被替代,同时也是实现"善治"举足轻重的关键要素。

三、政策网络的四个基本特征

综上,政策网络具有以下特征:

首先,利益和目标多元是政策网络构成的主体条件。正因为政策网络中行动主体具有多元化的目标和利益需求,所以才通过相互的博弈和互动,形成某种妥协和平衡,以实现各自和共同的目标和利益。如果利益和目标的多元性被抑制,一个国家和政府内具有高度统一的目标和利益诉求,那么政策网络便没有存在的土壤和必要,集权化的控制更加可行。

其次,相互依赖是政策网络存在的动力条件。正因为政策网络中行动者的天然禀赋和资源优势不同,只有通过相互依赖和支持,才能实现各自和共同的目标和利益。所以,尽管在某些局部看来政策网络中的行动者是有利益矛盾和冲突的,但从根本上看,他们之间的互赖关系大于冲突关系,具有相互妥协合作、实现共赢的基础。博弈的目的不是消灭对方而是通过获得多方的资源和支持,实现自己的目的,因此并不限制对方的利益达成。如果行动者之间的利益和目标不同，且缺乏相互依赖的动力和基础，那么政策网络便不可能产生，而更可能的是一种零和博弈的过程。

再次，稳定形态是政策网络的维系条件。政策网络之所以被称为网络，其基本特征就是一种互动的关系形态，即通过某种逻辑链接在一起的利益关系。所以，无论是封闭稳定的政策社群还是松散开放的议题网络，都必然具有相对稳定的网络形态，这是政策网络存在的载体形式和最低定义要求。这种形态是可以被观察到和体验到的，亦即网络成员具有主体意识。

最后，非层级制（Non-hierarchical）是政策网络突出的结构特征。政策网络与以往"核心统治模式"（单元行动者模式）或"多元行动者模式"最大的区别就在于非层级制[①]。在政策网络治理模式中，没有哪一方拥有的能力和资源足够强大到压倒其他所有参与者，参与政策过程的行动者间的关系是合作、互动及博弈，而非简单的命令和服从。

第二节 政策网络理论的效能与限度

一、对公共危机治理的分析效能

政策网络既是一种分析工具，也是一种治理模式。这一双重特征，对当代公共危机治理具有很大意义。

首先，政策网络与当代公共危机治理具有良好的理论契合度，为当代公共危机政策分析提供了有力的分析工具和独特视角。当代公共危机的一个突出特点便是其发生、发展和治理过程是多元主体共同参与的非线性互动过程，具有多元、复杂和动态的特征，这正是政策网络理论的分析优势所在。所以，通过政策网络理论，可以更清楚地厘清哪些主体参与了公共危机的治理过程，其各自所扮演的角色是什么，主体间互动的基本规则和逻辑关系以及对危机治理结果所产生的

---

① Tanjia A. Borzel, 1997, *Policy Networks-A New Paradigm for European Governance*? European University Institute, Badia Fiesolana, San Domenico (FI), p.5.

第二章 公共危机治理政策网络分析

影响效果如何等。

其次,政策网络鼓励多元主体的共同参与,倡导利益协商和妥协。这也是当代公共危机治理的目标和要求。在中国的公共危机治理实践中,虽然多元主体参与共同治理的特征已初露端倪①,但距离真正意义上的政策网络治理模式仍有很大差距。所以,通过政策网络的视角考察当代中国的公共危机治理,除了工具性的分析和考察外,还有治理模式的导向和感召意义,亦即构建一个健康多元的公共危机治理政策网络体系,引导和鼓励多元主体共同参与和良性互动,以实现对公共危机的有效治理。

具体而言,政策网络理论与公共危机治理分析的契合点包括:

(1) 利益和目标多元。根据罗森塔尔的观点,公共危机可以分为利益一致型和利益冲突型两大类②,利益和目标的冲突是公共危机产生的重要原因。公共危机治理就是要整合利益诉求,消弭利益冲突,对受损的公共利益予以及时的救济和保全;即便在利益一致型的公共危机治理中,在整体治理目标一致的前提下,局部的利益和目标也同样存在多元化特征,对治理方案的选择也有不同的倾向性。

(2) 参与主体多元。当代公共危机治理过程中,无论是利益一致型的天灾,还是利益冲突型的"人祸",多元主体共同参与均是其基本特征。这些主体包括中央政府、地方政府、国际社会、各类国内外非政府组织、企业、媒体、专家、社会公众等等,或罗茨政策网络模型所归纳的政策社群、府际网络、生产者网络、专业网络、议题网络等。

(3) 相互依赖。公共危机治理中多元主体间的相互依赖特征十分鲜明,同时这也是实现治理绩效的必然要求。当代公共危机的复杂性和严峻性,使得单靠政府或其他单一主体无法有效应对,只有充分调动各主体的积极性,发挥各自优势,通过相互配合、发挥合力,才能有效应对公共危机挑战。

---

① 刘智勇,刘文杰.公共危机管理多元主体协同研究述评[J].社会科学研究,2012(3).

② 中国现代国际关系研究所危机管理与对策研究中心.国际危机管理概论[M].时事出版社,2003:8.

(4) 相对稳定的关系形态。在公共危机治理过程中,各参与主体间的互动关系应是有规则且相对稳定的,否则非但无法形成合力推动危机解决,反而会形成内耗加剧危机程度。在中国的公共危机治理中,尽管多元参与主体间具有一定的关系形态,但并不稳定,也缺乏规则。这使得互动过程充满了随机和偶然性,因而不利于公共危机的有效治理。相对稳定关系形态的建立,有赖于政策网络的管理,这是我国公共危机治理过程中面临的突出问题之一。

(5) 非层级制。尽管公共危机治理过程中强调统一领导,但从政策网络的观点看来,这并不影响其非科层制特征,因为统一领导更多的是在政策社群的范围内被强调。在整个政策网络范畴内,府际网络、生产者网络、专业网络和议题网络等,都有各自的资源优势,有独立的利益诉求和价值判断,他们从自身的角度出发评价危机的发生、发展,提出治理方案,并凭借自身禀赋付诸行动。其判断和行动虽然受到其他主体的影响,但并非科层命令,而是协商和配合。在公共危机状态下,即使以政府为代表的政策社群内部,其结构也从高耸的金字塔型被逐渐挤压为扁平结构,科层制特征日益受到抑制。

二、对公共危机治理的分析限度

学界普遍认为,公共政策可分为"管制性政策、自我管制性政策、分配性政策以及再分配性政策"①四种类型。分类的意义在于厘清不同政策类型对政策执行的影响,因为"不同的政策问题,在政策过程中会拥有不同的参与者,并因为有关的政策问题与人们的利害关系程度不同,而导致参与程度不同"②。

按此分类,在中国当代公共政策领域,政策网络理论主要适应于分配性和再分配性政策。因为在这两个政策领域中,中国的政策网络

---

① Lowi, 1972, *Four Systems of Policy*, *Politics and Choice*, *Public Administration Review*, 32, pp. 298—310.

② Hargrove, E. C., *The Search for Implementation Theory*, in R. Zeckhauser and D. Leebaert (eds), 1983, *What Role for Government? Lessons from Policy Research*, Durham, NC: Duke Press Policy Studies.

得到了一定的解放和培育,开始出现多元行动者,并可适度利用各自所掌握的资源优势,形成相互依赖的决策和行动关系,易于产生"讨价还价"式的决策过程和政策输出。

中国政策网络的发展,既是一种基于权利意识启蒙和资源结构分化所导致的"自下而上"的政策变革,也是一种政府放权让利、培育扶持的"自上而下"的主动性政治发展过程。所以,中国政策网络的发展,既有赖于议题网络、专业网络、生产者网络以及府际网络的自我觉醒和逐步发展,更依赖于政策社群的制度支持和文化培育。这在当前尚未发展成熟的中国政策网络体系中,是至关重要的现实考量。

具体到公共危机领域,政策网络理论的解释力在我国主要取决于三个重要指标:理性、规则和公共利益。这是因为,政策网络构建的基本条件之一即是相互依赖。一旦缺乏了理性、规则和公共利益,也就丧失了相互依赖的基础,变成了完全的无序冲突或敌对颠覆,而政策网络的理论框架无法容纳和解释这些变量。

即使是在自然灾害、事故灾难或公共卫生事件中,政策网络理论依然具有很高的解释效能,因为在这些危机类型中,依然具备理性、规则和公共利益三个基本要素。此类危机中多元行动者具有共同治理目标,但其价值取向、行为规则和利益需求却不尽相同,政策社群、议题网络等多种网络模式在此基础上可以整合在一起,最终完成危机决策和政策执行。

一旦超出了理性、规则和公共利益的范畴,如恐怖活动乃至自杀式袭击(非理性)、严重骚乱(无规则)或国家分裂颠覆行为(非公共利益)等情形,政策网络理论对其发生和发展的解释效能就会降低,但对此类危机的治理过程仍有较高的理论指导意义。

本书使用"政策网络"的概念来分析公共危机,具有一定的理论风险——用一套需要高质量政策环境(其中包括理性、规则、利益多元、相互依赖、行动者多元、非层级化等要素)的理论(政策网络),来分析一个充满不确定性、利益格局复杂、矛盾冲突不断的概念(公共危机)。但正如危机中蕴含着转机,在当代中国,用政策网络的视角分析危机治理,可以透过多元视角获得更加丰富的信息,取得其他分析路径所无法取得的研究效果。了解和确认政策网络在理论和实践中的限度，正是客观看待和合理应用这一理论的前提基础。

哈佛大学裴宜理教授曾指出中国抗议运动中的规则意识（rule consciousness）和权利意识（rights consciousness），并指出在规则意识和权利意识双重规范的民众追求自身权利的抗议运动，很可能会巩固而不是挑战国家权力①。

规则意识和权利意识同步高速发展的当代中国，虽然矛盾冲突不断，但这恰恰说明了权利意识的萌发和生长，这种冲突大部分是在既定规则的框架内运行，很少在宏观层次否定规则权威的合法性。

第三节 罗茨政策网络模型及其补充

一、罗茨政策网络模型及其谱系结构

政策网络理论诞生以来，学者们建立了一系列分析模型②，其中最经典的即为英国著名政治行政学家罗茨（R.A.W. Rhodes）所建立的政策网络分析模型，被学界普遍称为"罗茨模型"（Rhodes Model）③。

罗茨模型是一个不断发展和完善的政策网络分析模型，其主要内容和特点可以归纳为：

第一，罗茨模型是基于英国研究传统的中观分析模型，其研究重点是部门层次和组织间的结构关系。罗茨的研究对象和分析单元是组织结构而非具体的参与者，这些结构性组织的互动会影响政策结果的输出，亦即"部门—结构—结果"的分析路径。

第二，罗茨模型强调"权力依赖"（Power-Dependence）。罗茨认

---

① 裴宜理认为，在中国，权利往往被理解为是由国家认可的，旨在增进国家统一和繁荣的手段，而不是由自然赋予的，旨在对抗国家干预的保护机制。参见于建嵘，裴宜理．中国的政治传统与发展[J]．南风窗．2008(20)：30—32．

② 这些模型包括以英国学者罗茨为代表的罗茨模型，以德国的马克斯·普兰克学派的梅茵茨、沙尔普、施耐德等为代表的普兰克学派治理模型，以汉森为代表的新制度主义模型，以荷兰学者克林为代表的网络管理模型以及马奇和史密斯为代表的整合执行模型等。

③ R.A.W. Rhodes, 1997, *Understanding Governance*, Buckingham: Open University Press, pp.7—9．

为,在政策过程中,政府之间、政府与其他组织之间是相互依赖的关系,其通过权威、资金、正当性、信息、组织要素的交换来实现动态的平衡,相互依赖是政策网络构建的关键。在罗茨模型中,政策网络成员的关系是平等的、非科层制的依赖和交换关系。

第三,罗茨模型是一个谱系模型,其最突出的贡献是对政策网络的类型进行了清晰的界定,从而将政策网络理论从隐喻时代引入理论构建时代。罗茨根据政策网络中参与者多少、整合程度高低、稳定性、资源的分配形式和权力的均衡程度等因素,将政策网络划分为一个类似光谱的从集中到松散的谱系结构。"政策社群"和"议题网络"分处两端,中间则是过渡性的网络类型。

① 政策社群。罗茨将由利益和职能关涉的各政府部门所构成的稳定网络关系形态称为政策社群。其成员有限,门槛较高,具有垂直的相互依赖关系。有时该网络所代表的是某一地域的利益,所以也可称之为地域网络。政策社群是基于政治和行政关系的网络结构,在我国的公共危机治理政策制定和执行中,民政部门、防灾减灾部门、公安部门、卫生防疫部门、军队等构成了政策社群。他们之间的关联和互动,对公共危机的治理具有重要影响。

② 专业网络。专业网络也具有相对稳定的网络结构,参与成员有限,限制门槛是专业知识和技能,服务于该专业领域的利益。在公共危机治理过程中,各领域专家所构成的网络即为专业网络。他们由于拥有该领域的专业知识和技能,所以具有发言权和判断力。他们的意见不但会影响政策社群的决策,而且会对其他政策网络产生影响。

③ 府际网络。府际网络通常指地方政府间构成的网络体系,其成员有限,具有一定的垂直相互依赖关系和广泛的平行信息沟通与意见表达。在全球化特征日益明显的今天,府际网络已经突破所谓"地方政府"的局限而在全球范围内具有描述意义,世界各国政府在一系列全球性问题上相互妥协、配合,从而完成世界范围内的政策协同制定和执行。

④ 生产者网络。生产者网络的成员构成不稳定,平行依赖关系大于垂直依赖。生产者网络的存在是竞争与合作博弈的产物,亦即当

合作的利益大于竞争时,生产者自发结成某种信息共享和协同行动的策略联盟。但由于同行生产者之间天然的竞争关系,这一网络往往充满了不信任和不稳定因素;只在某些行业遇到集体问题时,网络的整合力量才会被激发,但依然可能受到"囚徒困境"的限制。生产者网络是服务于特定行业的网络体系,如行业协会、厂商联盟等。

⑤ 议题网络。议题网络是受到某项议题的影响和关涉、对该议题感兴趣并参与讨论的个人或团体所构成的网络类型,其参与人数众多,门槛很低,具有很大的流动性,结构不稳定。"议题网络"的纳入,被认为是罗茨模型的一大贡献,因为它描述了一个庞大的、变化的、流动的非正式网络体系在政策过程中的重要角色和作用。这一网络体系以前并不为人所重视,其对政策过程的影响及作用方式也尚未厘清。罗茨模型通过对"政策社群"和"议题网络"这两个核心网络的定义和分析,形成了较为完整的政策网络"谱系图"①。

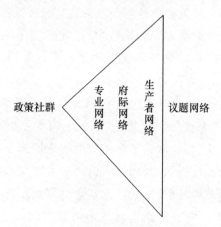

图 2-1　罗茨模型政策网络谱系结构图

二、结构维度的补充:政策网络金字塔

罗茨政策网络模型是在考察和总结英国政治实践的基础上提出

---

① Marsh D., R. A. W. Rhodes, 1992, *Policy Networks in British Government*, Oxford: Oxford University Press, pp. 13—14.

的。在当前中国的公共政策环境中,罗茨模型这一经典政策网络模型并不能完全描述和解释中国特殊的政策现象,所以我们根据中国发育不完全的政策网络体系具体情况,尝试对罗茨模型从结构和主体两个维度进行补充。

从图 2-1 可以看出,罗茨模型所描述的是一种非科层的横向平行结构。高度整合、结构稳定、成员数量有限的"政策社群"在一端,低度整合、结构松散、成员数量庞大的"议题网络"在另一端①,中间是具有过渡特征的专业网络、府际网络和生产者网络。

罗茨所描述的政策网络谱系结构,是一个充分发育的政策网络模型,所以"非层级"的结构特征十分明显,亦即横向和平行是其主要的结构特征。在这一结构中,不同政策网络类型之间不具有垂直依赖性,各自具有独立的意见表达和价值判断能力。

但在中国当前的政策环境中,政策网络发育还很不完善,横向、平行的政策网络谱系结构尚不明显,而具有一定垂直依赖关系的网络金字塔结构更能反映中国当前政策网络的结构特征(见图 2-2)。

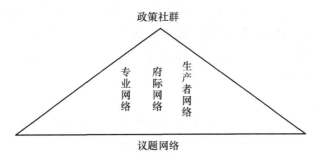

图 2-2 政策网络金字塔

政策网络金字塔是一种发育尚不完善的政策网络结构。在政策网络的四个基本特征中,其虽具备了多元利益与目标、相互依赖、具有持久稳定的结构关系等三个主要特征,但却不具备"非层级制"的结构特征,所以"立三角"的平行光谱结构颠倒成了"正三角"的金字塔结

---

① Marsh, D., Rhodes, R. A. W., Policy Communties and Issue Networks: Beyond Typology, in Policy Networks in British Government, Oxford: Clarendon Press, 1992, pp.249—287.

构。但我们并不能否认这同样是一种特殊的、现实存在的政策网络模式，是对罗茨政策网络模型的必要结构性补充。

在我国的政策环境中，长期以来的中央集权和威权主义具有很大的影响力，强大的"政策社群"抑制了包括"议题网络"在内的其他政策网络类型的生长和发展，在具体的决策和执行中，其他网络类型在不同程度上对政策社群具有垂直依赖。中国政策网络的发展，既是一种基于权利意识启蒙和资源结构分化所导致的"自下而上"的政策变革，也是一种政府放权让利、培育扶持的"自上而下"的主动性政治发展过程。所以，中国政策网络的发展，既有赖于议题网络、专业网络、生产者网络以及府际网络的自我觉醒和逐步发展，更依赖于政策社群的制度支持和文化培育。这在当前尚未发展成熟的中国政策网络体系中，是不可忽视的现实考量。这一现实，也决定了我国政策网络金字塔的结构特征。

政策网络金字塔的基本特征包括：

第一，政策网络金字塔的结构是扁平的，政策社群和议题网络分居塔尖和塔基。这类政策网络虽呈现金字塔的层级结构，但塔状结构是扁平的。层级的减少意味着层级控制和依赖关系有所削弱[①]。金字塔结构决定了政策社群和其他网络类型并非是完全平等的协商，但扁平的结构使得政策社群和其他网络类型有了更宽的接触面和更短的信息通路，增强了结构的稳定性。在金字塔结构中，政策社群和议题网络分居塔尖和塔基，是最为典型的两种政策网络类型；塔身是一些过渡性的网络类型，包括府际网络、专业网络、生产者网络等，这些过渡性网络相互之间并不具有层级关系而呈现平行状态，但其与政策社群和议题网络构成层级和依赖关系。所以，政策网络金字塔是一个纵向层级和横向平行相结合的结构。

第二，在政策网络金字塔中，居于塔尖的政策社群是关键性整合力量，其整合能力、道德水平、开放程度决定了政策网络金字塔的稳定

---

① 〔荷〕汉斯·范登·德尔,本·范·韦尔瑟芬.民主与福利经济学[M].北京：中国社会科学出版社,1999.转引自张昕.公共政策与经济分析[M].北京：中国人民大学出版社,2004:315.

性和功能发挥。通常而言,政策网络金字塔中包括政策社群、议题网络在内的各网络主体间的关系是合作而非冲突,因为在集权主义的政策环境中,政策网络金字塔的构建本身就意味着政策社群的开放和支持。金字塔结构较平行光谱结构最突出的特征便在于政策社群具有主导性。政策社群是政策网络金字塔中的关键整合力量,如果政策社群缺乏有效的整合能力,自利程度和道德水平超出其他网络主体的容忍范围,则政策网络金字塔有可能瓦解。反之,如果政策社群可以发挥良好的整合和主导作用,则政策网络金字塔具有相对较高的稳定性和网络绩效。

第三,政策网络金字塔有向横向光谱结构发展的趋势。政策网络金字塔是一种发育不完善的政策网络模式,或称之为"发展中"的政策网络结构。它已经具备政策网络的三个基本特征,只缺乏"非层级"特征,所以如果其拥有良好的政策社群主导性力量,坚持扁平化的网络结构和运行模式,则政策网络金字塔还将继续不断地发展和完善,由纵向金字塔结构向横向光谱结构过渡。这一过渡过程,是政策网络完善和发展的过程,也是一个去核心化(decentralized)和非层级化(non-hierarchical)的过程,推动力很大程度上来自于金字塔的塔基和塔身,即议题网络、专业网络等网络主体的发展和壮大。由于塔基力量的壮大和权重的增加,原有稳定结构发生重心转移,进而有望在横向平行的角度达成新的平衡。

第四,政策网络金字塔的网络管理特征较为明显。

在罗茨模型中,多元行动主体通过协商和博弈影响政策结果的走向,但协商博弈过程并非是随机的黑箱,而是可以也应当进行引导和管理。荷兰学者克林从"行动者、认知和制度"[1]三个维度对政策网络的管理进行了深入研究。他提出政策网络管理的关键在于维持网络成员沟通渠道的顺畅,通过对政策网络中博弈主体和顺序的调整,或介绍新行动者进入网络,从而改变行动者的关系模式,影响政策网

---

[1] Klijn, Erik-Hans, 1996, *Analyzing and Managing Policy Processes in Complex Networks: A Theoretical Examination of the Concept Policy Network and Its Problem*, in Administration & Society, 1996, p.106.

络的功能发挥和结果走向。

在政策网络金字塔中,政策社群承担政策网络管理的责任,由它来规定政策网络各主体间的博弈规则和顺序,介绍或允许(也包括禁止和逐出)新的行动者进入网络。如果我们说在横向平行的结构中,政策管理的过程是多元主体间通过博弈进行管理的过程(即"博弈管理"),那么在政策网络金字塔中,政策管理的过程更多的是政策社群的主动干预和介入,是"管理博弈"的过程。

三、主体维度的补充:关系网络

罗茨模型的另一贡献在于对政策网络类型的准确界定。罗茨在吸收和借鉴前人研究成果的基础上,创造性地提出了政策社群、议题网络、专业网络、府际网络、生产者网络等五个基本的政策网络类型主体。罗茨认为,在这五个主要的政策网络类型主体中,政策社群和议题网络最为典型,专业网络、府际网络、生产者网络等均是过渡性的网络类型。所以,在随后的研究中,他更多关注对政策社群和议题网络的描述和界定,而没有对其他过渡性网络类型做进一步的补充和完善。

在罗茨模型的应用性研究中,学者们也大多按照罗茨模型既有的五个政策网络主体分类,研究主体间的互动机制及对政策结果的影响。虽然政策网络分析实践证明了罗茨模型的有效性和生命力,但罗茨模型存在逻辑分类的问题,即上述五个政策网络主体类型是否可以涵盖政策网络的所有类型,还有无重要类型尚未被纳入罗茨模型中来。从中国的政策实践来看,答案是肯定的,这个缺失的政策网络类型便是"关系网络"。

关系网络是基于人际关系所构成的网络体系,其不但对个人和家庭的社会生活产生重要影响,而且也成为影响公共政策过程和结果的重要因素。费孝通先生认为,中国的传统社会关系与西方社会有很大的差异。西方社会中人与人之间的关系,可以用一捆柴来比喻。这捆柴由几扎组成,几扎又可分为几把,几把又可分为几根,而每一根就是一个个人,所以每个个人都清晰可辨地属于某一把、某一扎、某一捆。

西方社会强调权力与义务一致的法律关系,具有这种法律关系的人群构成团体状态,所以西方社会关系可被称为"团体格局"。中国传统社会则是一种"差序格局"。在这种格局下,每个人都是他的社会影响所推出去的圈子中心,被圈子的波纹所推及的就发生联系[①]。费孝通先生用另外一个形象的比喻来描述中国的传统社会关系。他说这就像将一块石头扔到湖水里,以这个石头(个人)为中心点,会在四周形成一圈一圈的涟漪波纹,波纹荡开的远近可以标示社会关系的亲疏。费先生进一步指出,在这一差序格局下的关系网络中,"一些普通的标准并不发生作用,一定要问清了,对象是谁,和自己是什么关系之后,才能决定拿出什么标准来"[②]。

关系网络对政策过程的影响,近年来越来越受到学者的普遍重视,但其实这一政治现象由来已久,且在中国有着根深蒂固的政治传统。如有学者指出,关系网络之所以在中国政策运行中发挥如此重要的作用,是由中国威权主义政体和相对分裂的行政体系所导致[③]。从政策网络的角度考察关系网络,则关系网络具有如下基本特征:

第一,关系网络在整体结构上呈现层层扩散的"圈子"形式,其中心是关系网络的核心成员,以此为中心扩散出去一层层的波纹,靠近圈子中心的成员结构较为稳定、数量有限,具有垂直的相互依赖关系;而远离中心的结构则比较松散、成员数量较多,垂直的相互依赖关系减弱。一个核心成员可以分属于几个不同的关系网络,所以关系网络的圈子呈现重叠交叉的状态。

第二,关系网络的规模大小和结构稳定性,取决于其网络核心成员的能力、地位和影响力大小。网络核心成员的地位越高、能力越强、影响力越大,则整个关系网络的规模越大、结构越稳定;网络核心成员地位、能力和影响力的变化,也会直接导致关系网络规模和结构的变化。"官员的职位虽然在不断变动,但关系网络不变,熟人挪动到哪

---

① 费孝通.乡土中国[M].北京:三联书店,1985:23.
② 费孝通.乡土中国生育制度[M].北京:北京大学出版社,1998:36.
③ 石发勇.关系网络与当代中国基层社会运动——以一个街区环保运动个案为例[J].学海,2005(3).

里,府际关系就可能流动到哪里。"①即如果某位官员由于升迁而调动,那么其关系网络非但不会由于调动而弱化,反而会跨越地理区隔而更加稳定、强化和拓展。

第三,政策网络视角下的关系网络,既可以是单一的网络类型,也可以是交叉的网络结构,贯穿于既有的每一个网络主体中。如在比较典型的府际网络中,很大程度上我国地方政府的"府际之间是否合作、怎样合作直接取决于官员的关系网络","官员的关系网络状况,直接决定着府际关系的亲疏远近"②。在专业网络、生产者网络中,同样具有明显的关系网络特征。所以,关系网络既是一类政策网络主体,也是一种网络分析的工具和视角。

第四,相对于科层制度和其他网络类型,关系网络具有更高的沟通和协调绩效,这也是关系网络在政策网络中存在和发展的重要原因。如果说由于血缘、地缘的原因,关系网络是社会网络的一种基本存在形式,那么在政策网络中,其长期存在且不断发展的原因很大程度上是由于关系网络具有较高的沟通和协调绩效。相对于科层体制,关系网络往往意味着一种捷径,意味着可以直接触及决策和执行过程的核心环节,发挥直接的干预作用。即使构建和维系关系网络需要耗费相当的成本,但大多数情况下会被认为是"好钢用在了刀刃上"而非"泥牛入海"的沉没成本。

第五,关系网络的存在和发展,与政府部门和官员拥有的行政裁量权是密不可分的。政策网络中的关系网络,本质上是为了争取更多的资源和利益。这些资源和利益,一部分是刚性制度所规定的基本利益和资源,另一部分则由政府各部门及其首长在职权范围内进行分配。于是除了制度规定的基本利益分配空间外,还存在相当大的弹性裁量空间③,这也决定了关系网络在整个政策网络中的重要地位和作用。所以,只有将关系网络考虑在内,政策社群、专业网络、府际网络、生产者网络和议题网络等政策网络主体,才会变得生动鲜活起来,罗

---

① 齐杏发.差序格局、关系网络与政府间运行机制[J].武汉大学学报,2008(9).
② 同上。
③ 同上

茨模型在中国政策实践中的解释效能才可更充分发挥。当然,政策网络的"过分关系化"[①]现象也应得到重视,要避免关系网络对其他网络类型的异化和替代。

第四节 公共危机治理政策网络分析模型

在对政策网络理论的兴起动因、基本概念、主要流派和模型进行了系统梳理,并探讨了政策网络理论在公共危机治理分析中的效能和限度后,本节我们将基于对"罗茨模型"的改造,尝试构建公共危机的政策网络分析模型。

一、模型的要素构成

在构建公共危机政策网络分析模型之前,我们首先需要厘清几个基本要素。

1. 政策环境

政策环境的概念既有哲学蕴涵,也有实操意义。从哲学的角度来看,凡是"非政策本身"而对政策的产生、存在和发展发生影响的因素,都可以被统称为政策环境。这是一种排他性的定义方式,但却具有逻辑的严谨性。但由于公共政策本身的定义具有层次性和模糊性,所以"非政策本身"也并不像预想的那样清晰和明确,随之"政策环境"也成了一个相对的、分层次的模糊概念。

如果将公共政策定义为政府为实现一定目标的规则性产出,那么所有影响到这一产出过程的自然、政治、经济、文化、国际等因素都可被称为是政策大环境或外环境。如果我们将公共政策的定义缩小为"利益规则"本身,那么政府结构、决策制度、决策者、人际关系乃至办公场所等都可被称为政策工作环境或内环境。随着对公共政策考察角度的转换,政策环境也呈现不同的层次性特征。

---

① 参见张云昊. 基层政府运行中的过度关系化现象——一个政府行为的组织制度与关系网络的竞争逻辑. 华南农业大学学报,2010(3).

政策系统与政策环境相互影响、相互作用①。公共政策与周围环境不断发生物质和信息的交换,公共政策也被赋予了环境特征——公共政策的制定和执行,受制于也受助于其所处的政策环境。

2. 危机源

危机源是危机类型、危机现象、危机的利益本质及其影响效果的总称,它集中体现了公共危机的事实和价值属性。

公共危机是短时间内对公共利益造成巨大调整、威胁或损害的不确定性状态。按照这一定义标准,可将公共危机划分为公共利益威胁(损害)型、公共利益诉求型以及混合型三种类型。根据公共危机的发生过程、性质机理,我国政府将其主要分为四个类型,即自然灾害、事故灾难、公共卫生事件以及社会安全事件②。

自然灾害、事故灾难和公共卫生事件是典型的公共利益威胁(损害)型危机,政府最重要的职责是对公共利益的及时维护和改善;而社会安全事件,除了恐怖袭击事件具有明确的利益威胁损害特征外,其他在我国被称为群体性事件,则有比较复杂的利益诉求。

3. 公共危机中的目标、成员和领袖

哈佛大学裴宜理教授指出,中国尽管从古至今的民间抗议行动不计其数,但这些抗议行动普遍都有一个共同特征,即抗议者都是按照和利用国家制定的规则来抗议地方基层官员、进行维权。抗议者通常默认中央决策者是正义和善良的,之所以自身的权利受到威胁和侵害,多是由于基层官僚为了自身的利益而对中央政策的篡改和歪曲。所以,这些抗议和维权行动并不从根本上质疑中央决策者的权威和动机,而是利用国家已经颁布的法律和政策作为抗争和辩护的工具,与基层官员进行抗争。裴宜理认为,在此情景下,"民众追求自身权利很可能会巩固而不是挑战国家权力"③。于建嵘将这种维权模式称为

---

① 陈庆云.公共政策分析[M].北京:北京大学出版社,2006:77.
② 参见"国家突发公共事件总体应急预案",2005年8月颁布.
③ 于建嵘,裴宜理.中国的政治传统与发展[J].南风窗,2008(20).

"依法抗争"或"以法抗争"[①]。

裴宜理同时提出了考察群体性事件的三个重要指标,即"目标、成员和领袖"。她认为,"不同的领袖人物、不同的人员组成、不同的目标会对社会运动起到决定性的影响"[②]。这同时也是公共危机治理中政治性分析的三个重要指标。

4. 政策执行

公共危机对政策网络主体产生一系列的挤压、膨胀和掩盖效应,政策执行的效果可在危机压力下迅速得到检验,且该效果往往事关政治的稳定、经济的发展和人民的生命财产安全,所以备受关注。从公共利益的角度来看,公共危机治理政策的执行是一个公共利益的表达、整合和调整的过程,其根本目的就是为了实现公共利益的维护和保全。在危机治理政策执行中,"政策不作为"是十分值得关注的一种特殊执行类型。

5. 政策评价与政策发展

政策评价与政策发展在本模型中处于反馈环的地位,其间接连接危机源与政策网络主体二者。政策评价依据的是对政策网络主体行为的判断和检验;政策发展则是基于政策评价所导致的直接或间接的政策模式嬗变,包括政策价值、制度或技术体系的根本性变化。

二、政策网络主体的功能性输出

按照"罗茨政策网络模型"及其补充,我们来考察公共危机治理中各政策网络主体的角色功能,亦即政策网络中各主体的功能性输出。

1. 政策社群的功能性输出:规则、信息

政策社群在公共危机治理中发挥着主导作用,它通过严密的组织和稳定的成员来调动各种资源,形成危机应对方案并付诸实施。在这一过程中,规则和信息是政策社群在公共危机治理中的核心功能性输出。规则是引导和规范危机治理的行动指南,而信息是政策社群与其

[①] 于建嵘.当代中国农民的"以法抗争"——关于农民维权活动的一个解释框架[J].文史博览,2008(12).

[②] 于建嵘,裴宜理.中国的政治传统与发展[J].南风窗,2008(20).

他网络形态沟通危机状态的关键依据。

2. 专业网络的功能性输出：知识、技术

专业网络对公共危机最大的功能性输出在于知识和技术。专业网络的知识和技术支持蕴涵丰富，既包含对公共危机起因、发展和走向的解释或预测，是危机治理的重要技术来源，也可能是对议题网络的启发和引导，同时不排除由于政策社群的压力或诱惑，专业网络提供误导大众、粉饰太平的错误解读，或技术支持并非旨在对公共利益的维护和改善，而是协助政府进行危机"点消除"。

3. 府际网络的功能性输出：支持、参照

府际网络在公共危机治理中的角色功能是支持和参照。"支持"功能在自然灾害、事故灾难等类型的公共危机中得以充分发挥。由于地域资源禀赋的不同，尤其是危机状态下的挤压效应，使得府际网络的互助支持成为现代政府公共危机治理的重要途径。如果从更大的尺度来看，公共危机中除了一国各级政府间的互助支持外，国际府际网络支持也在全球化的时代成为必然。可以说，国际府际网络支持是现代公共危机治理的重要特征之一。"参照"功能是一种同侪压力，这种府际同侪压力是普遍存在的，而由于公共危机的发生，府际网络参照功能被强化，同侪压力更加凸显。中国的府际网络中，同侪压力往往会具化为各级政府高级官员的个人政治职业压力。

4. 生产者网络的功能性输出：责任、自律

生产者网络在公共危机中的功能性输出是责任和自律。由于我国当前特殊的危机发展形态，本应和公共危机弱关联的生产者网络，竟然具有了强关联属性。中国近年来的群体性事件中，征地拆迁问题占了很大比例，这与房地产业有很大关系，"开发商"在中国成了具有负面评价意义的特定称谓；中国的食品、药品行业，也成为公共危机频发的高危行业。另一方面，面对公共危机，生产者网络由于具有资源优势，可以提供救济和保障。如自然灾害中食品行业提供大量饮用水和方便食品救济灾民，移动通信行业提供应急移动通信等，都说明了生产者网络在公共危机中的特殊作用，但这种作用必须首先基于"责任"，或更具体的说是"社会责任"，否则不可能按照市场规则来要求

生产者网络在危机治理中扮演积极角色。"自律"则意味着生产者网络要在"他律"不健全的情况下,不可将行业利益和垄断者的个人利益凌驾于公共利益之上。但由于我国目前"他律"机制不健全,所以这种"自律"机制往往无法配套产生,从而导致经常由于生产者网络追求超常利益而发生公共危机。

5. 议题网络的功能性输出:意见、导向

议题网络在公共危机中的功能性产出是意见和导向。议题网络作为一种松散的、低度整合的网络形态,在公共危机中最大的功能就是产生各种意见。这些意见通常是无筛选、无甄别的杂乱信息,其中部分反映了危机本身的特征,另一部分很大程度上是衍生性的或情绪化的信息,包括对危机事件的解读、建议、批评、猜测等。这些杂乱无序的意见有时会被专业网络输出的知识所引导(或俘虏)而条理化,有时也会产生自组织的情况,最终倾向于整合成有限的几种关于危机的导向性意见,尽管这些意见还是充满了冲突和矛盾,但作为意见整合和舆论导向,它们成为影响公共危机发生、发展和治理的重要网络舆论环境,同时也是政策社群在危机治理过程中的重要压力和动力来源。

6. 关系网络的功能性输出:资源、机遇

关系网络是在中国政策环境下对罗茨模型的必要补充。在公共危机治理过程中,关系网络的主要功能性输出是资源和机遇。公共危机治理需要大量的资源,部分资源是国家应急体制所规定的基本利益,还有很大一部分资源是由各应急和府际部门掌握的弹性利益。在公共危机的时间压力下,是否可以迅速调集齐备相关的资源决定了公共危机治理的效果。关系网络不但决定了公共危机发生环节的治理绩效,而且会影响公共危机后重建和恢复过程的资源配置和效率发挥[①]。拥有良好关系网络的地方政府和官员,更能够充分抓住"危"中有"机"的契机,为灾后恢复和重建、为本地的政治和经济建设乃至个

[①] 通常认为,公共危机的生命周期可以分为"预警期、爆发期、缓解期、善后期"等四个阶段,这里指的是后三个阶段。参见张彩云等编著.公共危机与管理[M].兰州大学出版社,2009:20—21.

人的仕途发展创造不可多得的契机。关系网络的加入,使得对公共危机发生、发展和治理的评价更加不确定——从功利主义的角度来看,百年不遇的天灾人祸,有可能同样是百年难求的发展契机。

三、政策网络分析模型的构建

本书通过图2-3来关联和组织上述核心要素,构建公共危机治理中的政策网络分析模型。

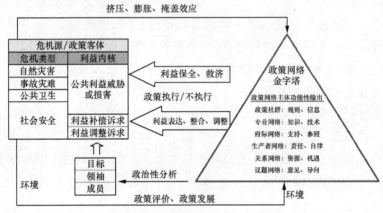

图2-3 公共危机政策网络分析模型

在上述模型中,按照罗茨模型及其补充,我们将政策网络主体界定为包括政策社群、专业网络、府际网络、生产者网络、关系网络和议题网络在内的网络金字塔。在公共危机治理中,各政策网络主体均具有相应的功能性输出。公共利益是不同类型公共危机的共同内核,公共危机治理政策的基本功能即是对公共利益的维护和改善。

危机治理中,政策网络主体的第一反应是区别危机类型和利益诉求旨向,对于自然灾害、事故灾难及公共卫生事件等对公共利益造成巨大威胁和损害的危机类型,应充分发挥各自政策网络形态的功能性输出,对其进行利益维护和改善。

在社会安全类危机中,除了恐怖袭击等对公共利益造成威胁和损害的类型外,在中国更常见的是群体性事件。这是一种利益"混合型"的危机类型,既包含有对公共利益的威胁和损害,又具有较强的利益调整诉求目标。对于这一亚类型的公共危机,治理主体需要分析其"目标、领袖和成员",判断其是经济利益诉求还是政治利益诉求,对于依据国家规则进行的利益维权或继而引发的泄愤或骚乱事件(依法抗争、以法抗争事件),应公开信息,给予充分的利益表达、有效的利益整合和适当的利益补偿,将此类矛盾化解在"人民内部矛盾"的范围内。而对于在目标、领袖和成员具有高度政治化诉求,以不确定多数的所谓利益损失为名进行的群体性事件,甚至引发暴力骚乱,则应区别对待,迅速给予有效控制和消弭;但即使是对政治诉求型的危机,也不应放弃网络治理的优势,也应充分发挥各网络主体的复合功能输出,以达到有效治理的目的。

从总体而言,如果政策网络能够健康发展,并充分发挥其多重功能性输出,那么对于监测、控制和消除公共危机将有很大功效;而在公共危机与政策网络的不断互动中,规范和强化了政策网络的功能性输出,也有效促进了公共政策的发展。

在这一政策网络分析模型中,传统的政策过程分析模式亦得到了有效整合,本书所构建的公共危机政策网络分析模型并非是对传统过程分析模型的反动,恰恰相反,政策网络分析模型是对既有过程分析模型的逻辑补充或要素重构。

第三章　公共危机治理政策环境分析

政策行为源于问题和环境的冲突①。政策环境是公共政策制定和执行的约束条件。

在公共危机的政策网络分析模型中,环境分析是前提和基础。公共危机既是政策客体,即公共政策的治理目标,同时也是公共政策的运行环境。正是这种特殊情境所带来的巨大环境压力和响应要求,导致了特定的政策输出。公共危机的政策环境既是政策网络运行的输入性压力来源,同时也是公共危机治理政策输出和效果评价的重要场域。

陈庆云认为,"政策环境是政策制定系统外一切与之相关的因素","是决定和影响公共政策制定与执行的自然因素和社会因素的总和"②。詹姆斯·安德森认为,政策"环境既限制又指明政策制定者有效行动的方向"③。这两种定义的侧重点不同:前一种定义是"要素说",即突出政策环境的构成要素,通过"自然因素"和"社会因素"的分类,以囊括所有决定和影响公共政策的因素;后一种定义是"行动说",其突出政策环境影响力的大小和方向,指明其对公共政策既有推进功能,也有阻滞功能。

---

① 〔美〕詹姆斯·E.安德森.公共政策制定(第五版)[M].谢明等译.北京:中国人民大学出版社,2004:46.
② 陈庆云.公共政策分析[M].北京:中国经济出版社,1996:245.
③ 〔美〕詹姆斯·E.安德森.公共政策制定(第五版)[M].谢明等译.北京:中国人民大学出版社,2004:46.

第一节 公共政策环境的分析途径

传统的政策环境分析可归纳为"因素"分析途径。这些环境因素基本上有两种:一种是共时性的环境因素,包括自然环境、经济环境、政治环境、文化环境、国际环境等,通过分析和综合这些细分的环境侧面,可以对一项公共政策所处环境状况得出基本判断。这是一种横向的系统分析。另一种是历时性的环境因素,包括"历史环境、现实环境和未来环境"①,其中现实环境在很大程度上与上述共时分析的环境要素相重合,而历史环境则包括传统因素、惯例因素,未来环境包括预期因素和评估因素。这是一种时间维度的纵向分析。

对公共危机的基本判断,除了其所造成的危害和损失的烈度外,还有敏感度评价。公共危机事件是否敏感,本质上取决于其所发生的时间、地点和作用的特定对象,即特定政策环境赋予公共危机事件的敏感性特征,使得一些肇始之初烈度不大的危机事件,最终却可能产生严重而深远的影响。在公共危机治理中,除了危机烈度外,敏感度同样也是制约政策制定和执行的重要因素。

下面我们将在分析和考察政策环境传统"因素"分析途径的基础上,提出本书的"影响力"分析途径。

一、"因素"分析途径

通常而言,在公共政策环境的因素分析途径中,以"社会经济状况、体制或制度条件、政治文化和国际环境"②四个因素最为典型和关键。通过北京"7·21"特大暴雨案例,我们可以更好地理解上述四个典型因素。

2012年7月21日,北京短时间内遭到强暴雨的袭击。虽然在暴雨之前北京市气象台在一天之内连发六次预警,从黄色预警直至上升

---

① 陈晨.公共政策环境的再认识[J].法制与经济,2011(12).
② 尹贻林,陈伟珂,王亦虹.公共政策的风险评价[M].北京:科学出版社,2012:32.

到橙色预警,但由于雨量之大超出了预报范围、城市排水基础设施落后、政府的应急反应和市民的自救能力均不足,最终导致严重的城市内涝和人员伤亡。

据灾后统计①,7月21日至22日,北京的平均雨量达到170毫米,房山区河北镇甚至达到460毫米,强降雨持续近16个小时,导致北京受灾面积达到1.6万平方公里,受灾人口190万,暴雨中遇难79人,损失超过百亿元。

暴雨洪灾是公共危机中常见的一种类型,即使是大型城市受到暴雨侵袭,也不足为奇,但北京所遭遇的"7·21"特大暴雨灾害,却成了国内外均很敏感的危机事件。这与其所处的特定公共政策环境是分不开的。

就自然环境而言,北京长期以来就是一个典型的北方内陆缺水型城市。尽管每年夏天北京都将防汛抗旱工作摆在重要位置,设有专门的北京市防汛抗旱指挥部,但由于连年的干旱少雨,防汛抗旱工作的重点在于抗旱而非防汛,更没有应对短时特大暴雨的预期和经验。在此次城市特大暴雨的应对上,北京市所处的自然环境和2008年1月发生的中国南方特大冰冻自然灾害相似,都是因自然环境的极端反常状态所致。但一场有预报的城市降雨,导致79人溺水死亡,且大多发生在城市内道路上,这又是对人们常识判断的挑战。

就经济环境而言,2011年的统计数据指出,"北京地区GDP增速为8.1%,人均GDP达到12447美元,已经接近富裕国家的水平"②。在城市基础设施投入和建设方面,"2008年北京举办奥运会前完成了2800亿元的城市基础设施投入"③。这一系列的经济指标都说明北京市"不差钱",而且数字反映出近年北京市也在不断加大对包括水利设施在内的城市基础设施的投入。但城市排水问题一直没有得到很好

---

① 参见北京商报,北京"7·21"特大暴雨造成经济损失116.4亿元,http://www.bjbusiness.com.cn/site1/bjsb/html/2012-07/26/content_182647.htm?div=-1
② 祝剑禾.北京人均GDP已接近富裕国家[N].京华时报,2012-1-20.
③ 北京奥运整体投入2950亿元? 含城市基础设施投入,人民网 http://finance.people.com.cn/GB/7609928.html.

的解决,每年雨季的北京都会由于暴雨和城市排水系统的不足而因灾受损,2012年的"7·21"暴雨灾害并非偶然。一个经济上高速发展的城市,却在防灾减灾方面如此脆弱,这给决策者提出了一个亟需深入反思和认真解决的问题。

就政治环境而言,北京作为中国的首都,是一个具有标志意义的城市,它的稳定、秩序和繁荣在很大程度上象征着中国城市发展和现代化建设的最高标准。当然,其反面亦然。对于一个有如此特殊政治地位的城市,在一场暴雨的侵袭下造成较大的人员伤亡和城市毁损,引起社会舆论的批评和谴责,尤其是在中国政治权力交接的十八大即将召开、维稳工作一再强调的时期,这种特殊而敏感的政治环境对于公共危机治理将产生重要而深远的影响。

在制度环境方面,中国条块分割式的危机管理弊端在这场暴雨中暴露无遗。如在7月21日的暴雨中,首发集团运营的京石高速北京段仍在继续收费,直接导致车辆通行能力的下降和严重拥堵;暴雨中为了躲雨或抛锚的车辆,第二天竟发现被贴上了违章停车的罚单,如此等等。暂不论危机治理的绩效和成果如何,在既有的制度环境中,政府在收费、罚款方面的绩效并不因危机事件的挑战而有任何削弱。各自为政、条块分割、政府自利,这种制度环境给公共危机治理带来严重的挑战,危机治理过程中所发生的一系列无奈、可笑和可恨的现象,很大程度上是由这种制度环境所导致的。

就历史文化环境而言,北京是一座拥有上千年历史的文化名城,是蜚声海内外的六朝古都。北京在历史上也曾遭受过包括暴雨洪灾在内的各种自然灾害的侵袭,所以既往政府的应对绩效对此次政府的行动有很大的参照意义。中国的传统文化认为,京城是"天子脚下""皇城根下",应是安全和繁荣的首善之区;如果京城尚且无法保证子民的生命和财产安全,那么那些"天高皇帝远"的地方,就更加无法保证了。"7·21"暴雨过后,人们惊奇地发现600年前建设的紫禁城(故宫)内竟然没有积水。故宫古老的排水系统竟然比现代泵站更加有效。古人凭借其设计的精巧和工艺的精湛,抵挡住了许多当代建筑所无法抵挡的暴雨,令当代城市管理者汗颜。

就国际环境而言,从 2010 年开始北京正式提出要建设"世界城市"。有关世界城市的定义和标准在学界和各国城市管理者中尽管还没有统一定论,但至少不应该是下雨会导致城市内淹死人情况频发的城市。北京近年来在努力营造一种国际化的氛围、打造国际化的城市形象,但"7·21"暴雨危机暴露了北京在城市建设和管理中的诸多缺陷和不足,也充分说明了其离世界城市的标准还有很大距离。

以上,我们以北京"7·21"暴雨危机为案例,按照传统的自然环境、经济环境、政治环境、制度环境、历史文化环境和国际环境等因素,对北京暴雨危机的公共政策环境进行了简要分析。

从上述案例不难看出,政策环境的"因素"分析途径具有以下优势:

(1) 结构清晰。在环境因素分析中,各项因素可被合理分类,然后分别从不同的侧面进行剖析,具有清晰的分析结构,相互不重叠和交叉。

(2) 价值中立。环境因素分析是一种事实分析,所以通常不涉及过多的价值判断,其最大的功能在于将环境因素在公共政策中的影响和作用客观描述出来,而不在于预设一种价值判断并加以验证。

(3) 双向促进。所谓双向促进,指的是政策环境的因素分析,一方面有利于改进和优化公共政策体系,另一方面对于调整环境因素本身也具有很大意义。如通过对北京"7·21"暴雨危机的制度环境分析,一方面对于构建和调整北京市的公共危机治理政策体系具有很大意义,另一方面对于中国危机治理制度环境也有借鉴意义,因而具有双向的影响和促进作用。

但同时,政策环境的因素分析途径也有一些不足,集中表现在:

首先,由于各因素之间相互独立、自成体系,导致因素分析法缺乏分析合力,各因素间逻辑关联不足,抑制了政策环境分析的整合力。

其次,学界虽然对环境因素到底包括哪些有基本限定,但并不完整;其分类是否合理、列举是否全面,都有待探讨。在政策环境分析中,某些重要的因素经常被忽略。如我们常说,在中国,一个很小的问题,如果乘以 13 亿,就会变成一个严峻的问题。在中国的政策环境中,人口数量是一个至关重要的因素,但在政策环境分析中,这一因素却往往被忽略。类似的重要因素还有很多。

最后,政策环境分析的最终目的是探究环境因素对公共政策的影响力大小及作用方式。在政策环境分析中,环境本身并不是研究的目的,而是研究的途径和手段。政策环境的因素分析途径,可能产生研究目标置换的风险,无法将环境和政策有效关联;对环境因素的列举,仅仅限于事实的罗列而缺乏价值的关联,对政策的制定和执行缺乏指导意义。

二、"影响力"分析途径

政策环境的影响力分析途径,本质上是对因素分析途径的价值性重组和改进。影响力分析途径关注的是各种政策环境因素对公共政策产生影响和作用的不同方式和效果,具有相同或类似影响和作用方式与效果的因素,被归纳为一种影响力类型;通过跨要素类型的归纳和分类,来确定不同的影响力类型。根据影响力作用方向和效果的不同,我们可以将政策环境的影响力分为三种基本类型,即政策环境压力、政策环境动力和政策环境阻力。

影响力分析途径是对要素分析途径的重组和改进。通过影响力分析途径,我们可以更加清晰地看到政策环境对公共政策的影响和作用方式。如在北京"7·21"特大暴雨案例中,危机治理政策的压力环境包括政治环境和国际环境,甚至包括文化环境;动力环境包括经济环境和自然环境(毕竟北京处于干旱内陆地区,所以灾后自然恢复较快,甚至灾后第二天人们开始怀疑那场突如其来的暴雨的真实性);阻力环境包括危机应对的制度环境等。在政策环境的影响力分析途径中,压力、动力和阻力环境所对应的环境因素是动态的,根据不同的公共政策类型和事件而各有变化。同一种环境要素,在某种政策情境下是动力环境,而在另一种政策情境下就可能变成阻力环境。如在2003年的SARS危机应对中,国际环境是压力环境,而在2008年的汶川地震危机中,国际环境是动力环境。这也正是影响力分析途径的优势和特点所在。

1. 压力环境

整体而言,公共政策的压力环境是一种产出性影响力,同时也是一种可能转化的影响力环境。压力环境首先意味着资源稀缺的环境,它非但无法给予政策的制定和执行者提供更多的资源增量,甚至还会压缩和剥夺既有的资源存量;压力环境通常还是一种敏感性的环境类型。在公共政策的制定和执行中有很多敏感的关系需要妥善处理,而这些看似模糊而微妙的关系,处理不好则可能导致政策失败。

压力环境另一个突出的特征就是具有转换的可能。若公共政策的制定和执行者可以妥善处理并有效利用压力环境中的各项有利因素,则压力环境完全有可能成为动力环境。如北京"7·21"特大暴雨危机案例中,如果北京市政府可以有效利用北京特殊的政治区位优势,那么原本的政治压力环境,完全可能成为动力环境。同时,作为危机政策的制定者和执行者,若临危受命且处置有方,那么危机压力有可能成为他本人上升的动力。这是被诸多危机应对案例所充分证明了的客观规律。

反之亦然,如果危机处置不当,则压力环境可能转变为阻力环境,阻碍政策的制定与执行。如同样在北京"7·21"特大暴雨危机案例中,社会舆论作为一种压力环境,迫切要求北京市政府公布灾情损失和遇难者人数,但在灾后7月25日举行的新闻发布会上,北京市防汛抗旱指挥部副指挥长、新闻发言人却对死亡人数避而不谈。这导致社会对政府的信任感降低,对政府应该承担的责任失望,对北京市危机治理政策及其执行状况产生不满,压力环境变成了阻力环境。

2. 动力环境

公共政策的动力环境是一种推进性影响力,此类环境要素为政策制定和执行创造有利条件,客观上推进实现政策目标。动力环境对公共政策有着至关重要的意义,它是政策网络得以维持、政策流程得以运转的动力来源。理论上讲,公共政策的各种影响力环境,可以没有压力环境,亦可没有阻力环境,但不能没有动力环境。当然,现实中动力环境与压力环境、阻力环境是共生的。

动力环境可以分为内部动力和外部动力。内部动力包括公共政策的结构和功能性特征、政治体系合法性的维护以及对政策的预期和评价(以及由此带来的对官员的晋升或问责)等;外部动力包括有利的自然和经济社会条件、公众的支持、文化的自省和感召,以及国际体系的支撑等。

3. 阻力环境

公共政策的阻力环境是一种阻滞性的影响力,此类环境对政策的制定和执行产生不利影响,对实现政策目标造成障碍。阻力环境是十分普遍的一种环境影响力类型,在公共政策环境中,阻力环境和动力环境相互角力,它们之间的动态平衡关系,决定了公共政策的推进与停滞、成功与失败。

孟子说,"天时不如地利,地利不如人和"。天时、地利、人和是中国古人总结的战争胜利的基本条件,也可以理解为公共政策运行的基本环境。政策阻力环境,可对应归纳为"天不时、地不利、人不和",其中"人不和"是最重要的阻力环境因素。天不时、地不利,在政策阻力环境中表现为自然和地理因素阻碍公共政策的功能发挥和目标实现,既包括自然灾害、资源短缺等自然性客观要素,也包括历史传统、文化背景等社会性客观要素。人不和,则是政策阻力环境中最重要的因素,包括体制的矛盾、利益的冲突以及价值的混乱等,这些都会导致政策输出的阻滞。

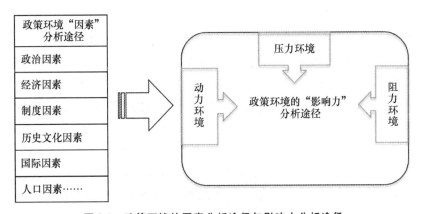

图 3-1 政策环境的因素分析途径与影响力分析途径

三、危机治理政策环境的影响力分析

压力环境、动力环境和阻力环境,作为政策环境影响力分析途径的三个重要分析变量,对公共危机治理政策具有很强的分析和解释能力。

公共危机本身同时具有这三个分析变量的基本特性:公共危机无论对决策者、执行者还是身处其中的一般民众而言,都是一种严峻的压力;公共危机具有较强的治理动力,因为在巨大的压力下,如果不及时妥善处置,则可能对政府和社会都造成不可挽回的损失和严重的灾难;公共危机治理总是面临重重困难,阻力巨大,若没有科学的决策、有效的执行,那么危机治理带来的挑战有可能最终导致政策失败。

在公共危机治理政策环境分析中,影响力分析途径之所以具有分析优势,主要原因在于以下三个方面:

1. 政策环境影响力特征凸显

在公共危机治理政策环境中,包括压力环境、动力环境、阻力环境在内的各类影响力特征明显,亦即较其他类型的政策而言,公共危机治理政策所处的环境蕴涵的压力、动力和阻力因素,更加凸显,对公共政策产生的影响也更直接和充分。

这种政策环境影响力特征的突出与明显,来源于公共危机本身的特性。本书认为,公共危机是在短时间内对公共利益造成巨大调整、威胁和损害的不确定性状态。在这一定义中,"短时间"和"不确定性"造成了压力环境;"调整、威胁和损害"带来了阻力环境;而由于针对的是"公共利益",所以也会产生基于民众关注和支持的动力环境;"巨大"的数量级特征,增强了以上影响力环境的力场特征,促使其更加鲜明和突出。

2. 各种环境影响力相互交织、迅速转换

在公共危机治理的政策环境中,各种影响力相互重叠交织,转换频繁而迅速。如以微博为代表的互联网新媒体是当代公共危机治理中不可忽视的环境要素,由其产生的海量网络信息,对公共危机治理而言首先意味着压力,同时民众的关心和支持也是动力,但有时网络

中不加筛选过滤的谣言,又是危机治理的巨大阻力。随着危机过程的不断发展和变化,压力、动力和阻力环境之间可能迅速转换,危机治理者需要具备引导和利用政策环境影响力的意识与能力。

在北京"7·21"特大暴雨危机中,微博作为危机治理政策环境的突出代表,显示了其独特而巨大的影响力。从 2012 年 7 月 21 日 12 时至 22 日 12 时,政务微博共发布微博 754 条,转发评论 50 余万次①。包括北京气象局、水务局、交通管理局在内的官方微博,发布了大量的有关灾害预警和防灾抢险方面的官方微博,为民众提供防灾避险方面的指导和信息。

北京市民、企业和非政府组织也积极通过微博平台发布互助信息,其中包括转发遇险信息、寻求帮助的,提供免费食宿、容留因暴雨无法回家的,组织爱心车队接送首都机场滞留旅客的,发起号召、传递温暖共同守望的,等等。这些微博及其促成的自救和互助行动,为暴雨危机的治理提供了巨大的动力环境。

同样是在微博平台上,随着暴雨危机的发展,一些负面信息也在生成和蔓延,如暴雨中遇难人数不断增加,部分酒店开始突击涨价发"暴雨财",一些不道德的出租汽车司机漫天要价、拒客宰客,高速公路收费站照常收费导致交通拥堵,交通协管员在暴雨过后给抛锚的汽车贴违章停车罚单,等等。这一系列有关北京暴雨危机治理的负面信息在微博平台上不断生成、蔓延和发酵,形成了对北京危机应对能力和城市基础设施建设的怀疑和不满,给危机治理带来严重压力。

在 7 月 25 日有关北京暴雨灾情的新闻发布会后,由于新闻发言人对因灾死亡人数避而不谈,微博上关于此次危机治理的情绪从怀疑、不满演变成愤怒和指责。人们开始用各种黑色幽默调侃政府应对危机的过程,并用中国古代建筑如故宫的排水系统和法国巴黎的排水系统与当今北京的排水系统相比较,之前各种负面信息也在疯狂转发中迅速从政策压力环境演变成阻力环境。

所以,公共危机治理过程的关键在于识别和利用好各种环境影响

---

① 微博.暴雨中传递正能量.人民网—人民日报,2012-7-23.

力,通过有效沟通和合理引导,尽量将压力环境转换为动力环境,并限制阻力环境的负面影响。

3. 危机政策环境提升政策风险

政策风险,既是一个金融领域的概念,也是一个公共政策领域的概念。前者指的是由于政策的调整和改变而导致的市场波动及进而给投资者所带来的收益风险[①]。后者则指的是政策失败的倾向性以及与之关联的政策损失发生的可能性。本质而言,金融领域中的政策风险,政策是自变量,市场和价格是因变量;公共政策领域中的政策风险,政策是因变量,而环境则是最重要的自变量。

纯粹风险和投机风险是金融领域两种基本的风险类型。政策风险同样具有纯粹风险和投机风险两种类型,且在特定政治文化和特殊的政策环境中(如公共危机环境中),公共政策的投机风险越来越不容忽视。

有学者认为,"政策风险的来源主要有两个方面:一是来自政策系统内部的风险,二是来自政策环境的风险,包括来自体制环境的风险和来自社会政治心理环境的风险"[②]。

公共危机作为一种特殊的政策环境,显著提升了政策的风险水平。公共危机所造成的严峻压力和巨大阻力导致政策失败的可能性激增,危机中的政策制定和执行充满不确定性风险。

另一个不容忽视的现象是,公共危机中的政策投机风险也随之升高,公共危机治理的成败可能带来不可预期的收益或损失。如临危受命且不辱使命,可能会极大地促进危机治理领导者的职业生涯发展;危机治理中的微小纰漏也可能导致严重的后果,包括对危机治理领导者本人的巨大影响,如陕西省安监局局长杨达才在车祸灾难现场不合时宜的"微笑";对危机致损利益的调整和补偿可能超出危机前的水平而具有福利色彩[③]等。

---

① 毛平,肖潇.股市中的政策风险防范[J].经济导刊,2010(2).
② 尹贻林,陈伟珂等.公共政策的风险评价[M].北京:科学出版社,2012:86.
③ 这里指的"危机涉及人群利益的调整和补偿",本质上是公共危机的一种正向外部性效应,在本文"公共危机政策执行分析"部分中将有进一步的分析和阐释。

第二节 公共危机治理政策的压力环境

罗森塔尔(Rosenthal)认为,"公共危机就是对一个社会系统的根本价值和行为准则架构产生严重威胁,并且在时间压力和不确定性极高的情况下,必须对其做出关键决策的事件"[①]。危机管理学家大多将危机界定为一种高度紧张的状态,这种紧张状态进而形成严峻的压力环境,包括对时间、空间、资源以及社会心理等关键要素的挤压。

本节将重点从"结构性压力""资源性压力"和"产出性压力"三个层面分析公共危机治理政策的压力环境。

一、结构性压力

所谓结构性压力,是公共危机对原有公共政策过程结构和网络结构的扁平或向心状压力。

过程结构是传统的研究框架,即公共政策的逻辑顺序结构,从议程设置、公共决策到政策执行,再到反馈、评估及终止,然后进入另一个重复的或发展了的循环过程。网络结构不再将结构的重点放在按照逻辑顺序发生的政策阶段,而是认为公共政策是网络状结构,网络节点是各种利益关涉者,网络通路是各种利益表达、整合和输出的渠道和机制,节点(利益关涉者)和通路(利益表达、整合及输出渠道和机制)共同构成公共政策网络。

从阶段模型的角度来看,公共危机的紧张情势要求危机治理的议题马上进入议程,果断决策,迅速执行并将政策结果及时与决策中心进行反馈。原来可能漫长的政策过程,在公共危机的挤压下被迫变成以分秒为单位的紧凑过程;细高金字塔状的公共政策阶段模型,在公共危机的挤压下呈现高度扁平化的结构特征。

在 2008 年"5·12"汶川大地震中,我们可以清晰地看到公共危机

---

① Rosenthal Uriel, Charles Michael T., ed., 1989, *Coping with Crises: The Management of Disasters, Riots and Terrorism*. Springfield: Charles C. Thomas.

对于政策的挤压效果,"中央—省—市—县—镇"的多层级决策执行结构被压缩成了"中央—汶川"这一扁平结构,其中的诸多结构都被高度压缩;原本"北京—成都—阿坝州藏羌族自治区—汶川"的遥远距离也直接被压缩成了"北京—汶川"。甚至从决策和执行的概念上而言,成都的地位被高度压缩成了一个以双流机场为中心的人员和物资的集散地。

在汶川地震的案例中,无论是胡锦涛主席第一时间表态,还是温家宝总理在震后四小时到达震区,在飞机上宣布成立抗震救灾总指挥部,在都江堰临时搭建的帐篷内和各部门及当地干部召开指挥部会议,抑或温家宝直接与伞兵指挥官通话,命令其克服一切困难抵达灾情第一线,以及成立涉及几乎所有核心国家部委的工作组开展抗震救灾工作,这些都充分证明了在危机情形下的公共政策结构被高度挤压,呈现扁平状的结构特征。原有的公共政策阶段流程被压缩在了极其有限的时间和空间内,决策、执行、评估、反馈以及下一步的政策调整这一系列环节都在极其简短的流程内被完成。

从政策网络的视角来考察压力环境,即并非扁平结构而是网络压缩后的向心结构。在这一向心结构中,原本松散的利益节点被拉近了,原本模糊不畅的网络渠道被危机压力所贯通,多方利益主体可能面对面地进行讨价还价。

在 2008 年的瓮安事件中,这种政策网络结构的挤压效应被凸显了出来。瓮安"6·28"事件,既是一种不满情绪的集体发泄,更是非制度化的极端博弈过程。在这个博弈场中,几乎所有利益角色均主动或被动地参与其中,各种利益角色连同公检法规则、信访制度条例、属地管理原则等等,都被向心性地压缩到了最小空间,官民利益突破原有的逻辑界限,开始面对面乃至枪对枪地斗争和博弈。

所有"6·28"瓮安事件关涉的利益群体,被这场严峻的危机挤压到了一个狭小的时间和空间内。他们包括死者的家属亲朋、几位被指控者、当地的公检法或县委县政府、黔南州政府、贵州省委省政府、围观群众、泄愤人群、大众传媒以及远在千万里外密切关注这一事件的中央决策者、专家学者和普通大众。所以,几乎是随着李树芬的尸体于 2008 年 7 月 2 日被家人按照当地风俗入殓安葬后,这一被称为"中国近年来最重大的恶性群体性事件标本"①才逐渐淡出公众视线,公共危机对公共政策网络的挤压效应得以缓解,固有的政策利益格局开始恢复。

在公共危机的压力环境作用下,政策网络中各利益群体间的距离被大大压缩,各种常规状态下不很明朗的利益表达渠道也被迅速贯通,各种利益诉求被集中而毫不隐讳地加以展示,原有的政策网络结构被高度地向心性压缩。

二、资源性压力

资源的稀缺性是公共政策理论的一个基本命题,但在公共危机的状态下,资源稀缺的压力更加凸显,主要体现在时间、空间、信息、技术以及规则的稀缺性。

首先,公共危机是一种需要决策者在短时间内必须做出迅速回应的紧急状态。正如温家宝总理在"5·12"地震中所说的"时间就是生命",在危机状态中,时间的稀缺性毋庸置疑。

其次,公共危机留给决策者和执行者的空间极其有限,公共政策必须在局促的决策和执行空间中迅速展开,并取得效果,难度很大。中国俗话"远水解不了近渴",充分描述出危机状态的政策空间狭小,在短时间内无法将资源有效配给。

再次,信息技术是现代社会发展的标志性产物,但在危机面前,日常的通讯设施极易被摧毁。若无专门的灾害信息系统,那么灾难危机中,信息将是极度稀缺的,这种稀缺有时会带来致命的后果。

1976 年的唐山大地震和 2008 年的汶川地震,均完全摧毁了当地的通讯设施,灾情信息无从了解,给中央决策和抗震救灾工作带来极大的困难。唐山灾后的第一份确切消息,是靠开滦唐山矿的李玉林等三人驾车,突破重重险境送到中央的;而汶川地震后被隔绝为孤岛的茂县的第一份灾情信息,是灾后两天依靠空降兵大无畏的献身精神,

---

① 赵鹏.瓮安事件是近年来我国群体性事件的"标本性事件"[J].瞭望,2008-9-8.

在不具备伞降的条件下强行在茂县上空伞降后传回的。

顺次,人力和技术设备在危机中也是极度稀缺的资源。

"5·12"汶川地震后,地震重灾区绵阳市北川县附近的一个堰塞湖形势非常危急,亟需推土机、挖掘机等大型机械设备抢险。由于道路条件的限制,能够把这些设备运抵救灾前线的只有米-26大型运输直升机。当时,中国国内仅有一架米-26大型运输直升机,飞行员是俄国人,且由于附近没有满足起降条件的场地,所以为了吊运总重约360吨的设备,该直升机需采取空中吊挂的方式飞行25个架次。

堰塞湖下,几十万人的生命和财产就悬于一架由俄国人驾驶穿梭往返的大型运输直升机上,这与2008年中国的经济总量和科技水平是极不相称的,但又确实是残酷的现实。人力和技术设备的稀缺,成为公共危机治理的最大压力环境之一。由于认识到了危机治理中类似设备的重要性,中国于2008年11月和2009年6月连续从俄罗斯购进两架米-26直升机。

最后便是规则的稀缺。公共政策是宏观层面上的规则,但在危机面前,微观和具体适用于每个人自发的规则十分稀缺。

发生在1994年的克拉玛依友谊馆特大火灾便是一个典型的案例。克拉玛依特大火灾的伤亡程度本不应如此严重,因为政府主要领导就在现场,他们负有维持秩序和指挥疏散的义务和能力。但现实却是副市长赵兰秀在大火刚刚发生时通过麦克风喊话,让欲离开的学生坐下而"让领导先走"。于是在危机面前,主要领导们第一时间冲出火场,却将危机留给了为他们献花、汇报表演的师生。

类似事件并非个案,在世界很多地方都发生过或正在发生着这样的灾难,其本质原因是面对危机时规则的稀缺,原始的生存本能超越了规则和理性,最终导致集体的共同损失。

三、产出性压力

产出性压力是公共危机中基于对决策和执行效果的迫切需求所导致的一种压力环境,可以说,产出性压力是针对"公共政策有效性"迫切输出的一种压力。

公共危机的紧张态势中,政府和民众都希望通过果断决策和有效执行,迅速控制事态发展和利益损失,恢复公共秩序和价值体系。这种对公共政策输出结果的需求,较常态下要迫切得多。迟到的正义非正义,而在政策产出性压力环境中,"迟到的危机治理"也"非善治"。

公共政策的时效性和有效性,是公共危机产出性挤压的两个基本要素。我们可以将这一效应通过如下方程表示:

$$产出性压力 = (危机治理需求 - 政策治理绩效) \times 治理时间系数$$

图 3-2 公共危机治理政策的产出性压力方程

在这一方程中,危机治理需求和政策治理绩效间的差距越大,则挤压效应越明显;治理时间越长,则挤压效果越大。所以,在提高治理绩效的同时缩短治理时间,是缓解产出性压力的基本途径。

如 2009 年 4 月开始流行于墨西哥、美国等地的甲型 H1N1 流感,迅速在全世界范围内蔓延,造成新一轮的全球性疫情危机。中国政府基于 2003 年非典型性肺炎(SARS)的教训和防控经验,第一时间制定和执行各项应对政策。包括向公众发布全球和本地疫情信息,广泛宣传甲型流感的个人防护措施,加强各级医疗机构的疫情监控和防治能力,出台医疗救济和财政支持性政策,在重点领域和地区,如学校、国际交通枢纽等,加大防控力度,同时广泛开展国际合作,及时公开透明地发布中国的"甲流"疫情信息等。

在所有防控措施中,研发和接种针对甲型 H1N1 流感的疫苗是最重要和有效的政策措施。所以,"甲流"危机形成了严峻的产出性压力环境,即在有限的时间内完成"甲流"疫苗的研制和接种。本质上,这一产出性压力在六年前的 SARS 防治中就已经产生,只是迄今为止世界卫生组织和中国政府都没有公开宣布 SARS 疫苗的研制计划或进展。

与 SARS 疫苗迄今没有研制成功,禽流感疫苗研发四年以及其他流行性疾病疫苗研制的周期来看,"甲流"疫苗的 87 天研发时间可谓神速,这也充分说明了公共危机对政策的产出性压力。但与"甲流"疫苗的高效研发相并行的,是社会公众对此疫苗研发过程过短及安全性的普遍顾虑。

2009年12月,先后有四位患者在接种甲型H1N1流感疫苗后死亡。后"经过调查和尸检,3例已证实与疫苗接种无关,为偶合死亡"①。卫生部还就此联合各新闻媒体召开了多次新闻发布会,并通过各种渠道发布信息,以证明"甲流"疫苗尽管只有87天的研发时间,但各项过程没有省略,研发生产过程有严格保证和监督。但这依然无法打消社会公众的普遍顾虑和猜疑。

与2003年的SARS危机相比,面对甲型H1N1流感疫情,中国政府在决策和政策执行中更加有效地应对了产出性压力环境。在时效性方面,第一时间启动疾病防控措施和信息发布措施,用87天时间在全球第一个生产出针对性疫苗并迅速投入使用。卫生部部长陈竺是所有接受测试的志愿者中第一个接种"甲流"疫苗的人,被称为"全球'甲流'疫苗接种第一人"②,这种政策执行的象征性极大地缓解了政策的产出性压力。在有效性方面,由于各项措施的正确决策和有效执行,以及疫苗被实践证明的安全性和有效性,"甲流"对中国社会的冲击和影响远远低于SARS。这当然与这两种疾病本身的致死率不同有关,但对政策产出性压力环境的有效应对,无疑是在面对类似危机中防治效果迥异、政府形象差别的重要因素。

第三节 公共危机治理政策的动力环境

公共危机治理政策的动力环境是一种推进性影响力,它能为危机治理政策的制定和执行创造有利条件,客观上推进危机治理目标的实现。动力环境对公共政策有着至关重要的意义,它是政策网络得以维持、政策流程得以运转的动力来源。

---

① 新华网.中国报告4例接种甲流疫苗后的死亡病例[N/OL].2009-12-01. http://news.xinhuanet.com/society/2009-12/01/content_12571574.htm.
② 中国经济网.卫生部:陈竺部长是全世界第一个接种甲流疫苗的[N/OL].2009-12-11. http://www.ce.cn/xwzx/gnsz/zg/200912/11/t20091211_20599089.shtml.

动力环境可以分为内部动力和外部动力。内部动力包括公共政策的结构和功能性特征、政治体系合法性的维护以及政策预期和评价等,外部动力包括有利的自然和经济社会条件、公众的支持、文化的自省和感召以及国际体系的支撑等。

在本节中,我们主要从"政策体系动力、文化感召动力、国际支持动力和议题网络动力"四个方面,系统分析和阐述公共危机治理政策的动力环境。

一、政策体系动力

危机情境赋予了治理政策一些显著的体系动力特征。

1. 危机治理政策体系结构扁平、程序简化、权力集中

如前所述,在公共危机的压力环境影响下,危机治理政策体系的结构趋向扁平化。结构扁平意味着原有金字塔式的决策执行结构被高度压缩,决策和执行流程大大缩短,原先分散在各个层级的权力归属被集中在一个高度扁平的权力聚集体内。因为"一般事件处理程序,在应急系统中会产生降低效率的作用,必须将危机治理行政权力的行使程序简化"[①]。

根据公共危机的严重程度,相应的政策治理体系也呈现出不同程度的压缩比和扁平化特征。在极端的情况下,这一政策结构呈现"平面状",即最高决策者直接指挥最前线的政策执行者,以应对巨灾或大型公共危机,所有危机应对资源都高度集中于危机处置中心。

结构扁平、程序简化和权力集中,在公共危机状态下是一种有效的政策结构。它更多地强调效率发挥,对于可能影响效率的规则、流程和权力制衡体系,都加以压缩和简化。在公共危机状态下,党政双规和条块分割的特征被局部抑制,决策和执行的权力更多地集中在临时设立的危机事件处理机构。这些临时成立的危机处理机构,通常兼备党、政、条、块的各项功能。

---

① 宋英华.突发事件应急管理导论[M].北京:中国经济出版社,2009:101.

2. 危机治理政策体系中的相互支持

综合治理是现代政府应对公共危机的基本模式，这种综合性在公共政策体系中便充分体现为政策间的相互支持，亦即配套政策的制定和有效执行。

单一的政策不可能实现公共危机的有效治理，充其量只能在危机现场起到"扬汤止沸"的暂时效果，而要想从根本上对公共危机进行合理控制，对其所威胁的公共利益进行有效维护和改善，就必须依赖于综合配套政策，对危机给予全方位的监控和治理。随着危机意识的增强和危机治理能力的提升，中国危机治理公共政策体系日益显露出综合配套的特征，政策间的相互支持也更加自觉和有效。

3. 危机治理政策体系中的政策创新

政策创新在一般类型的公共政策体系中，所占比例较小，且其发挥的作用有限，这类创新型的政策需要通过时间和实践进行修正和检验。常规状态下，政策创新是诸多政策发展模式之一，但绝非唯一的选择。决策者和执行者对政策创新大多保持谨慎的乐观，通常会先在局部试行，发现其中问题和不足，经过几轮修正和检验，待创新政策较为成熟规范后，再全面推行。

但在公共危机状态下，政策创新有时可能是唯一或最佳的选择，因为危机状态往往导致常规政策的失灵，公共危机有强烈的治理需求，要求必须在短时间内制定和执行新的政策以控制局面、减少损失，且新政策必然不能是原政策的简单重复，而必须更具针对性和有效性。在这种情况下，如果不能急中生智，跳出原有决策思路而寻求政策创新，那么危机治理就会陷入困境。此外，危机状态下的政策创新由于条件所限，基本无法进行足够的检验和修正，必须承担一定的决策风险；同时，危机决策中的政策创新在整个危机治理中占有重要地位和作用，甚至是决定危机治理成败的关键性因素。

如2008年"5·12"汶川地震后，中国政府创造性地建立了"一省支援一个重灾县"的体制①。这一危机治理体系,是颇具中国特色的创造。各省对口支援一个县,实际上使灾区县获得了持续有力和多方位的救助。此外,"支援省也如法炮制,又将支援任务分配到所辖一些实力较强的地市区"②。

4. 危机治理政策体系的政策目标清晰

拥有明确的政策目标是公共政策的基本前提和必要条件。但现实中往往存在大量目标模糊不清、模棱两可的政策。从模糊性产生的原因来看,部分是主动性模糊,即决策者在政策制定过程中,就有意将政策目标模糊,以创造更多的政策空间或执行余地;另一部分是被动性模糊,即决策者并非有意模糊政策目标,而是由于决策能力(包括政策文本的界定和表述能力等)低下,或是政策环境较决策时发生了较大的变化,而导致的目标模糊。在中国,模糊性政策是一个普遍而有趣的政策现象,有时它蕴含着高超的政治智慧,但更多时候它反映了决策的草率和低效。

比较而言,危机治理政策的目标通常是清晰准确的,具有较强的针对性,其基本旨向就是对公共利益的及时维护和改善,力求将危机事件造成的损失降到最低。清晰的政策目标是保证政策绩效的先决条件,因为决策者和执行者必须对公共政策达成一致和共识,才能保证其被有效地贯彻落实。公共危机的压力特征和强烈的治理需求,迫使决策者必须保证政策目标清晰准确,以满足政策沟通和有效执行的基本信息需求。

二、文化感召动力

1. 中国拥有悠久的危机治理文化传统

公共政策产生的一个重要逻辑起点就是公共危机对人类生存的普遍严峻威胁及其带来的强烈治理需求。所以说,政府和公共政策自

---

① 参见"国务院办公厅关于印发汶川地震灾后恢复重建对口支援方案的通知",国办发[2008]53号,2008年6月11日发布。
② 白钢,史卫民.中国公共政策分析2009年卷[C].北京:中国社会科学出版社,2009:179.

诞生以来，在其不断膨胀的统治、管理和服务等各项职能中，危机治理从来就是一项核心任务，尽管其治理形式随着社会和技术的发展在不断变化。

公共政策与公共危机均非现代产物。在公共危机治理政策的动力环境分析中，文化感召动力是不可或缺的重要环节，尤其对中国这样一个具有悠久危机治理历史和深厚危机意识与治理传统的国家而言。

中国是危机频发的国家之一，且危机的形式多种多样，但就历史来看，以自然灾害和农民暴动（起义）为主，有时也会夹有外族入侵等类型的危机。这些危机有时单独发生，有时以复合的形式同时爆发，对王朝统治造成严重威胁，也是中国传统政治更迭的主要动力之一。

频发的天灾人祸给中国积累了丰富的危机治理典籍资料和经验教训，其中既有文化的沉淀传承，也有政治的智慧结晶。这些都是当代危机治理政策的动力环境。所以，今天在我们开始从西方大量引入危机治理的技术和理论时，也绝不应忽视中国历史上危机应对的经验和教训：当我们纠结于危机治理的某个困境始终无法克服，或发现西方理论体系缺乏本土解释力时，也许我们的祖先已经发现了问题的症结所在。虽然现代社会所面临的危机类型已经大大超越了传统社会，但这并不妨碍历史经验的理论解释能力和实践指导意义。

中国具有悠久的危机治理历史、丰富的危机治理经验和深厚的危机治理传统，但纵观中国历史，无论是传统的还是现代的危机治理政策，集权与动员始终是危机治理政策的基本价值取向。中国传统官僚制度通过高度的中央集权和广泛的社会动员，实现了较同时期欧洲统治者更有效的危机治理效果，而时至今日，集权与动员依然是中国危机治理政策的基本价值取向，它在发挥危机治理有效性的同时，也带来一些矫枉过正的负面效应。

在当今中国政治条件下，应该用政策网络的理论来重塑危机治理方案，在承认政策社群主导地位的同时，充分发挥专业网络、府际网络、生产者网络和议题网络等多种网络结构的特点和优势，降低集权体制下危机决策和执行的交易成本，避免政治动员所带来的矫枉过正倾向。

2."罪己诏"及其文化感召动力

"罪己诏"由中国古代国家最高领导者颁布。这种诞生于危机之中并旨在凝聚人心、重建信任的文书形式,具有独特的行文风格和作用功能。文中帝王既在向上天袒露无德无能的惭愧,也在向臣工百姓表明励精图治、不负众望的决心。罪己诏的颁布通常是在国家和王朝陷入危机状态之时,所以,罪己诏是古代帝王应对危机、摆脱困境的一种特殊政策形式。

虽说罪己诏的颁布有其历史和技术的局限性,如在"灾异类"危机中颁布的罪己诏,随着科学技术的发展总结出了灾异发生的既定规律,似乎和帝王的贤德昏庸与否关系甚小,所以此类罪己诏开始有所减少。但"政过类"罪己诏并没有因为王朝的更替而有所变化,这或许也从另一个角度说明了相对于器物层面的技术发展,中国古代政治发展的缓慢。"禹、汤罪己,其兴也勃焉;桀、纣罪人,其亡也忽焉。"①在中国政治发展的初级时代,帝王"罪己"已经成为一种克服危机、勃兴基业的重要经验。

从公共政策的角度来看,罪己诏作为中国古代一种特殊的政策类型,一方面是古代君王为了应对公共危机而颁布的一种自责自悔文书,另一方面其内容不仅包含自谦和自责,通常还包括对于解决危机的构想和决心。

综合看来,罪己诏具有如下危机治理功能:

第一,政治解压功能。

公共危机的基本特征是高压和紧张。罪己诏的颁布,在很大程度上可以缓解这种压力。可以说,解压是罪己诏应对公共危机最基本的、也是最确切的功能之一。

首先,危机中的政治压力来自于社会对公共危机的应激反应。当压力聚集时,就必须寻找一个恰当的突破口来释放能量。如果政府可以主动创造利益表达的渠道,则压力可以得到释放和缓解;若政府没

---

① 左转·庄公十一年[M].

有为危机中的社会公众提供相应的利益表达渠道和途径,甚至火上浇油地给予更大的强制性压力,那么压力便有可能恶性膨胀和爆发。

公共危机中,罪己诏是一个巧妙的靶向,它将社会上普遍的怀疑和不满情绪加以汇集,引导到针对帝国最高统治者的自我忏悔和坦白上,使这种压力和不满得以极大的缓解和释放,是一种"四两拨千斤"的做法。罪己诏由帝王发布,不但因为其所象征的皇权具有很大的排他性和唯一性,且即使仅从功能性而言,也只有帝王可以自信地树立这样的靶向供大众"发泄"释放,既不会对自身权威有所损害(甚至更多的是一种好处),也不会加剧整个社会的紊乱和失序。尽管"自我批评"在中国的政治发展史上并不少见,但要对整个王朝的兴衰和国家的运数负责,并不是谁都有"资格"和"能力"的。所以有学者认为,"罪己诏的颁布也是对政权合法性的修复和强化,它是君主制下政治哲学的重要一环"[①]。

其次,解压功能来自于感性的互动而非理性的分析。作为一国之君,在罪己诏中言辞恳切甚至凄楚悲愤地痛陈自己的缺点和失误,将各种灾异、政乱归结于"朕既不德"、上天遣祸,这种态度和行动对于臣工百姓而言,具有极大的震撼和感染作用。君王在罪己诏中所表达出来的主动和宽容,这种感性互动可以显著降低社会的不满情绪,为危机的化解营造良好的舆论和社会氛围。以情动人,是罪己诏缓解危机压力的重要因素。

最后,对话模式是缓解危机压力的重要形式。罪己诏是帝王昭告天下的文书,也是其与天、与民对话的文本。在罪己诏中,帝王向上天作出忏悔、祈求和承诺,并与臣工百姓袒露自己的缺点和失误,并非是居高临下的施舍和命令,而是平等乃至谦卑的商榷和对话。尽管罪己诏的颁布具有很大的功利主义和实用主义特征,也被不少学者指出其虚伪性的一面,但从历史的角度来看,帝王颁布罪己诏的主动性大于被动性,其主观态度是面向危机的解决而非单纯的欺骗。

第二,人心凝聚功能。

危机是一种社会解构的力量。危机中,既有的社会秩序被破坏,

---

① 侯吉永.帝王罪己诏文体的颁布活动分析[J].兰台世界,2008(12).

原定的官民结构有解体的危险。应对危机,最重要的就是要重新将无序或结构紊乱松散的社会成员凝聚起来,形成合力。罪己诏在一定程度上起到了这样的作用。

皇帝发布罪己诏,必然是危机中的重大事件,将立刻引起全国上下的极大关注;罪己诏中皇帝言辞恳切、声泪俱下的自责和忏悔,也可以让原先无所适从的臣民寻找到新的归宿和依靠。公共危机中,罪己诏凝聚人心的功能十分突出,并可以转换为实际的治理动能,对危机形成有效的干预和治理。

第三,信任再建功能。

信任是政权存在的基础。对于古代封建王朝,其合法性主要来自于血缘继承和克里斯玛式的崇拜,因而信任的重要地位便更加突出。公共危机发生的原因和结果,几乎都与信任相关,所以重建信任是公共危机治理的关键所在。罪己诏的发布,其目标和功能就在于重建信任。当然,在古代这种信任不仅限于臣工百姓对皇帝的信任,更重要的是"君权神授"条件下重新获得上天的信任。

罪己诏最大的特点就在皇帝主动承揽罪责和刑罚,将灾异、祸乱的发生,归结于自己的无能和不德,但总要表明其仁慈善良的本性和初衷。罪己诏表现出君王的敢于担当和勇于负责,这两点是信任建立的基本条件。

下面,我们来分析罪己诏的文化感召动力,亦即罪己诏与当代行政问责制之间的关系。

问责制是当前我国政治发展中一项重要的制度设计,其根本目的就是要让决策者、执行者要对自己的决策和执行负责,在官员自身的利益与其决策和执行所关涉的公共利益之间建立一种对应的损益关系,尽管这种损益关系的比例悬殊。

就权力拥有者而言,领导干部问责制是一种来自外界的压力和管理措施,是一种"外省"式的"他律"机制,而从其推行的效果来看,拥有权力者的趋利避害行为使得问责过程尤其曲折。我们通常将这种困难归结为制度的缺失和文化的不足,也就是,我们缺乏完善的法律法规来保证问责的规范性和有效性,同时中华文化中也欠缺对官员责任追究的传统。

事实是,罪己诏在中国政治发展史上已有两千多年的历史。相对于责任追究而言,罪己诏是一种内省式的道德自律,且是帝国最高领袖主动作出的公开检讨和忏悔。所以,中华文化中并不缺乏责任追究的基因。

技术的发展让现代领导者认识到了灾异事件与自身的道德修养并无必然的因果关系,这不但淡薄了他们对于天灾事件的责任意识,甚至对由决策或执行失误所造成的"人祸",也要想方设法地规避责任。问责制中最大的问题就是谁来问。通常而言,有三种最基本的问责方式,即天问、自问和他问。古代帝王罪己诏的颁布,本质上就是向这三个主体负责。天问是一种终极问责形式,自问是一种内省式的道德拷问,而他问是一种外部压力的追究形式。

帝王的唯一合法性也是其可以自信颁布罪己诏的重要原因,即在臣民面前公开承认自己的失误和过错,虽然在面子上有些难堪,但在根本利益上却是利大于弊,并不会由于罪己诏的颁布而招致更大的祸端乃至"人亡政息"。

现代公共危机事件中,问责制执行的首要问题在于问责主体的缺乏。"天问"早已随着技术的发展和唯物主义的深入人心而丧失功能;在个人利益计算的前提下,"自问"也变得空洞而苍白,所以唯一的途径就是"他问"。单一的问责途径加之制度规范的缺失,必然导致问责效果不佳。另外,与古代帝王的政治权威相比,现代领导人的合法性基础并不来自于世袭和天谕,而是来自一种委托代理式的授权,所以"罪己"所产生的后果往往要严重得多。从领导者个人的角度来看,"罪己"通常非但无法让自身脱离危机的困境,甚至可能招致更大的危机。

无论是古代的罪己诏还是当代的行政问责制,都与公共危机存在着密切的关联,这两项制度也是古今公共危机治理的重要途径。公共危机的预防,有赖于责任机制的健全,它要求官员在决策时要慎重周全,避免拍脑袋、拍大腿式的草率决策,因为其不负责任的决策所导致的后果也将直接影响决策者自身的利益得失。公共危机的治理,同样需要责任意识和责任制度的完善。只有这样,才可以保证在关键的非常时期所有官员都能恪尽职守、各司其职地共同应对危机局面。危机后的问责同样重要,包括对导致危机发生及危机治理低效的官员进行问责,以起到警示和惩戒的作用。

在古代,由于皇权的唯一性和排他性,民众普遍对帝王所颁布的"罪己诏"表示出最大的钦佩、宽容和谅解,并以此为契机,君民同心共克时艰,达到良好的危机治理效果。而在今天人们对"罪己"的宽容和谅解度大大降低,对勇于承认错误、敢于引咎辞职的官员缺少应有的理解、尊重和体谅,这也就抑制了官员敢于和勇于负责的主动性。同时,制度上也缺乏对此类干部应有的保护机制。

罪己诏的产生和发展有其固有的局限,我们并不能说罪己诏代表了先进的政治设计,但皇权时代的这一危机治理方案,依然对今天的危机处理具有很大的借鉴意义。罪己诏对于责任制,最大的启示就在于应该为负责任的官员营造良好的罪己制度环境和文化环境。在公共危机中,勇于负责和敢于承认错误,是最基本的治理之道。这也是中国传统文化对现代公共危机治理提供的重要动力环境。

3. "劝分"及其制度反思动力

劝分,是中国古代荒政中的一种政策类型,即"劝谕有力之家无偿赈济贫乏"①,是灾荒时政府号召或强令富民无偿赈济,或以低于市场的价格出售所积米谷以救助灾民的行为。劝分是一种很有特色的危机治理政策类型,在具体执行中具有很强的利益博弈特征,也对当代危机治理具有较大的制度反思动力。

我们之所以认为中国古代荒政中的劝分政策是一种文化感召的动力环境,是因为从宋代开始,中国古代知识分子和官员就已经开始反思这一危机治理政策的博弈损益,并试图平衡博弈主体之间的利益关系,且时至今日,这种制度反思和利益平衡依然具有很高的参考借

---

① 张文.荒政与劝分:民间利益博弈中的政府角色——以宋朝为中心的考察[J].中国社会经济史研究,2003(4).

鉴价值。

在劝分过程中,参与博弈的有富民、灾民和政府三个行为主体。政府既是规则的制定者,同时也是直接的博弈参与者;富民则根据劝分规则以及自身的利益取舍采取行动;灾民在劝分政策下接受救助,或基于"生存伦理"而突破规则,依靠暴力威胁向富民和政府要求所谓"合理的"赈济。

就政府而言,之所以要创制并鼓励这样一种民间自救的政策,本质上是为了弥补自身危机治理能力的不足。开始政府还将劝分政策定位为权宜之计,但随着危机的不断发生和自身应对能力的日趋不足,劝分政策逐渐成为中国古代应对灾荒的重要措施之一。

就富民而言,其赈灾行动存在自愿和被迫两种情况。自愿者,或者是受到执行官员的表率作用;或者是劝分赏格的激励作用;再或者就是中国传统阴德观念的影响,积德行善必有好报,而若为富不仁,则自己或家人可能遭到报应。当然,强制的情况也不少。

政府在救荒过程中承担天然的主要义务,而只有在政府全力救助但仍需适当支持补充时,民间力量才应介入,这是劝分的本意。但往往是政府在面临危机时,自身应有的救助能力由于种种原因(其中包含贪腐和不作为的原因)而严重欠缺,却将赈济的责任推向了民间的富民群体,并通过制度来引导灾民对富民的敌对和压力,形成了畸形的劝分博弈。

就灾民群体而言,面对灾荒危机有四种行动方案:(1)等待政府的救济,但政府在劝分过程中已经将此责任转嫁给了当地富民群体;(2)期盼富民的赈济行为,无偿的或低价的;(3)在得不到有效救济的情况下,根据"生存伦理"揭竿而起,劫富济贫;(4)当然还有一种最本分的选择,就是既得不到救济,也无力抗争求得生存,最终只能是面临死亡。

在治理不佳的灾荒危机中,灾民往往被迫选择上述第三种方案,即以抗争求生存,而且抗争的对象往往直接指向富民。这种由于灾荒而发生的灾民针对富民的粮食劫掠行为,被称为"发廪"。

灾荒危机中的"发廪"行为,往往是牵涉极广且十分敏感。政府在处理此类针对富民的劫掠行为时,通常为了维护稳定和安抚灾民,采取"宽禁捕"的原则和策略。

　　劝分、发廪、宽禁捕,这些因素结合在一起,形成了中国古代荒政劝分过程中富民、灾民和政府三方在危机条件下的行动博弈。其中,富民和灾民是利益对立的双方,而政府是制定博弈规则的一方,但这一博弈规则并非根据公平原则设定,而更倾向于关注贫民的赈济。这一方面是出于"养民"的人道主义救助,另一方面主要是灾民很容易形成社会的不稳定因素——由于荒政不善而导致流民、暴民的出现。于是,本来在此博弈中占据优势地位的富民,由于政府的介入和规则的偏袒,导致其在博弈中不能选择收益最高的方案,因为那也同时意味着最高的风险。

表 3-1　荒政中"劝分"政策的利益博弈

方案	富民行为/收益/风险	灾民行为	政府行为
A	待价而沽,高价出售粮食; 高收益/高风险	死亡;发廪(劫掠)	强行劝分;宽禁捕
B	平价出售粮食; 中等收益/中等风险	在可理解的范围内,基本维生	政府支持
C	无偿或低价出售粮食; 无收益或低收益/无风险或低风险	符合或超过预期,得实惠	政府提倡

　　在以上博弈中,由于政府的介入,B 方案或 C 方案最终成为现实的大多数选择,即在富民、灾民和政府间的一个平衡点。但这一利益博弈下的劝分政策虽然局部地支持了由于政府危机治理能力不足而导致的荒政赈济不利,但从长远来看,劝分政策又带来了严重的"公地悲剧"效应。在荒政劝分政策中,富民的部分财产(积米)在一定意义上被当作了公共物品而非私产,其在公共危机中若以私产的名义强行保护而拒绝劝分,是不受制度和法律保护的(宽禁捕),那么招致的贫民"发廪"是准合法化的。于是,由于政策的负激励,富民在丰年时也不愿购进多余的粮食,这样致使灾年无粮可赈,造成更大的饥荒,形成恶性循环。同时,劝分政策还在一定程度上造成了富民和贫民、政府的矛盾与对立。

宋代劝分政策延续八百余年,从宋代开始,各级官员和知识分子就开始反思这一制度设计的损益关系,试图跳出这种危机治理零和博弈的怪圈。但即使在今天,我们依然可以清晰体察到劝分政策的遗留。如危机灾害发生时,政府号召大中小企事业单位及个人慷慨解囊,捐款捐物救济灾民,就是一种现代意义的劝分政策。

尽管当代危机治理中强迫劝分或灾民发廪的事件已经极少了,但类似的制度设计还是具有同样的制度缺陷。如捐助灾民过程中政府对企业和民众的裹挟和摊派,以及政府在赈济过程中的角色和定位。

首先,必须明确,政府在公共危机治理中负有不可推卸的责任,因为企业和民众在所缴付的赋税中,已经包含了危机治理应有的成本开支。尽管基于现代多元危机治理的理念,企业和个人也负有危机治理一定的义务和责任,但其应该基于自愿和公平的基础上,而不应被政府所胁迫,更不应承担由于政府危机治理无能而转嫁的治理义务。各司其职、各尽其能,是危机治理的基本制度格局。

其次,危机治理的政策设计不应以制造新的矛盾来解决已有的危机,如通过制造灾民和富民间的敌对和仇视,并放任灾民的发廪行为,甚至直接没收富民财富以威胁和强制富民赈济。这即使在一时可以解决灾荒,但从长久看来,会激化"为富不仁"和"杀富济贫"的不理性、非制度化族群对立关系。

再次,危机治理政策的利益博弈不应是零和博弈,不应是剥夺甲方给予乙方的简单逻辑,因为这会极大地打击甲方的效率积极性,最终导致甲乙都处于无力他救的境地。政府处于调和甲乙双方利益关系的重要位置,应该更加注重将公共利益的蛋糕做大,以在危机时刻抵御风险,而非只作为持刀分割者。那样只会越来越捉襟见肘,危机治理的空间越来越小。

三、国际支持动力

1. 公共危机全球治理的必然性

首先,公共危机的全球治理是理性的工具选择。

全球风险社会是当代公共危机的基本背景,与之相适应的治理模式即是全球治理。这是一种理性的工具选择，它从技术上增强了人类应对新型危机的集体能力，同时也是应对全球性危机的唯一选择。

现代危机高度的流动性和危机源的不确定性，使得任何一个国家或政府企图置身事外、独善其身都是不可能的。只有共享资源、相互配合，充分发挥危机治理的集体智慧和资源优势，才有可能控制危机的迅速蔓延，从根本上对公共危机进行有效治理。

全球风险社会作为一种客观现实，各国政府无论是否乐意接受，但在危机面前，寻求合作和支持却是唯一理性的选择。孤立和封闭，最终只能导致危机的加速蔓延和不断升级。

其次，公共危机的全球治理是共同的价值取向。

公共危机的全球治理模式不但是基于器物层面的技术互补和工具选择，也是全球政治发展的基本价值取向，是一种主动的价值认同。

全球风险社会使人类前所未有地感受到了集体的威胁感和认同感，也就是说，一方面人类充分感受到了来自外部和自身创造出来的种种威胁，其较历史上任何时期的威胁都更具破坏性，尤其是人类自己创造出来的技术、制度，包括核武器、全球气候变化以及互联网、国际金融体系等等。这些技术（或技术后果）和系统可以在短时间内便让人类几千年的文明毁于一旦。面对这些共同的危机和威胁，人类前所未有地具有了更加强烈的集体意识和"大我"观念，集体救赎开始取代个体抗争成为这个历史时期的主流思想。全球性的危机促使人类空前地联合起来，通过协商、谈判、合作和集体行动，共同应对人类所面临的巨大危机。

再次，公共危机的全球治理是一种必然的发展趋势。

历史潮流，浩浩汤汤，顺之者昌，逆之者亡。在全球风险社会中，公共危机的全球治理已经成为一种必然的发展趋势。这意味着各国政府在危机治理过程中，无论是主动的还是被动的，无论是否已经运用了全球治理的战略，都必须正视危机全球治理的必然性，开始从全球化的视角、运用世界性的工具来应对公共危机。

全球治理作为一种公共危机的治理模式，其意义和影响对于广大发展中国家或尚未完全融入世界的欠发达国家更加凸显。因为这些政府和国家,一方面同样处于全球风险社会中,其所面临的危机和挑战不断激增,要求政府必须积极应对、果断决策,但另一方面,由于发展水平和所处阶段的限制,它们往往倾向于采用传统的"单打独斗"型危机治理模式,甚至希望通过关紧大门以独善其身。但是,当代公共危机的类型及其特征早已超越了单一主体治理的时代。从一国的角度来看,除了发挥政府治理的主导优势,还必须充分调动各种社会和组织的力量,达到共同治理的效果;而从全球的角度来看,同样需要发挥各国和各国际组织的角色功能和比较优势,才能有效治理各类新型公共危机。

公共危机的全球治理是一种必然的发展趋势,这意味着在政府应对公共危机的决策中,必须从全球风险社会和全球治理的角度出发,深刻理解全球化对公共危机类型和治理模式的影响和改造,并主动适应这一过程,选择全球治理的模式来积极应对不断发展变化的全球性公共危机。

2. 公共危机全球治理的网络特征

风险社会的全球效应使得公共危机的全球治理成为一种趋势与必然,但全球治理必须基于合理的组织架构和完整的运行机制,更确切的说,需要全球公共危机治理的政策网络来规范和引导这种大规模的集体行动。

跳出某一国家或政府的局限,从全球的视角来考察公共危机的治理,会发现其基本形态和治理结构具备政策网络的基本特征。政策网络的基本理论在分析全球公共危机治理过程中,具有较高的解释力。

按照罗茨对政策网络的定义,政策网络具有以下四个基本特征[①]:(1) 相互依赖;(2) 多元的行动者与目标;(3) 或多或少持久性的关系形态;(4) 非层级制。

首先,依赖性是网络存在的先决条件。任何一个网络中的每一成员都必须依赖其他成员提供援助或支持,因而形成依赖互动关系,依

---

① R. A. W. Rhodes, 1997, *Understanding Governance*. Buckingham: Open University Press, pp. 7—9.

赖性是网络的核心概念。在全球公共危机治理中,相互依赖性是这一治理模式形成的首要前提。正是由于各国政府无法通过单一的政府治理模式来有效控制和消除公共危机,所以需要他国政府和国际组织的支持和援助。这种面对危机寻求支持与帮助的内在需求动力,是全球危机治理政策网络构建的前提和基础。

其次,网络中必然存在多元的行动者与目标,是全球危机治理模式的基本特征,这在 2009 年 12 月的哥本哈根全球气候大会上有突出体现。虽然就终极目标而言,控制和消除公共危机是各参与国政府的共同目标,但就这一目标达成的方式和途径、各国在其中扮演的角色和承担的义务、责任,以及由于提供或接受援助而设定的不同条件等,都决定了在全球公共危机的治理网络中多元化行动与目标的特征。

再次,网络包括或多或少持久性的关系形态。任何政策网络中的行动者必然拥有或多或少持久性的关系形态。如在应对全球气候变化危机中,发达国家、发展中国家、特殊地理位置的国家(如部分海拔很低的岛国),以及各种国际组织,如北约、APEC、东盟、上海合作组织等等,各自发挥着不同的角色功能,形成多种互动关系。在全球公共危机的治理过程中,国际组织也是维系这种网络关系的重要机制,如国际红十字会、世界卫生组织、国际原子能机构(IAEA)等。这些国际组织通过整合和平衡各成员国政府间的关系,来达到危机控制和消除的目的。

最后,非层级制是政策网络突出的结构特征。政策网络与以往"核心统治模式"(单元行动者模式)或"多元行动者模式"最大的区别就在于非层级制[1]。在政策网络治理模式中,没有哪一方拥有的能力和资源足够强大到压倒其他所有政策参与者,参与公共政策过程的所有行动者是合作、互动及博弈,而非简单的命令和服从。这一特点在国际社会应对气候变化危机中表现得十分鲜明,所以哥本哈根会议最终达成的是不具法律约束力的《哥本哈根协议》。这也充分证明了非

---

[1] Tanjia A. Borzel, 1997, *Policy Networks-A New Paradigm for European Governance?* European University Institute. Badia Fiesolana. San Domenico (FI), p.5.

层级制是当今全球公共危机治理模式中一个突出的特征,任何一国都不能简单地命令他国放弃自身利益而采取统一行动,而只能在互动博弈中寻求妥协与合作。

3. 国际人道主义慰问的网络动力意义

在参与全球公共危机治理的过程中,国家领导人之间的人道主义慰问,同样具有积极的网络动力意义,这也是近年来国际上发生公共危机时中国的一项常规性政治实践。

在公共危机中,国家最高领导人之间相互慰问。这既是一种国际人道主义的体现,同时也是各国在应对全球公共危机时的共同选择。从政策网络的角度来看,危机肇始国自身的治理体系、国际救援力量的介入以及资金和物资的援助,可以被视为政策社群、专业网络和府际网络,而国家领导人之间的人道主义慰问,则可被看做是一种议题网络。

首先,在公共危机发生时,国家领导人及时对他国受灾民众和政府领导人表示慰问,既体现了人道主义的情怀,同时也体现出参与国际公共危机治理的态度和决心,是一种负责任的大国态度。公共危机中的慰问虽然只是道义上的支持,但却拉近了国与国、人民与人民之间的距离。这种"雪中送炭"式的感情投入和道义支持对于危机治理可以起到积极的推动作用,尤其会对危机过后两国的关系产生良好的增进作用。

其次,公共危机中的人道主义慰问是互动的,亦即"礼尚往来"。公共危机的发生往往是不可预期的,对于别国的慰问与支持,其本质也是一种感情和资源的投资。只有平时善于积累和投资,在本国面临危机时,才会获得相应的国际支持。所谓"得道多助,失道寡助",但"得道"平时就要"施道"。不难发现,中国国家领导人及时给予处于危机灾难中的别国领导人和人民慰问的同时,在中国的"5·12"汶川大地震、舟曲特大泥石流灾害中,世界上多国领导人也在第一时间给予中国慰问与支持。

最后,在公共危机中,尤其是在诸如恐怖主义事件等公共危机类型中,国家领导人在发布人道主义慰问的同时,往往会对危机的制造者给予谴责,并会表示将与危机受害国一道共同致力于危机的消弭和国际恐怖主义的铲除。这种表态既是对危机制造者(或潜在的制造者)的一种威慑,同时也是本国对待此类危机态度的全球展示,具有较强的象征意义。

四、议题网络动力

议题网络作为一种松散的、低度整合的网络形态,在公共危机治理中会产生大量无筛选和甄别的庞杂信息,其中部分反映了危机本身的特征,另一部分则是衍生性的或情绪化的信息。这些杂乱无序的信息有时会被专业网络输出的知识所引导(或俘虏)而条理化,有时也会产生自组织的情况,最终会倾向于形成有限的几种关于危机的意见或导向,成为影响公共危机发生、发展和治理的重要网络环境,也是政策社群危机治理动力的重要来源。

在中国,议题网络在口口相传的年代也曾经广泛出现过。可以说改革开放中无论是政治、经济还是文化政策的变革、创新,除了政治领导人的智慧和勇气,广泛存在的议题网络支持也是不可或缺的重要力量。随着现代通信和传媒技术的发展,尤其是以互联网和移动通信为代表的网络时代的到来,中国议题网络的规模和效能得到了极大的解放和发挥。中国近年来政策发展的主要推动力中,绝对不能低估互联网化议题网络(Issue Networks Based on the Internet)的作用。

改革开放以来,中国政策发展总是伴随着大大小小的公共危机,是一种阵痛式的发展模式。在这一过程中,大众参与发挥了重要作用,尤其是随着近年来互联网和手机的不断普及以及中国网民人数的不断攀升,大众参与公共危机治理的成本降低、技术简化。议题网络的不断发展是不争的事实,这既是政府主动发展的方向,同时也是现代技术和民主发展的必然趋向,是无法阻挡的潮流。在公共危机治理中,议题网络的舆论压力会转换为政策环境动力,有力推动公共危机治理的良性发展和改进。

网络时代,"人人面前都有一个麦克风"①,"全民皆记者"②。议题网络强大的舆论压力,促使政府在决策和执行中必须认真考虑社会各群体的利益关切和价值倾向。近年来几乎所有触动大众神经的标志性危机事件,都与互联网的议题网络相关。深圳孙志刚案、陕西周正龙"华南虎"案、云南"躲猫猫"案、南京"天价香烟"案、杭州"飙车"案、上海"钓鱼执法"、四川唐福珍"拆迁自焚"案、陕西杨达才"表叔"案、重庆雷政富不雅视频案等等,这些近年来中国公共政策发展史上具有里程碑意义的危机事件,如果没有议题网络的大众参与动力,也许只能停留在个案层面,无法产生如此深远的政策发展影响。

所以,从局部危机治理看来,议题网络似乎更倾向于是压力环境,但从政策发展的高度观察,则其动力环境特征更加鲜明。

第四节 公共危机治理政策的阻力环境

在公共政策的制定和执行过程中,阻力是最为常见的一种环境影响力,它可以被看做是既有政策体系的一种"排异反应"——对于新的公共政策而言,总会遇到来自既定传统和利益的抵触和阻碍。如果可以减少排异因素或缩短排异周期,则政策有效性较高;如果排异反应过于激烈或排异周期过长,则有可能导致政策失败。

在政策环境影响力中,政策压力可能转换为政策动力或政策阻力。于是,政策阻力和政策动力便构成了一对决定政策进程的矛盾,其力量平衡决定了一项政策是推进、停滞抑或倒退。

本节将从治理体制的矛盾、官民利益的冲突、危机信息的封闭、应急意识的落后等四个方面来分析公共危机治理政策所处的阻力环境。

---

① 王长江.领导干部要学会和媒体打交道[N/OL].新华网.2009-7-1.转引自:http://news.cctv.com/china/20090701/107978.shtml.
② 白岩松.网络时代全民皆记者,成都日报[N/OL].2010-1-5.转引自:http://www.donews.com/Content/201001/0dcdd65ee9124482bd87ad561d8401f4.shtm.

一、治理体制的矛盾

从宏观角度来看,我国的公共危机治理体系可以被归纳为"一案三制",即一个应急预案和公共危机治理的体制、机制和法制①。这其中,危机治理的体制是基础和关键,在中国这一体制突出的特点就是"条块分割"。

其中,"条"指的是按照危机类型不同,由相应的归口管理部门进行垂直领导的体系,如地震、水利、地质灾害、公共卫生安全、食品药品安全、信息安全等,均有国务院下辖的各相应部委牵头负责,建立了贯穿于各省市地区的垂直管理体系;而"块"则是根据属地管理的原则,由危机发生当地党政军机构形成的危机治理体系,是一个跨部门的地域性综合治理体。由于危机治理的敏感性和时效性,对于重大公共危机事件,为了保证应对的有效性,中央还会指派具有一定级别的国务院或部委领导,作为危机事件应急处置领导小组组长,以保证资源的有效调动和整合。

相应地,对官员的危机问责也要从条块两个方面进行。如在2008年河北三鹿奶粉三聚氰胺事件中,属地领导("块")首先被问责,石家庄市分管农业生产的副市长张发旺,市委副书记、市长冀春堂被撤职,石家庄市委书记吴显国被免职;垂直系统("条")的领导、国家食品药品质量监督管理局局长李长江也由于此事件而引咎辞职。

公共危机的条块管理体制,本质上是一种横纵的网格化管理,在制度设计上并不存在逻辑缺陷,是各国行政管理体制中最为常见的一种制度设计模式。但在我国的公共危机治理具体实践中,条块管理体制却不断暴露出其固有的缺陷和弊端,究其原因,主要包括:

(1) 条块管理体制所编织的管理网络之"网眼"过大,甚至一些严重的公共危机都成了漏网之鱼,未及时预警并及时处置。

如在2008年的三鹿奶粉事件中,违法向原料中添加三聚氰胺并非发生在2008年,而早在2004年就有危机的苗头和隐患。在安徽阜

---

① 廖业扬.我国现行公共危机管理体制之优势[J].前沿,2010(21).

阳劣质奶粉事件中,三鹿奶粉在调查中也被列为不合格产品,但随后在进一步调查中又不了了之。我国目前构建的公共危机条块管理网络,还处于粗放管理的阶段,横纵两套系统并不能对公共危机进行有效的监测、预防和控制,最多只能在危机发生时进行联动处置。从另一个角度看来,类似奶粉中的三聚氰胺、食品中的地沟油等对公共利益造成如此大范围、深层次、长时间恶劣影响的公共危机,都可能成为该条块管理网络的漏网之鱼,那么该网络的治理有效性就很值得怀疑了。

（2）公共危机的流动性和决策风险,进一步加深了条块管理体制的职能不清和责任不明,危机治理的主动性不足,加剧了条块部门间的相互推诿和扯皮内耗,降低了公共危机治理的效率。

如在2005年的松花江水污染事件中,公共危机的条块管理体制弊端暴露无遗。尽管该事件涉及环保部、水利部、外交部、吉林省、黑龙江省、哈尔滨市、中石化等多个国家部委、属地政府及国企,但哪个部门都不愿第一时间公布实情、牵头治理,而都在坐等观望,看着危机的蔓延和流动,等着上级领导的定性定责和直接干预,否则谁牵头,谁就可能成为众矢之的,最终被主要问责,决策风险巨大；而且,作为平行同级机构,相互协调难度也很大。

流动性较强的危机事件,就如击鼓传花,所关涉的部门和地方政府的第一动力并不是将危机截流在自己辖区或领域内。虽然不一定以邻为壑,但谨慎地顺其自然、静观其变,似乎是这一体制下的流动性危机治理的基本模式,也是危机治理阻力环境的重要特征之一。

（3）在现行危机管理体制下,统一领导和综合协调突出了"人治"而非彰显了"法治"。这在某种程度上反而降低了危机治理的效率,越来越迅速有力的高层响应却强化了基层危机响应中的"等、靠、要"思想和行为。

公共危机具有很强的治理时效性,危机发生的现场或具体属地,其迅速响应和积极干预对于治理效果有至关重要的作用。但现实却是,危机发生之后中央等上级领导机构的响应速度却往往高于危机发生地本身,上级领导的重要批示和现场指挥,成了启动全面危机应对的标志。在公共危机的统一领导和综合协调过程中,领导人个人的决策判断和协调能力成为决定公共危机治理方向的决定性力量,且随着领导人个人身份的不同,其治理的方式、动用的资源和治理的效果也不尽相同;与之形成鲜明对比的是,各级预案往往只停留在纸面上,未能发挥应有的指导和规范作用。

公共危机中的统一领导和综合协调,是克服条块危机管理体制弊端的重要制度设计,综合协调与条块管理应是相互补充而非此消彼长的关系。统一领导和综合协调的人治特征,抑制了基层组织的危机治理积极性,在危机发生的第一时间,基层前线不去抓住危机治理的最佳时机,而是在等待上级领导的指示和协调。加强统一领导和综合协调是必要的,也是各国危机治理的基本经验,但这一机制是建立在法治基础上的联动和决策机制,而非仅仅系于临时政治人物的出现。

二、官民利益的冲突

在中国的众多公共危机类型中,备受关注的一类便是"群体性事件",即威胁到社会安全稳定、有大量人员在公共场所聚集的抗议性事件。从公共利益的角度来看,群体性事件既是对公共利益的威胁和损害,也包含着对公共利益的调整和补偿诉求,是一种混合型的危机。与一般"天灾"型的公共危机相比,群体性事件的处置更加复杂和棘手,需要更高的政治智慧和治理效率。

群体性事件治理的核心阻力在于"官民利益"的冲突,亦即在此类危机事件中,并非是民间利益集团之间的冲突和对抗,而恰恰是政府和民众的利益冲突和对抗。群体性事件是观察中国的一个"重要窗口"[①],透过这一窗口,我们可以清晰地看到官民利益的冲突以及冲突双方各自的策略选择。

在此类危机中,政府一方面是参与者,即它是利益对立的一方;另一方面它又是治理者,即其代表公权力进行是非判断和利益调整。也

---

① 于建嵘.从刚性稳定到韧性稳定——关于中国社会秩序的一个分析框架[J].学习与探索,2009(5).

就是说,政府既是"运动员"又是"裁判员"。这就导致政府很难保持中立公允,破坏规则或设定不公平规则等与民争利的行为时常发生。

在官民利益冲突中,"民"的利益是相对稳定且易于鉴定的,而"官"即政府的利益是复杂和模糊的,其至少包括三种可能:(1)政府代表公共利益,且是一种基于长远发展的公共利益。为了实现这一目标,需要民众对短期利益做出必要的牺牲。(2)政府推行"公共利益的强迫分享"①,其主张的所谓公共利益并未得到民众的认可,但经过了合法化的程序,具有强迫分享的程序条件。(3)政府只是为了实现组织本身或部分官员的团体或个人利益,当实现过程中与民众利益冲突时,如果无法用合法化程序实现政府利益,则可能通过非法的暴力手段达成掠夺和攫取的目的。

在上述三个层面中,第二种和第三种界限不明确。第二个层面中,可能是政府决策的不科学和不民主导致了公共利益的强迫分享,但不一定是为了组织和个人的私利,可以归咎为政府决策的失误;第三个层面中,也往往会通过合法化程序来保证政府组织和官员个人私利的实现,即公共利益的强迫分享成为政府集体或个人腐败的工具。

在官民利益冲突导致的公共危机中,征地拆迁是当今中国社会中最为典型的案例。在城市化的进程中,征地拆迁不可避免,但有些地方政府并不是为了城市发展和改善人居环境,而是向土地要财政收入,甚至和房地产开发商一起通过土地转让和商品房开发,赚取高额利润。在这一过程中,政府成了以营利为目的的"公司政府",其不顾被征土地农民的安置和生活,用赤裸裸的剥夺手段不公正地从农民手中掠夺仅有的土地资源。

除了征地拆迁,还包括高污染企业的建设和运行、政府行业垄断等导致的群体性事件,官民利益冲突均是其核心背景。政府不愿放弃自己的财政收入,并通过制定和执行不公平的规则、掩盖真实信息、使用合法化的暴力手段等迫使社会和民众接受利益的剥夺;社会和民众在超越了一定的忍耐限度时,便采取"自力救济"进行反抗,如直接对

---

① 陈庆云,曾军荣.论公共管理中的政府利益.中国行政管理,2005(8).

政府的暴力行为,或者是自残行为,以引起社会的普遍关注,从而给政府施加压力。

群体性事件初起一般遵循既定抗议规则,即"依法抗争"。无论是古代的击鼓鸣冤还是当代的上访,都是在法定规则的范围内表达对利益受损的不满,以及对公平和补偿的诉求。但如果这种依法抗争没有达到预期的效果,甚至被基层官员漠视或压制,那么抗议的形式会迅速升级,针对自身(如自焚、自残)、政府乃至不确定对象的暴力行为便有可能发生。抗议形式是否升级,取决于政府对群体利益诉求的回应方式和解决程度。

在近年的群体性事件中,抽象的官民利益冲突同样催生了群体性事件的进一步扩大,甚至是群体性事件从单一局部事件最终演变为大范围的严重暴力对抗和冲突的主要原因。

所谓抽象的官民利益冲突,指的是从某一具体冲突事件出发,由于长期以来官民利益冲突所累积的负面情绪,以及民众对官员普遍存在的"有罪推定",一些与该事件本"无直接利益冲突"的人在情绪的感染和众人的鼓动下,参与到事件中来,推动事件的扩大和蔓延,甚至直接实施针对政府公权机构或不针对特定对象的暴力行为(包括打砸等行为暴力,也包括网络舆论暴力),以表达对政府与民争利的不满和抗争。

近年来,在中国的不同省市区县,群体性事件不断发生,但其原因和种类似乎并不复杂。可以说,"总是被同一块石头绊倒"。这一方面说明了公民社会权利意识的觉醒,民间力量的壮大,另一方面更说明了官民深层次利益冲突的严重和持续,以及从根本上治理此类危机的阻力环境之强大。

三、危机信息的封闭

子曰,民可使由之,不可使知之[①]。在中国的政治文化中,缺乏向社会公开政务信息的传统和动力,相反,政府信息的封闭,不但体现了

---

① 论语·第八章·泰伯篇.

政府的权威,而且为政府单边决策创造了相对宽松的环境。

政府对危机信息的封闭,在近年来的公共危机事件中屡见不鲜,每当民众认为随着政府危机意识的提高和危机治理能力的提升,其信息公开程度也会随之线性攀升时,总有一些关于公共危机中政府有意掩盖信息的新闻曝光,让社会对这种开放的诚意和可能性产生怀疑。

2003年春季席卷全国的"非典"事件,其实早在2002年年底广东便有发病病例。2003年2月广东进入疫情蔓延的高峰,但广东并未向社会公布有关信息,甚至连发三文,禁止省内媒体对有关"非典"信息的报道。卫生部部长张文康在4月3日依然宣称"中国是安全的"旅游目的地国家。

2005年的松花江水污染事件中,哈尔滨市政府在"停水公告"中隐瞒了化工企业爆炸事故导致自来水源受到污染的真实原因,而公开宣称停水的原因是"对市区市政供水管网设施进行检修"。

2011年的甬温线"7·23"动车追尾特大事故发生后,面对危机发生原因和危机处置中的种种疑问(如代表中国铁路最高科技的动车为什么抵御不住雷电的影响而会追尾;为什么尚未调查取证即急于掩埋坠下的车体;为什么在结束搜救并开始肢解车体后,在车厢内发现了2岁半的生还幼童),在与民众和媒体的沟通中,铁道部新闻发言人或者含糊其词予以否认,或者干脆称之为"是一个奇迹"。

2012年7月21日,北京遭遇特大暴雨,出现严重城市内涝和人员伤亡。但在7月25日举行的第二次新闻发布会上,北京市防汛抗旱指挥部新闻发言人却对具体伤亡人数避而不谈,甚至已经念到"全市因灾伤亡……"①后,还迅速改口。这种在公开场合公然对危机信息进行封闭的行为,遭到了民众和媒体的普遍质疑和不满。

这些离我们并不遥远的危机事件的时间跨度虽有近10年,但危机信息的及时公开和准确公布,似乎并没有应然地顺利推进。究其原因,主要是基于以下几点:

首先,基于官员问责风险而不愿公布。

---

① http://news.sohu.com/20120726/n349044789.shtml.

有关公共危机的各类敏感信息,均由相应的各级政府组织和官员掌握,危机发生后,即使信息系统没有失灵,包括导致危机发生的原因、危机造成的损失以及应对危机所采取的措施等各类信息及时汇总到了决策部门,但依然迟迟无法向社会公众发布,很大程度上是因为担心信息公布导致的行政问责乃至法律制裁。

危机信息总是负面的,群体性事件无疑会暴露出当地紧张的干群关系或严重的社会矛盾,甚至自然灾害、公共卫生、食品安全等危机事件,也均与其主管部门和领导的失职甚至渎职有着千丝万缕的联系。在这样的政策背景下,危机发生后地方政府对于信息的公布便显得尤为谨慎,即使无法改变危机业已发生的实事及其造成的损害,但其对于信息的处理却可以为自己争取主动:(1)隐瞒不报,既不上报也不对外公布,而是企图在自己的辖区内自行处理,大事化小、小事化了;(2)错报,即对危机发生原因和动机进行歪曲和篡改,引导上级和本地区公民走入地方官员所设计好的逻辑陷阱,为自己开脱罪责;(3)漏报,即对危机的严重程度进行人为修改,文过饰非,将恶性、严重的危机事件,描述为一般性的危机事件,或针对上级部门量化危机级别的数字标准,专门进行设计性汇报,以降档危机的严重程度。

与危机信息披露可能导致的行政问责相比,隐瞒和篡改危机信息的成本相对较低,两害相权,所以危机信息的公布缺乏制度动力,危机信息的封闭成为公共危机治理的一大阻力因素。

其次,由于危机管理信息系统失灵而无法公布。

即使我们推翻"官性本恶"、规避问责的假设,在很多情况下,危机管理信息系统失灵而导致的统计口径不一、数据不清,也给信息的及时发布造成困难。

在2011年甬温动车追尾事件和2012年北京"7·21"特大暴雨事件中,铁道部和北京市防汛抗旱指挥部都较为迅速地召开了新闻发布会,但在会上却没有提供足够丰富和准确的信息,从而招致社会民众的质疑和不满。在随后陆续发布的信息中,有关事件的细节和损失程度,尤其是伤亡人数,开始逐渐公布。

我国的危机管理信息系统还很薄弱,不但体现在预警机制的不完善,而且突出体现在危机信息统计的不及时、不准确。这使得危机信息无法及时、准确地向公众发布,因为管理部门或者没有信息可供发布,或者信息的准确性存在严重缺陷,无法发布。

最后,由于对民众不信任而不敢公布。

如 2011 年由于日本的"3·11"大地震和次生的日本福岛核电站爆炸,中国居民担心食盐受到污染而疯狂抢购,一时间造成全国加碘食盐销售突然猛增,国家甚至出台限购政策。这也从一个方面说明危机信息的公布会造成一定的负面影响。但随着信息的进一步披露,包括含碘盐对抗辐射毫无作用,以及中国盐业公司发布的中国食盐供应充足后,发生在中国多地的食盐抢购风潮被迅速平抑了下去,并没有发展到不可收拾的局面。

这种由于对民众不信任而不敢公布危机信息的做法,有一个基本的前提假设,即政府是理性精英,而社会大众是"民智未开"的盲从者。不公布信息恰恰是对民众脆弱神经的保护,对反应过度的预防,同时也是政府危机治理自信满满的表现,即民众在懵懂无知中,政府即可将危机处置好,而并不用惊扰乡邻、平添烦扰。

但实事上,由于政府对民众的不信任而封闭有关公共危机的准确信息,反而增加了社会上流言传播的可能性,同时也降低了民众对政府的信任感,抑制了公众和非政府组织参与危机治理的积极性和可能性。在之后政府认为有必要公布危机信息时,无论信息是否客观准确,已很难再获得民众的信任和支持,政府在危机事件中"亡羊补牢"式的"辟谣"往往是越辟越谣。犹如"狼来了"故事中的小孩,即便最终说出了真相,但却已经没人相信了。

四、应急意识的落后

中国古人说,生于忧患而死于安乐。其中,忧患并非困顿的生存状态,而是一种有备无患的危机意识。但可惜的是,虽然我们对于危机意识的重要性早有了充分的认识,但在具体实践中却依然缺乏科学的危机预警和系统的危机教育,仍旧处于危机事后处置的被动状态。

在美国的好莱坞大片中,有一类影片被称为"灾难片",如描写由于气候变化导致地球进入又一个冰川季的《后天》、描写全球地质灾害中受到重创的人类生存状态的《2012》、描写彗星撞地球的《天地大冲撞》、描写病毒蔓延灾难的《极度恐慌》等等。此类大片从各侧面描写和分析了人类可能面临的种种危机和灾难,同时对于如何应对这些灾难也给出了相应的方案。

可以说,这些深受全球观众好评的灾难大片,体现了美国社会深刻的、超前的危机意识,他们认识到了全球风险社会的到来,意识到了危机的毁灭性后果,不抱有侥幸心理而寻求预警危机、处置危机的方法和途径。相比之下,我国则是一个灾难片低产的国家,即使有《唐山大地震》之类少数的精品之作,但其出发点,也不是探寻危机本身,而是发现人性的光辉。这当然一方面与电影制作的技术水平有关,但另一方面也说明了我们对于可能发生在自己身边的危机缺乏足够的重视和关注。

应对公共危机的最好方法不是在危机形成和爆发后的干预,而在于排除危机产生的可能性,也就是,要做到"防患于未然",提高社会和民众的"有备程度"[①]。当代公共危机的管理要义在于危机预防与准备。

但现实却是目前我国在公民和政府两个层面的危机意识均亟待提高。在公民的危机教育方面,我国缺乏有关危机预防的基本知识、技能的培训,规范标准也严重不统一,同时缺乏配套的高质量的危机教育系列教材,无材施教。在社会,没有形成危机教育的氛围,公众的危机意识十分淡泊。在家庭,家长更加注重孩子的数理化成绩,而对可能在危急关头挽救性命的危机教育却大多不感兴趣,认为是浪费时间。

正是由于四川绵阳桑枣中学校长叶志平的执着和不懈努力,每学期都严格组织紧急疏散演习,在2008年汶川"5·12"大地震来临时,同样处于震区的桑枣中学2300余名师生才有可能仅用时1分36秒便成功疏散到学校操场,无一伤亡。但在中国,这样的案例却少之又

---

① 丁文喜.我国公共危机教育中存在的问题及其对策[J].中州学刊,2011(5).

少,所以叶志平被成为"史上最牛校长"。

除了对危机教育的不重视,政府危机意识落后还体现在重视增长不重视安全、重视治理不重视预防。地方政府往往只重视经济发展和GDP增长,但对于安全保障却并不重视,更注重对已经发生危机的处置而忽视对危机的早期预防。但事实却是,危机不但可以在瞬间毁灭人们苦心经营多年的财产,而且可夺去宝贵的生命。2012年北京的"7·21"暴雨一夜间造成直接经济损失高达116.4亿元,几乎占北京市全年GDP的1%,并造成79人遇难。三鹿集团作为中国奶业的龙头老大之一,具有超过百亿元的品牌资产,但由于危机意识淡泊、侥幸心理严重、管理控制失范,最终导致在2008年三聚氰胺"毒奶粉"事件发生后,其品牌资产一夜之间灰飞烟灭,庞大集团轰然垮塌直至申请破产。

有人将财富、名誉、地位等比喻为"0",而将健康比喻为"1",以说明人生无论有多少"0",一旦前面的"1"没有了,便失去了意义。我们可将该比喻拓展:危机治理也具有"1"的特性,若缺乏危机意识和应对能力,同样可能导致各种文明形态和建设成果这些"0"在巨大危机面前变得苍白脆弱和不堪一击。

第四章　公共危机治理政策主体分析

在现代公共危机治理中,无论是从一国内部还是从全球范围来看,政策网络的特征都日益凸显,亦即治理主体的非层级化、相互依赖性以及多元的行动者与政策目标。本章将以政策网络的基本理论为依托,以公共危机政策网络分析模型为基础,从政策社群、府际网络、专业网络、议题网络、生产者网络、关系网络等六个维度分析公共危机治理的政策主体,探究不同政策主体的角色功能及其互动关系。

所谓"角色功能",是指政策主体在政策系统中由于所处地位和发挥功能的不同而被赋予的特征性定义。各主体只有在互动和比较中,才能准确定义其角色和功能。

本章对公共危机中各政策网络主体角色功能的分析,并非孤立的列举式分析,而是基于公共危机政策网络分析模型的一种互动式分析。本章分析的重点有两个方面:一是厘清各政策网络主体的角色与功能,二是总结不同政策主体间的复杂互动关系。

第一节　政策社群的主导角色

在罗茨政策网络光谱模型中,政策社群处于光谱聚焦的一侧;在中国背景下的罗茨政策网络补充模型中,政策社群处于网络金字塔的顶端。政策社群在政策网络结构中的特殊地位,决定了其主导性的主体角色和规则与信息的功能性输出。

政策社群是由政策过程所关涉的各政府部门构成的稳定网络关系形态。其成员有限,门槛较高,具有垂直的相互依赖关系。有时该网络所代表的是某一地域的利益,所以也可称之为地域网络。政策社群是基于政治和行政关系的网络结构,在我国的公共危机治理政策制定和执行中,应急工作领导小组(委员会)、民政及防灾减灾部门、公安部门、卫生防疫部门、军队等广义政府部门构成了政策社群,他们之间的关联和互动,对公共危机的治理具有重要影响。

在政策社群中,上下级的控制和主导关系决定政策过程的进展,而平行部门间的意见则大部分仅作参考。政策社群在公共危机中发挥着治理的主导作用,它通过严密的组织和稳定的成员来调动各种资源,形成危机应对的决策方案并具体付诸实施。在这一过程中,规则和信息是政策社群在公共危机治理中的核心功能性输出。规则是引导和规范危机治理行动的指南,而信息是政策社群与其他网络形态沟通危机状态的关键性依据。

以下我们从义务主导、责任主导、决策主导和执行主导四个方面分别阐述。

一、义务主导

在前文探讨公共危机与公共政策的基本逻辑关系过程中,我们分析了不同政府起源学说中共同包含的公共危机蕴涵,得出了公共危机是政府和公共政策起源的重要逻辑起点。政府产生的目的之一,就是为了整合有效的集体行动,从而避免和减少公共危机所带来的灾难和损失,保证人类社会的生存和发展。正是由于个体在公共危机面前的无助和渺小,人们愿意让渡权利来组成政府这个"利维坦",并赋予它权力代表公共利益对公共危机进行干预和治理。亦即,公共危机治理是政府的天然义务和职能底线。

其次,政府的权威性和合法性具有排他性,这也就决定了在资源和能力方面,以政府为代表的政策社群较其他政策网络主体具有不可比拟的优势。这种资源和能力优势为政府进行公共危机治理创造了可能性,而排他性则决定了危机治理中政府的主导作用不可替代。在公共危机中,政府对人、财、物、信息等具有合法的动员、组织和整合权力,其他政策网络主体在法律和制度上均不具备这样的资源优势。同时,政府作为一个大型管理组织,其内部由多个相互关联的专业部门构成,具有组织结构和专业技术优势。这也决定了在危机治理能力方面,政府相对其他政策主体,更加全面和有力。

再次,在中国的政治文化中,家国一体、爱民如子的观念深入人心,并成为一个政府存在的基本道德基础。所以,当公共危机来临,政府不但具有"委托—代理"所规定的法律意义上的义务,而且具有"救民于水火"的道德意义上的义务。《左传》中说,"国之兴也,视民如伤"①。因而当民"伤"之时,政府自然需要积极主动地进行救助和安抚,对导致"民伤"的公共危机进行治理。这不但是"国兴"的条件,而且是"国存"的前提。

最后,从被动选择的角度而言,公共危机中政策社群的义务主导来源于对政府权威性与合法性维护的要求。公共危机是一种短时间内对公共利益造成巨大威胁、损害和调整的不确定性状态,其处于高度的产出性压力环境中,这要求政府具备更高的公共危机治理能力。这种需求是刚性的,是必需品而非奢侈品。如果政府无法满足这一刚性需求,则民众会通过其他途径进行解决,如个体或社会性的自力救济,即放弃公权途径而通过个体的或集体的自发行为来抵御危机的侵害。这将造成社会秩序紊乱并极大地威胁和损害政府的权威性和合法性,甚至导致政府的彻底崩溃和政权更叠。所以,公共危机治理中政府的义务主导,既来源于政府道德的自律,也是其维系自身存在所必需。

二、责任主导

法制社会的政府是责任政府②。责任主导和义务主导具有很大的相关性,但其关注点不同:义务主导强调政策社群在危机发生之前即已具有的身份属性和角色定位,而责任主导侧重于对公共危机发生后政策社群角色履行和行为效果的评估与判断。可以说,义务主导是基于一种道德约束,而责任主导则是制度要求。

---

① 见《左传·哀公元年》。
② 张国清.公共危机管理和责任政府——以 SARS 疫情治理为例[J].管理世界,2003(12).

以各级各类政府及其职能部门为代表的政策社群在公共危机治理过程中扮演重要角色,具有天然义务,同时,其对公共危机的发生原因和治理效果承担直接或间接的责任。

首先,权利、义务与责任是统一的。政府占据资源和能力优势,且在权威性和合法性方面具有排他性,所以相应地对公共危机治理也承担首当其冲的责任。这种责任意味着政府在公共危机中不但要应对有"方",而且要应对有"效",否则就是政府的无能与失职。

其次,公共危机发生的原因和造成的后果,均与政府直接或间接相关。部分"天灾"型公共危机亦是由于政府的规划失误、预防不利、预警不及时导致的,其严重后果则是由于政府危机响应和救助不及时、不到位。至于部分基于官民利益冲突的公共危机,政府自利性的膨胀和失范是导致此类公共危机发生的根本原因,亦即政府是公共危机的直接制造者,其当然要对公共危机的治理后果承担主要责任。

再次,就责任的具体内容而言,政府在公共危机治理中主要承担政治责任、法律责任、经济责任①和技术责任②等。

政治责任指的是政府要承担公共危机所可能产生的政治风险。无论是公共利益威胁型、公共利益诉求型还是混合型的公共危机,在治理过程中都存在政治风险,亦即对现有政治体系权威性和合法性的挑战。公共危机是检验政治体系有效性的一个关键场域,其治理效果也具有标志性意义。政府在公共危机治理中有效性缺失,将导致其权威性和合法性的受损。如在中国传统政治中,政治更叠的重要契机就是干旱、水灾、蝗灾等危机中政府的不作为或乱作为,最终导致人民揭竿而起,推翻现有政权。另一方面,政府也有责任以公共危机为契机,强化政治认同,将政治风险转换为政治优势。

法律责任是基于现代法律体系,明确规定政府在公共危机中应扮演的角色和应尽的义务。如果政府突破了法律规定的底线,那么因危机利益受损的公民或组织有权通过行政诉讼来追究政府的责任,并主

---

① 黄顺康.论公共危机管理中的政府责任[J].甘肃社会科学,2006(1).
② 王艳.论公共危机中的政府责任[J].黑龙江社会科学,2006(3).

第四章 公共危机治理政策主体分析

张相应赔偿(补偿)。

责任政府也意味着法制政府,亦即政府法定的责任没有尽到便是一种违法行为,如在公共危机治理中的不作为和乱作为,就是一种严重的违法行为,相关部门和公职人员应受到法律的制裁。在中国近年来发生的一系列环境和拆迁群体性事件中,在部分企业活动严重污染周边环境,或具有不同背景(包括官方背景)的拆迁公司严重威胁公民的个人财产和生命安全时,当地政府却不闻不问甚至派出公安队伍以"维稳""执法"的名义姑息纵容,便是一种严重的违法行为,需要承担相应的法律责任。

经济责任是指政府在公共危机治理中所承担的财政和资源保障责任。危机治理需要动用大量的人力、物力和财力,这不但涉及政治动员,而且需要高效的经济组织,这些经济成本的主要承担者应该是政府而非其他组织和个人。政府在公共危机治理中的经济责任,既包括前期危机预防、公民危机教育的投入,也包括危机治理过程中资源的调配、人力物力财力的组织安排、各种危机治理子体系的运行成本,还包括危机恢复期补偿、重建等相关经济成本。

前文我们分析了中国古代荒政中的"劝分"[①]政策,亦即在天灾型的公共危机中政府号召富民对灾民的救济,包括廉价提供或无偿提供救济。这种"劝分"政策,在今天的公共危机治理中依然存在,如具有政府背景的各类慈善基金会在公共危机中的募捐,或各企事业单位直接进行的爱心捐赠等。从实际运行来看,作为公共危机治理中政府经济责任的一个必要补充,这是合理且有益的,但如果成为政府借机放弃自身危机治理经济责任的借口,则是不正当且非法的。在公民和组织向政府缴纳的税赋中,已经支出了用于购买公共危机治理这一特殊公共产品的相关费用,而没有理由在公共危机发生时再次要求企业和个人重复支付。

技术责任,指的是建设、维护和发展危机管理技术体系的责任。

---

① 张文.荒政与劝分:民间利益博弈中的政府角色——以宋朝为中心的考察[J].中国社会经济史研究,2003(4).

技术对于公共危机治理具有至关重要的作用。技术进步的最大意义不在于为人类发展赢得了更多的发展空间,而是为人类的生存奠定了更坚实的安全底线。公共危机治理技术体系,不限于狭义上的工具理性层面,还包括危机治理理论体系的发展和完善、危机管理信息体系的设计和构建、不同领域危机应对技术的改进和完善等,是一个全面综合的危机治理技术体系。

公共危机治理技术体系是标准的公共产品,是国家安全体系建设的一部分,其生产只能由政府主导而不能依赖其他组织和个人。一个国家或地区的危机治理技术体系是否完备、运转是否高效,主要责任在各级各类的政府机构。

三、决策主导

公共危机是在短时间内可能对公共利益造成巨大威胁、损害和调整的不确定性状态,而危机决策是在高度的结构性、资源性和产出性压力环境下,"在对危机产生的原因、范围、将带来的后果以及利害相关者的需求等相关因素的综合考量基础上做出的关于应对危机的最优路径选择"[①]。

尽管在理论上我们可以将危机治理理解为一个交织的网络或一个首尾相接的循环,但不可否认,在现实情境下,危机决策是危机治理的第一步,也是决定性的一步,错误的决策往往导致严重的危机后果。在1962年的古巴导弹危机事件中,如果肯尼迪和赫鲁晓夫作出了错误的判断和决策,那么可能给全人类带来一场毁灭性的第三次世界大战或核战争。

首先,危机决策不但重要而且必要。公共危机发生后,每个受其影响的个人都会作出一些本能的反应,但这些反应是基于个体或局部情况作出的,并不一定客观和全面,其对公共危机治理效果有限。这时,只有公共决策指导下的集体行动,才能有效克服危机带来的威胁

---

① 刘霞,向良云.网络治理结构:我国公共危机决策系统的现实选择[J].社会科学,2005(4).

和损害。行动来源于决策,决策先于行动。如果决策缺失,危机时刻没有统一的指导性治理思想,那么人力、物力、财力都将处于分散和混乱状态,不但无法有效应对外部危机,而且可能由于内部行为冲突而加剧危机的损害程度。

其次,危机决策不但是技术路径的指导,而且是精神象征的引领。政府在这两个层面的决策活动中都居于主导地位。

危机决策并不意味着必须在第一时间给出治理危机的最有效的方案,而更在于政府和决策者感知到了危机的存在和重要性,并表示愿意同受到危机威胁和损害的公众共同寻求解决危机的方案。这种具有精神象征意义的表态在危机决策中具有重要意义,其虽不一定包含对具体危机治理的路径规划和细节指导,但却可以极大地增强社会和民众共同应对危机的信心,凝聚人心、团结力量,为公共危机治理政策营造良好的决策和执行空间。

各级政府及其主要领导人,在公共危机中不但承担具体治理方案拟定和执行的责任,而且承担着精神支撑和引导的重任。如在自然灾害类公共危机中,政府领导第一时间出现在灾区,传递出和受灾民众在一起的信息,对于抢险救灾工作具有极大的鼓舞士气作用。如2008年5月12日汶川地震发生后的几小时内,国务院总理温家宝即抵达灾区,向受灾民众和奋战在抗震救灾第一线的官兵表示慰问。在社会群体性事件中,政府主要负责领导第一时间出现在群体性聚集现场,表示对民众的诉求十分关注,也正在拟定方案进行解决,请民众相信政府并给予配合和支持。这也将极大地缓解社会的紧张和焦虑情绪,为下一步问题的协商解决营造良好的社会氛围。如在2008年6月发生的贵州瓮安群体性事件中,贵州省委书记石宗源第一时间作出批示并亲自赶到瓮安与当地百姓对话,了解情况并向民众三次道歉[1]。

但不少决策者忽视了这一精神象征的意义,更多纠结于技术指导层面,在技术问题未搞清楚之前,在公共危机面前并"不急于"表态,反

---

① 参见"省委书记在现场三次向瓮安百姓道歉". 载刘子富. 新群体事件观——贵州瓮安"6·28"事件的启示[M]. 北京:新华出版社,2009.

而给民众以冷漠、迟钝和不负责任的印象,降低了政府在危机决策主导性中应有的价值导向作用。无论从理论上还是实践上,公共危机决策中的技术支撑和精神引导都应该是同步的、相互配合的。只有技术支撑而缺乏精神引导,由于技术方案拟定的滞后性和表述的专业性,会失去第一时间向危机中的公众阐明政府立场、团结治理力量的最佳时机;只有精神引导而缺乏技术支撑,则会进一步激化矛盾,损失政府的诚信度,造成一种夸夸其谈、言而无信的政府形象。

再次,危机决策是一个过程而非一次性的行动,是在反复试错中寻求最优方案,而非赌博押宝式的孤注一掷。

危机决策是在巨大的压力环境下进行的,充满了风险特征,但这并不意味着危机决策是一次性的或不可逆的。相反,危机决策大多是包含了反复酝酿和多次试错的过程,尽管这些都是在极短的时间内完成的。如在2003年的"非典"事件中,中国中央政府和地方政府有关疫病控制和处置的决策过程,从忽视危机(行政不作为)到粉饰太平(封锁消息)再到正视危机(积极应对,信息公开),就是一个不断试错和发展变化的过程,并非在危机发生的第一时间便制定了刚性统一的治理方案。

现代危机决策应该是科学决策、民主决策而非赌博决策,应该有多元主体的参与,多方观点和利益的表达,有利益综合和平衡的过程,有科学分析、试错纠错的能力和机制,而不是政府主要领导单纯凭借自身的超理性决策能力进行的一次性风险决策——决策正确即是100%的安全,决策失败则是100%的风险。

公共危机往往涉及众多民众、企业和社会组织的利益,所以在危机决策中,不能忽视他们的利益诉求,应避免政府的单边决策。危机决策是"政府主导"而非"政府全导",完善的危机决策应该是政府主导下的高效、互动、网络决策,政府承担的角色是"组织决策",而不是自己单独拿主意。在决策过程中,政府作为政策社群的代表,应提供决策规则和参考信息,而非封闭的最终决定和刚性意见。

四、执行主导

"尽管政府可被视为政策网络中的参与者,但这并不意味着他们与其他参与者的地位一样。政府处于特别的、多数情况下不可代替的地位。"①

首先,在公共政策网络过程体系中,决策和执行是两个紧密关联的环节,政府在危机决策中处于主导地位,因而其对政策目标、政策规划和政策执行中可能遇到的问题和困难均有更清晰的认识和更准确的理解。"政策在执行中建构,也在建构中执行。"②决策和执行是相对独立而又高度统一的两个政策环节,这为政府在危机治理政策执行中的主导地位奠定了法理基础。

其次,在整个公共危机治理体系中,政府拥有资源和信息优势。所有有关危机发生和发展的信息均汇集到政府决策和执行中心,同时,政府拥有军队、警察、专业救援队伍、财政预算等丰富的人力、物力和财力资源。这为政府在危机治理政策执行中的主导地位奠定了物质基础。

再次,危机政策的构建和执行,并非是仅仅针对某项具体危机发生后的临时行为,而是长期、稳定的政策体系建设和发展。我们用以应对公共危机的知识、理论、方案、计划、资源、组织体系等等,绝大多数来源于长期的积累和建设,而非临时的征用和创制。政府作为社会管理者,拥有常设性的危机治理机构和人员,形成了具有行政隶属关系的常设性危机治理政策执行体系,这为政府在危机治理政策执行中的主导地位奠定了组织基础。

政策社群的执行主导,主要体现在网络构建、网络管理和网络支持三个方面的主导性角色。

(1) 政策网络构建主导。政策网络构建的核心是对政策网络主体和政策网络运行规则的确定。

---

① 〔英〕迈克·希尔,〔荷〕彼特·休普.执行公共政策[M].黄健荣等译.北京:商务印书馆,2011:111.
② Anderson, J. E., Public Policy Making, 1975, New York: Praeger, p.79.

主体确定,是公共危机政策网络构建的第一步,即确定影响公共政策制定和执行的各行为主体在政策网络中的合法性地位和功能角色。如新闻媒体作为影响危机治理政策制定和执行的重要社会构成,被政府纳入到政策网络体系中,并定义其角色功能为政府喉舌和大众话筒,为公共危机治理营造良好的舆论氛围。

规则确定,指的是在政策网络主体确定的基础上,以政府为主导确定各政策主体之间的互动机制,在制度设计上避免和减少主体之间的利益和行动冲突,以期形成公共危机治理的整合力量。如在公共危机政策执行中,政策社群和议题网络的利益和意见有时是统一的,有时是平行的,有时是竞争或矛盾的,所以需要建立一种互动沟通机制,既充分发挥他们各自的危机治理角色功能,又避免他们之间的利益和行为冲突,通过妥协和共识形成危机治理的整合性力量。

(2)政策网络管理主导。政策网络是可以管理且也应被管理的,但这种管理不同于传统的政府管理模式,并非自上而下的科层控制和资源配给,而是充分承认治理过程中的互动与博弈。政策网络管理的宗旨在于建立博弈规则、维持博弈秩序、协调博弈冲突,激发新成员加入到博弈过程中来,通过资源的共享和互补来达成各自和共同的利益诉求。随着经济社会的发展,当代政府管理的基本职能即在于"网络管理"。当代公共政策失败的原因,并不在于政府控制和执行能力的缺失,而在于互动机制的不健全和不完善。正是由于互动博弈的链条被阻断,资源的动员和共享无法有效实现,最终导致政策失败。良好的网络管理是避免政策失败的重要途径。

对政策网络准入机制的控制是政策网络管理的另一个重点。根据公共危机类型的不同,政府对参与危机治理的政策主体的准入机制也采取不同策略,如鼓励部分政策主体的积极介入,限制部分政策主体的参与,对部分政策主体的角色功能进行重新定位,以适应公共危机治理的整体需要,形成最大整合力量等。

2010年4月,青海玉树地区发生地震。与2008年"5·12"汶川地震情况相同,不少民间志愿者在第一时间奔赴玉树灾区参与抗震救灾。但由于青海玉树特殊的地理和气候环境,当地属于高原缺氧地区,所以抗震救灾总指挥部提醒志愿者不要贸然前往,以免自身发生意外①;同时呼吁将有限的交通资源留给专业抗震救灾队伍,避免奔赴灾区的志愿者车辆占用太多宝贵的交通生命线资源②。

又如在汶川地震中,以互联网为代表的新媒体发挥了重要的议题网络支撑作用,有关抗震救灾的正面信息迅速传播,营造了万众一心、众志成城的良好危机治理环境。但也有少数人为了实现各自的目的——有的是为了获得关注以满足虚荣,有的是为了施行诈骗以窃取钱财,有的是为了发泄不满且唯恐天下不乱——在网络上散布不负责任的谣言,造成一定的社会恐慌和混乱。在这种情况下,河北、辽宁、安徽等地警方依法查处了在网上散布谣言的嫌疑人多人③,以保证危机治理中议题网络正面角色和功能的发挥。

(3)政策网络支持主导。政策网络不但需要构建和管理,而且需要支持。所谓政策网络支持,是指在政策网络培育扶持与规范管理之间的一种平衡,是以政府为代表的政策社群为其他政策网络主体营造和谐发展环境、创造良好生存条件的主动行为。政策网络是一个相互依赖的互动体系,但由于政策社群在政策网络中的主导地位,其他网络主体对政策社群的依赖程度更高,需要得到政策社群的支持。尤其是在公共危机治理政策中,在高度的政策压力和阻力环境中,缺乏政策社群的支持,不但意味着将在危机决策和执行中丧失话语权,甚至可能丧失在政策网络中的主体资格。

如2012年11月中国共产党"十八大"召开之后,轰轰烈烈的网络反腐得到了政府的支持,即"互联网反腐"的议题网络得到政策社群的大力支持。重庆雷政富、山东省单增德等官员的腐败行为被网络曝光后,在很短的时间内便得到各地纪检和组织部门的积极响应,"网曝"官员即被就地免职、立案查办。正是在各级纪检监察机构的迅速响应

---

① "玉树不同于汶川,志愿者应谨慎赴灾区",网易新闻,2010-04-16,http://news.163.com/10/0416/14/64D7OT1N000146BD.html。

② "志愿者不能盲目去灾区",网易新闻,2010-04-16,http://news.163.com/10/0416/10/64CSUJUA000146BC.html。

③ "17名借网络造谣者被公安机关查处",新华网,2008-05-15,http://news.xinhuanet.com/legal/2008-05/15/content_8177262.htm。

和"真抓实干"的支持下,网络反腐呈现出蓬勃发展的态势。

但网络反腐的大繁荣、大发展也有其弊端,其中信息的真实性和合法性是核心问题。如被网民称为"房婶"的广州市民李芸卿被曝拥有24套房产,一时成为社会焦点。后经核查,李芸卿的16套房产均系合法收入购置,并不存在网曝的违法乱纪情节。事件发生后,广州市房地产档案馆对泄漏"房婶"李芸卿房产信息的工作人员进行了处理,甚至对之前曝光广州番禺区综合执法分局政委蔡彬及其妻儿名下的21套房产的工作人员也追究了非法泄漏个人房产信息的行政责任,予以撤离岗位和行政记过处分。而蔡彬的房产信息已被证实是真实的,且与重大违法违纪行为有关。

对于这种抑制和打击议题网络反腐热情的做法,社会各界普遍认为值得商榷,政府对互联网反腐行为应在整体上继续予以坚定的支持。尽管不能纵容诬陷诽谤,但若惩罚和打击勇于揭露腐败的行为,则可能极大地弱化和矮化互联网反腐的功能与角色。在中国的政策网络金字塔中,若丧失顶层政策社群的认同与支持,不但意味着行政执行在技术上的不可能,甚至意味着主体角色在政治上的不正确。

第二节 府际网络的支撑角色

府际网络,"不仅包括中央政府与地方政府之间、上下级地方政府之间的纵向关系网络,而且包括互不隶属的地方政府之间的横向关系网络,以及政府内部不同权力机关间的分工关系网络",甚至"包括主权国家政府间的关系"[1]。

从公共危机治理的角度来看,中央政府、地方政府以及政府内部不同的权力机关共同构成了府际网络中具有各自利益偏好和政策目标的多元行动者,这些相互依赖的行动者在危机治理过程中扮演不同角色、发挥不同作用,但每个行动者都无法通过单独行动来实现危机治理,而是需要不同主体间的资源共享和行动配合。在资源共享和行

---

[1] 谢庆奎,杨宏山.府际关系的理论与实践[M].天津教育出版社,2007:2.

动配合的过程中,不同主体根据各自角色、功能和利益倾向性而进行策略性互动。

整体而言,尽管现实政策运行中,中央政府和地方政府、地方政府之间、政府内部不同权力机关之间存在矛盾和冲突,但在政策网络分析者看来,在公共危机治理中"促进政府间合作从而实现有关各方的共赢"①却不仅是理论可能,而且是政策现实。至少在公共危机治理中,这一点得到了验证。

府际网络在公共危机治理中的角色功能是支持和参照。"支持"功能在自然灾害、事故灾难等类型的公共危机中得以充分发挥。地域资源禀赋的不同,尤其是危机状态下的挤压效应,使得府际网络的互助支持成为现代政府公共危机治理的重要途径。"参照"功能是一种同侪压力(peer pressure),这种府际同侪压力是普遍存在的,而由于公共危机的发生,府际网络参照功能得以强化,这种同侪压力会更加凸显。在中国府际网络中,这种同侪压力往往会具化为各级政府高级官员的个人政治职业压力。

一、政府间纵向网络支撑

政府间的关系网络可以从方向上大致分为三种,即纵向关系、横向关系和斜向关系。在公共危机治理中,我们将这三种关系所构成的网络体系称为府际网络,并从整体上将其角色功能定义为支撑和配合。在这三种关系中,政府间纵向网络关系是基础,因为它决定了公共危机治理中的权力结构和责任归属,进而决定了危机治理中各级各类政府的基本角色、行动流程和协调机制,亦即政府间横向关系和斜向关系均是在纵向关系的基础上发展衍生而来的。

政府间纵向网络关系有别于传统意义上的"中央—地方"关系,"中央与地方关系是指在宪法的总体架构下,国家整体与部分之间的构成方式以及中央政府和地方政府的权力分配关系"②,而政府间纵

---

① 谢庆奎,杨宏山.府际关系的理论与实践[M].天津教育出版社,2007:24.
② 同上书,13.

向网络关系"指不同层级的政府及其部门之间在垂直方向上形成的各种关系"①。所以,从概念的外延来看,政府间纵向关系是包含"中央—地方"关系的,"中央—地方"关系属于政府间纵向关系的一种类型。政府间纵向关系关注的是一种自上而下的相对性权力结构关系,即只要权力可以继续对下一级政府进行授权,或接受上一级政府的授权,那么就存在纵向府际关系,而无论该政府是中央政府还是地方政府。

1. 法理支撑

公共危机治理中政府间纵向网络支撑,首先体现在法理支撑。这种法理支撑,是上级政府合法性和权威性的延续和传递,同时也是对具体公共危机的政治定性和行政指导。所谓法理支撑,首先是上级政府对下级政府的政治认同和授权,其次是有关危机处理的行政技术方案的指导,同时意味着控制和监督。

公共危机治理中的法理支撑具有两层含义。第一层含义是上级政府支持下级常设性政府机构合理有效地发挥其危机治理职能。在我国现行条块分割的危机治理体制中,这种支撑主要体现在危机治理的"条"即垂直系统的支持上。如在环境危机事件中,国务院、全国环境保护部际联席会议、环境保护部、省市(自治区、直辖市)的环保厅(局)、地市环保局、区县环保局、乡镇街道环境保护机构等就是处置环境危机事件的政府间纵向关系网络,每一级机构的职权范围和角色定位均来源于上级政府的赋权和委托,其介入治理危机的方式和程度,也来源于上级政府的政治认同和行政许可。

第二层含义是针对具体的危机事件,上级政府对下级政府的法理支撑主要体现在对危机治理方案的政治认同。在一些敏感性的危机事件中,下级政府的治理行为具有很高的风险性:一方面其处于危机事件的最前沿,危机决策和执行若失败,则可能导致严重的危机后果;另一方面,下级政府只是从局部角度来界定和处置危机事件,但从整

---

① 薛立强,杨文书.从"中央地方关系"到"政府间纵向关系"——代表性观点与理论趋势[J].云南社会科学,2010(5).

体来看，局部的成功不一定意味着整体的正确，所以危机事件中上级政府对下级政府危机治理方案有效性和正确性的认同至关重要。

另一方面，如前所述，部分公共危机发生的根本原因是官民利益的冲突，政府本身就是导致危机发生的重要"肇事方"。其自身应该对危机的发生承担怎样的责任，政府利益是否与公共利益相悖，其应对和处置公共危机的做法是否妥当，对这一系列问题的回答都需要上级政府的认定和判断。可以说，某种程度上下级政府到底是治理危机还是制造危机，既是实事判断，也是上级政府的价值判断。

在现实的危机治理实践中，上级政府通常会从宏观上对下级政府的治理行为予以肯定，即使有时确实是由于下级政府的利益失范或行为失当而直接导致了公共危机的发生，上级政府也不会从整体上否定下级政府的合法性和权威性，而是将失范、失当的责任归咎于具体的某个部门或个人，并通过对个别官员的问责来平息事态、缓解压力。因为从宏观上来看，下级政府的合法性和权威性来自于上级授权和委托，否定下级政府也就意味着否定自身，这不但会丧失处置当前危机的抓手，甚至会产生连锁反应，威胁自身的合法性与权威性地位。所以，宏观上的法理支撑，是公共危机治理实践的常态，也是政府间纵向支撑关系中最典型的一种类型。

2. 资源支撑

在公共危机治理中，上级政府对下级政府除了法理支撑外，资源支撑也必不可少。法理支撑是政治认同，而资源支撑是物质支持，包括资金、信息、技术和人力等各方面的支撑。

在公共危机治理的压力环境分析中我们指出，公共危机的资源性压力，以时间压力、空间压力和技术压力最为关键。要解决这些压力问题，一方面当地政府需要积极发挥自身的主观能动性，另一方面也需要得到上级政府的相应资源支持。

如 2008 年的汶川"5·12"大地震后，当地政府自身的危机应对能力已完全无法满足抗震救灾的需求，尤其是震后严重紧缺的人力、物力和财力。此时中央政府的资源投入，对汶川抗震救灾和灾后重建起到了决定性的作用。抗震救灾期间，中央投入的解放军和武警官兵总数达10万人之多①。此外,在包括粮油食品、救灾帐篷、被褥、衣物、燃油、煤炭、过渡安置板房等各方面,中央政府均给予了大力支持,并投入644亿元的抗震救灾资金。汶川灾后恢复重建,中央更是累计投入高达1.7万亿②。如果没有中央和上级各级政府的大力投入,单靠当地政府的力量,汶川地震受灾地区的抗震救灾和恢复重建是不可能的。政府间纵向资源支撑对灾害性危机的治理具有至关重要的作用。

又如2012年发生在重庆沙坪坝区中国银行门前的持枪抢劫事件,后被证实嫌疑人周克华之前已在南京、长沙和重庆等地连续制造了六起枪击案,累计造成7死2伤,其凶残和血腥程度已经超出单纯刑事案件的范畴。在其未归案期间,在全国范围造成了一定的恐慌和不安,尤其是在最近一起案发地重庆,给社会安全造成了极大的威胁,是一起典型的公共安全事件。该案件迅速得到公安部的重视,对周克华发出A级通缉令,并在全国范围内悬赏十万元进行缉捕。在公安部的统一指挥和协调下,除了重庆本地,湖南、四川、贵州甚至海南,均进行了严密的布控和全警种动员的查缉,公安部也派刑侦专家赴重庆指导和支持当地的缉捕工作。在各方的全力支持和配合下,8月14日周克华被重庆警方击毙,威胁重庆百姓乃至全国各地治安的危机得以解除。在危机处置过程中,中央领导做出了重要批示。

在周克华事件中,以中央领导和公安部为代表的上级政府给予了重庆警方以巨大的资源支撑,包括技术支持、全国范围内的警方缉捕配合、公开悬赏举报等。正是这些强有力的支撑条件,才使从2004年便开始流窜作案的周克华有可能在重庆案发后4天便被击毙归案。其中,政府间纵向资源支撑发挥了不可替代的重要作用。

二、政府间横向网络支撑

政府间横向关系具备政策网络的基本特征,即多元行动主体和政

---

① "截至14日已有10万兵力投入地震灾区救灾",新浪新闻,2008-05-15,http://news.sina.com.cn/c/2008-05-15/004915540121.shtml.
② "中国宣布汶川地震灾后重建完成 投入1.7万亿元",中国新闻网,2012-02-24,http://www.chinanews.com/gn/2012/02-24/3697091.shtml.

策目标,主体间相互依赖但非层级制,具有相对稳定的关系形态,通过策略性互动来实现各自的政策目标。

"地方政府间的横向关系,不论是平行关系还是斜向关系,彼此都不存在领导与被领导关系,也不存在管辖与被管辖、监督与被监督关系,它主要地表现为交流、竞争与合作的关系。"[①]总体来看,"政府间纵向关系体现政治与行政的意义,而横向关系则体现经济和社会的意义"[②]。

本书将政府间横向网络关系分为自然关系和制度关系两大类,不同的关系类型决定了政府表现出的府际行为也不同。

1. 自然性横向关系

所谓政府间自然性横向关系,指的是由于自然地理毗邻、历史文化相近等因素和公共危机本身的流动性而产生的政府间横向关系。如在上述的周克华事件中,因为最近一起枪击案发生在重庆,那么与重庆接壤的湖南、四川、贵州等地政府便与重庆市政府产生了基于危机事件的自然横向关系。又如2005年的松花江水污染事件中,随着松花江污染水体的流动,上游吉林省和下游黑龙江省之间,甚至我国政府和俄罗斯政府之间也均形成了政府间横向关系。

地理毗邻接壤是政府间自然性横向关系产生的重要原因,在社会和经济发展中如此,在公共危机治理中亦然,尤其是现代公共危机流动性的不断增强,极大地拓展了这种地理毗邻的概念,进而也拓展了政府间自然横向关系的范围。如在疫情传播方面,空中运输的便捷和快速,使得尽管两个空港所在的政府远隔千里,也会产生政府间自然横向关系,并直接影响疫情危机的治理。

除了地理毗邻,历史文化背景相近也是政府间自然性横向关系产生的重要原因。如1998年5月发生在印度尼西亚的针对华裔社群的严重暴力事件,导致数万人死伤和大量妇女遭到性侵。针对印尼国内发生的严重公共危机事件,中国、新加坡、马来西亚等国家和地区政府

---

① 谢庆奎,杨宏山.府际关系的理论与实践[M].天津:天津教育出版社,2007:6—7.
② 林尚立.国内政府间关系[M].杭州:浙江人民出版社,1998:24.

都高度关注并采取了相应的措施来谴责暴行,救助危机中的华裔族群。这种政府间横向关系的产生,是由于所涉及的国家和地区均处于大中华文化圈,具有共同的历史和文化背景。又如 2008 年新疆"7·5"暴力事件发生后,西藏、内蒙古、宁夏等自治区政府均予以高度重视,并各自采取相应措施维护本地区的民族团结与安全稳定。在这一危机事件中所建立起来的政府间横向关系,是基于这些地区均属民族自治地方,具有类似的民族区域自治文化背景和行政特征。

面对公共危机,政府间自然性横向关系网络的支撑作用往往具有被动性的自利特征,即横向支撑的主要动因是由于受到危机蔓延的潜在威胁;支撑的主要目的是通过对危机发生地政府的支持,以期尽量将危机化解和消除在自身辖区以外,避免"引火烧身";支撑的主要方式是道义支持和资源支持,但不过多参与和介入危机当地的治理过程,而重在守持危机发生的地理边界,避免危机蔓延。

公共危机治理过程中,政府间自然性横向关系不仅提供正向的支撑作用,而且有时也会产生"以邻为壑"的嫁祸行为和"公地悲剧"的"搭便车"行为,可称之为"负支撑"。

如近年来困扰中国的环境群体性事件中,部分政府间自然性横向关系便呈现出负支撑特征。如公共危机中的"以邻为壑"行为:甲地企业排污,但却带动了该地经济发展,提高了该地政府的财政收入,所以甲地政府并无治理污染的动力,甚至采取多种方式包庇和保护该高污染企业的生产;甲地企业排污导致乙地环境污染和产业受损,乙地受到污染的直接侵害却无法跨地域进行污染治理,由此产生政府间自然横向关系的冲突和矛盾。又如整个淮河流域都在演绎着生态环境的"公地悲剧":各地政府为了自身的经济增长和财政收入,对沿流域排污企业采取姑息政策,最终导致整个淮河流域污染严重、难于治理。政府间自然性横向关系从个体上而言是心照不宣的各自得利,在整体上却是急功近利的作茧自缚。

2. 制度性横向关系

制度性横向关系是一种出于整体利益和集体理性的政府间关系设计和安排,对公共危机治理具有较大的支撑作用,也是现代政府在面临公共危机时所普遍采取的关系策略。

政府间制度性横向关系的建立,总体上有两种方式:一种方式是在政府间纵向关系的基础上,由共同的上级政府组织和协调建立,可以称之为"他组织"府际横向关系;另一种方式是基于共同的利益和目标,通过自行协商的方式"自组织"府际横向关系,但多会以正式的府际协议来保证横向关系的稳定运行。

2008年汶川地震后,在国务院的统一部属和统筹安排下,我国19个省、自治区和直辖市与四川、甘肃和陕西的受灾区县建立了"一省帮一重灾县"的府际灾后援建体系,开始了为期三年规模巨大的援建工作。实践证明,这种"他组织"政府间制度性横向关系的政策设计和执行是成功的。经过三年的努力,汶川灾后重建工作"取得了决定性的胜利"[①],这也充分说明了政府间制度横向关系在危机治理中的支撑作用。

"自组织"制度性横向府际关系与自然性横向府际关系也有本质差别。制度性横向关系是基于谈判与协商,签订正式的合作协议并明确各地方政府在地域性组织体系内部的权利与义务、角色与定位,在危机治理中按照制度化的设计发挥各自的角色功能;自然性横向府际关系,则是一种本能的应激反应,缺乏制度保证和分工协作,按照一事一议、特事特办的原则灵活处理、相机行事。

作为典型的"自组织"制度性横向府际合作,福建、江西、湖南、广东、广西、海南、四川、贵州、云南等泛珠三角内地九省(区),于2009年签署了《泛珠三角区域内地9省(区)应急管理合作协议》,建立了中国首个省际区域性应急管理联动机制,明确了在跨地域范围内发生特大自然灾害、交通事故、环境污染等情况下各省(区)政府的角色和义务,以提高联动区域内危机治理的整体能力。

三、府际"关系网络"支撑

不仅在中国,即使从全球范围来看,府际网络和关系网络都有普

---

① "温家宝考察汶川地震灾后重建,称取得决定性胜利",新华网,2011-5-10,http://news.qq.com/a/20110510/000016.htm.

遍而密切的联系。安德森甚至认为,府际关系的核心超越了政府机构之间的关系而是"人际关系和人的行为"①。尽管我们认为府际关系并不等同于政府官员的个人私交,但关系网络在府际网络中重要而特殊的地位却不容否认和忽视。

府际"关系网络"是一个特殊的概念,其整合了府际网络和关系网络的双重特征,是基于政府官员人际关系的一种府际关系。关系网络是基于人际关系所构成的网络体系,其不但对个人和家庭的社会生活产生重要影响,而且也是影响公共政策过程和结果的重要因素。费孝通先生用一个形象的比喻来描述中国传统社会的"差序格局"关系。他说,这就像将一块石头扔到湖水里,以这块石头(个人)为中心点,会在四周形成一圈一圈的涟漪波纹,波纹荡开的远近可以标示社会关系的亲疏。在差序格局下的关系网络中,"一些普通的标准并不发生作用,一定要问清了,对象是谁,和自己是什么关系之后,才能决定拿出什么标准来"②。

在本书所构建的公共危机治理政策网络模型中,关系网络的主要功能性输出是资源和机遇。公共危机的治理需要大量的资源,部分资源是国家应急体制所规定的基本利益,还有很大一部分资源是由各应急和府际部门掌握的弹性利益。在公共危机的时间压力下,是否可以迅速调集齐备相关的资源,决定了公共危机治理的效果。关系网络不但决定了公共危机发生环节的治理绩效,而且会影响公共危机后重建和恢复过程的资源配置和效率发挥。拥有良好关系网络的地方政府和官员,更能够充分抓住"危"中有"机"的契机,为灾后恢复和重建、为本地的政治和经济建设乃至个人的仕途发展创造不可多得的契机。

在具体的政治实践中,"情感网络"和"利益网络"是构成府际关系网络的两个基本要素。

---

① W. Anderson, *Intergovernmental Relations in Review*. Minneapolis: University of Minnesota Press, 1960, p.4. 转引自谢庆奎,杨宏山.府际关系的理论与实践[M].天津教育出版社,2007:4—5.

② 费孝通.乡土中国生育制度[M].北京:北京大学出版社,1998:36.

情感关系网络是建立在官员个人情感关系基础上的府际关系,如同乡、同学、同门情谊,共同兴趣爱好发展的情谊,重合交叉的职业发展路径奠定的情谊等等。这是基于家庭人、社会人基础上的政治人关系,进而发展为地方政府或政府部门的相互关系。情感关系网络所衍生的府际关系网络不具刚性特征,也相当不稳定。随着主要负责官员个人情感和职位的变化,政府或部门间的关系也会随之发生变化,"人走茶凉"的情况时有发生。

利益关系网络是建立在官员个人利益交换基础上的府际关系,这种利益交换可能是非法的,也可能是制度内的模糊地带。如基于政治职业发展而对政治强人的共同追随,对彼此亲属在对方辖区内的关照,相互给予对方政策缺口和利益馈赠等。但作为关系网络,通常是基于情感关系的利益关系,即首先拥有基于情感关系的信任感,之后在相互信任的基础上发展利益关系。利益不但是可以交换的,而且是可衡量和计数的。所以,通常所谓的一笔"人情债",本质上还是一笔"利益债"。这种情感和利益关系就在一次次成功的"情感—利益"借贷和偿还循环中不断发展和强化。

图 4-1　府际"关系网络"的交叉结构

在公共危机治理中,府际关系网络一方面用来争取行政裁量权下的弹性利益,这种利益不仅包括经济上的补偿、资源分配的倾斜,而且包括政治上的认同、审批程序的简化等等;另一方面,府际关系网络也是消除政府间矛盾和冲突的有效途径。地方政府间的矛盾和冲突,不但会削弱危机治理的整合力,而且有时甚至导致公共危机的产生。通过府际关系网络,可以构建政府间对话和交流的非正式平台,这一平台具有正式平台所不具备的特殊利益调停功能,具备更充分的利益表达空间、更直接的讨价还价方式和更确切的妥协达成效果。

公共危机产生了强大的压力环境,危机治理从决策到执行都需要"捷径"和"效率","关系网络"恰恰同时具备沟通捷径和执行效率的特征,所以自然在危机治理过程中发挥着独特的支撑作用。

毋庸置疑,府际关系网络是客观存在的政治现实,也对公共危机治理发挥着特殊的支撑作用。所以,我们面对的问题不是探讨府际关系网络是否存在,而是寻求如何更好地、更有效地发挥其正面支撑作用,减少其负的外部性。

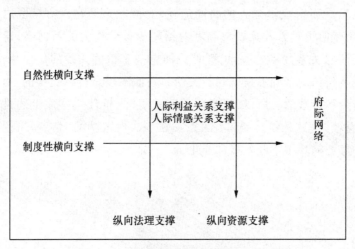

图 4-2　府际网络支撑角色的三个维度

第三节　专业网络的双重角色

专业网络具有相对稳定的网络结构,参与成员有限,限制门槛是专业知识和技能,服务于该专业领域的利益。在公共危机治理过程中,公共知识分子、技术专家和大众传媒等主体所构成的网络即为典型的专业网络。他们拥有相关专业领域的知识和技能,具有发言权和判断力。他们的意见不但会影响政策社群的决策,而且会对其他政策网络产生影响。

凭借其特殊的专业优势,专业网络在公共危机中发挥着特殊的作用。专业网络在公共危机治理中的功能性输出为知识和技术。

这种知识和技术支持,有时是对公共危机起因、发展和走向的解释或预测;或是政策社群危机治理实施的重要技术来源;也可能是对议题网络的启发和引导。当然,也不排除由于政策社群的压力或特殊利益集团的诱惑,专业网络会提供误导大众、粉饰太平的错误知识;或提供的技术并非是对公共利益的维护和改善,而是旨在对政府危机的"点消除"。

本节中,在厘清知识分子群体基本特征的基础上,我们重点考察公共危机治理中公共知识分子和技术专家的角色和功能,探究专业网络矛盾性的"双重角色"特征。

一、知识分子群体的基本特征

知识分子是一个模糊的概念,尤其在中国,知识分子作为民间身份定位、意识形态用语或者学术概念,各有不同的意义和旨向。

在民间身份定位层面,所谓知识分子指的是一种"非体力"的脑力职业类型,如教师、律师、艺术工作者、医生等。作为意识形态用语,这个概念主要是对一个阶级阶层的界定,其中最著名的就是邓小平同志在1978年全国科学大会上指出的"知识分子是工人阶级的一部分"。他们与体力劳动者的区别,只是社会分工不同,都是社会主义社会的劳动者。通常而言,知识分子是指拥有某种知识和专业技能,具有独立人格和判断,且在公共生活中起到主导作用的人群。当然,"学术圈并不是知识分子实现他们使命的唯一舞台,在一个多元的市民社会里,知识分子的角色和功能事实上可以通过各种层面的利益领域得以实现"[①]。

尽管对于知识分子的概念有不同的观察角度和使用范围,但无论从民间、政治还是学术角度来看,知识分子都有一些共性的特征。

---

① 杜维明.知识社会中的知识分子,载于聆听智者——北京论坛名家演讲集(2004—2011)[C].北京:北京大学出版社,2012:15.

第一,知识分子受过系统的教育和训练,拥有相关领域的知识和专业技能。拥有知识和技能是知识分子的基本前提,且这些知识和技能是社会性的,即通过知识分子的日常生活和职业活动,这些知识和技能得以发挥与传递,不但可以维系知识分子自身的生存与发展,而且有利于提高生产效率、解决社会问题或影响社会的价值观与精神信仰。

第二,知识分子具有自我认知能力,在社会和政治生活中发挥着重要的引领作用。知识分子不但拥有知识和技能,而且有思考和判断能力,对于自身所处的历史时代、政治文化背景和社会现状,有较深入的考察和分析,形成思想、声音和行动,并对社会和政治生活产生重要的引领作用。知识分子所具有的自我认知和引领作用,使得这一群体具有创新和凝聚的可能,这是人类历史自我反思的动力来源。

第三,独立人格、批判精神和人文关怀。知识分子具有独立判断和理性思考的能力,不为政治、经济和文化强势所诱导和屈服。这是人类社会保持正义底线的重要动力来源,也是知识分子区别于一般技术专家的根本标志。

第四,随着现代科学技术和教育事业的迅猛发展,知识分子群体不断庞大,同时也进一步分层化,知识鸿沟不是缩小而是拉大了。当代社会,掌握一定的知识和技能成为生存的必需,纯粹的体力劳动者逐渐减少,脑力劳动者群体日益庞大,并开始逐渐分层。如杜骏飞将中国的知识阶层分为三层七级:核心层是以知识为职业的典型知识分子精英,中间层是以专业知识服务社会的高级专业人员,外围层是具有高等教育背景和相当知识技能的专业人员[①]。

随着专业知识和技能的进一步发展和精细化,知识壁垒随之高筑,"隔行如隔山"的知识鸿沟进一步拉大,知识和技术权威成为最具社会发言权的群体之一,广受关注。

---

① 杜骏飞.政府网络危机[M].北京:中国发展出版社,2011:101.

二、公共知识分子与公共危机治理:凝聚与分裂

公共知识分子是知识分子群体的一部分,但又和普通知识分子在身份认同和社会行动方面有所区别,可以将之界定为凭借但是超越了自身的领域和专业限制,在更加广泛的大众传媒或公共论坛上就全社会共同关心的问题发表评论和见解的知识分子群体。或是"由于在特定时期自己专业是社会的热点问题而把自己专业的知识予以大众化并且获得了一定社会关注的知识分子"[1]。

本书所构建的公共危机政策网络分析模型,对利益诉求目标、领袖和成员要进行政治性分析,以判断危机的性质和应对的策略,是整个模型的重要组成部分。哈佛大学裴宜理教授提出了考察社会危机性事件的三个重要指标,即"目标、成员和领袖"。她认为,"不同的领袖人物、不同的人员组成、不同的目标会对社会运动起到决定性的影响"[2]。这也是公共危机治理中政治性分析的三个重要指标。

在公共危机治理过程中,公共知识分子担当意见领袖,即其不但倡导和确定危机所导致变革诉求的终极目标,而且以身作则地承担领袖角色。这不但是个引人注目的特殊角色,而且是个兼具意见凝聚与族群分裂双重功能的敏感角色。

公共危机诉求的凝聚与升级。社会性公共危机中往往包含了民众的某些利益和价值诉求,即希望通过公共危机事件引起政府和社会的广泛关注,畅通利益表达的渠道并最终实现自身的利益诉求。但民众的利益诉求是分散的、原始的,无法形成足够的影响力和号召力,有时甚至带有自私和非理性的成分。公共知识分子在这一过程中具备将原始和分散的危机诉求目标进行置换、升级、抽象和发展的能力与动力,并凭借自身的影响力和号召力将这些诉求富有逻辑地、理性地通过大众传媒进行表达和传播,得到社会的广泛关注和普遍认同,从而实现危机诉求目标的升级和凝聚。

---

[1] 苏力.中国当代公共知识分子的构建[J].社会学研究,2003(2).
[2] 于建嵘,裴宜理.中国的政治传统与发展[J].南风窗,2008(20).

如在2003年的孙志刚事件中,民众的原始诉求是查明真相、严惩凶手和相关责任人,以杜绝类似恶性案件的再次发生。但作为公共知识分子的贺卫方、沈岿、萧瀚等国内著名法学家,则以中国普通公民的身份,联名上书全国人大常委会,就孙志刚案背后的中国收容遣送制度发起挑战,将公众对这一危机事件的诉求目标从对恶性刑事案件之不满和对无辜受难同胞之同情,上升为对侵犯基本人权之不合理制度的质疑和挑战,并最终对已存在20多年的中国收容遣送制度的废止产生了重要影响。2009年发生的"躲猫猫"事件中,公共知识分子同样发挥了危机诉求目标升级功能,使一起荒唐的在羁押人员非正常死亡案件,上升为对中国司法监督制度、看守所制度以及信息公开制度的变革诉求。

但作为意见领袖,公共知识分子在公共危机中对利益诉求目标的凝聚与升级,难免经受"政治正确"的判断和考验。如果在政府认可的边界内进行批判,则可能被认为是政治发展和思想引领的灵魂;一旦超出了现有政治的容忍限度,甚至从根本上公开挑战和否定现有权力体系,那很可能被认定为政治颠覆和族群分裂的核心。

有学者认为,公共知识分子具有天生的论辩和感召(也可称之为"煽动")偏好。就如同将军在等待大战的开始、舞者在期待大幕的拉开一样,一场惊天动地、旷日持久的大论辩及其可能带来的思想变革和制度更迭,同样是公共知识分子认为实现自身价值的最佳机会。公共知识分子不但在等待这样的机会,而且也在酝酿和创造这样的论辩契机。这一判断尽管不全面,甚至有将公共知识分子行为动机世俗化或庸俗化的倾向,但也不可否认地揭示了公共知识分子的某些人格特征和行为特质。

所以,与军队、警察、政治家类似,公共知识分子也是具有潜在破坏性的"危险群体"。如果自身的道德约束和外界的制度约束无法保证其将危险性降到最低,那么就像滥杀无辜的军队、无法无天的警察、独裁暴虐的政治家一样,他们也会给整个社会带来可怕的后果——

"煽动激情,引发纷争和动荡"①。军队、警察和政治家都设置了相应的自律和他律机制来规范自身的行为和降低潜在"危险性",公共知识分子也要充分认识到自身特殊的角色和使命——揭开社会的脓包和伤疤,是为了促其清醒与振奋,排浊扬清,以建立一个更加规范清明的民主法治政府,而非旨在致其流血不止、崩溃死亡。

综上,在公共危机中,公共知识分子不但可以凝聚和升级诉求目标,而且可能煽动激情、分裂族群,进而引发更大规模的纷争和动荡,产生更加严重的危机局面。所以,既要秉承公共知识分子的独立人格和批判主义精神,又要掌握好凝聚与分裂之间的政治界限,才能正确发挥专业网络的危机治理角色功能。

三、技术专家与公共危机治理:阐释与粉饰

与公共知识分子不同,技术专家并不具有天然的政治属性,而主要是在一定的专业领域具备更多的知识、更高的技能和更丰富的经验,是学术权威而非公共意见领袖。但随着知识经济的到来,全球风险社会中知识鸿沟不断拉大和技术壁垒日渐高筑,技术专家在公共危机中开始扮演越来越重要的角色,并呈现出阐释和"粉饰"的双重角色特征。

1. 技术专家的公共危机阐释角色

很多危机问题本身就是技术问题,或与技术问题高度相关。如公共卫生事件,与医学防疫技术高度相关;环境污染问题,与化学、环境技术高度相关;核安全事故,与原子能技术高度相关,等等。所以,如果在相应的技术领域占有知识和技能优势,那么在相关类型的公共危机治理中,也必然居于举足轻重的地位。

技术专家在公共危机治理中,通常的角色是阐释和咨询。但危机阐释和危机咨询并不相同,前者是一种出于科学主义的真理探究,并不存在委托关系,而后者通常是基于政府的委托,针对如何消除危机进行调研分析并给出策略性建议,有时还收取一定的咨询费用。有时

---

① 许向阳.公共知识分子应对自身"危险性"高度警觉[J].中国改革,2004(11).

技术专家的阐释和咨询功能是一体的:既秉承科学精神探究事件的真实因果关系,又对政府的危机治理政策给予专业性建议。

如在"非典"危机中,钟南山院士凭借高尚的医德、高超的医术和严谨科学的精神,揭露疫情蔓延真相,并在全国率先摸索出一套针对"非典"行之有效的治疗方案,缩短了诊断和治疗时间,显著降低了"非典"患者的死亡率,成为全国"非典"治疗的基本方案和标杆。

在厦门PX事件中,厦门大学赵玉芬院士凭借专业素养,最先敏锐地发现厦门开工兴建的PX项目存在巨大的环境风险,于是撰写并提交系统科学的分析报告,要求政府停建该项目。但在巨大的财税利益刺激下,当地政府一意孤行甚至加快了项目的建设速度,企图使生米煮成熟饭。在对政府的停建建议书中,赵玉芬院士不但从专业角度列举了海沧PX项目的环境风险,而且还给政府提供了项目迁址的专业建议,充分体现了一位严谨的技术专家所具有的科学和专业精神。

2007年的陕西华南虎照事件,也充分体现了技术专家的真相阐释功能,包括植物学家、野生动物学家、国际刑侦专家以及法学家等不同行业和领域的技术专家,围绕着周正龙的华南虎照真伪展开了激烈的争论、严谨的求索和科学的论证。最终在一系列技术专家的共同努力下,周正龙的所谓野生华南虎照最终被证实不过是一张"老虎卧瀑布"年画的电脑合成图。

三峡大坝的建设和蓄容对周边及下游气候、环境、生态的影响问题,一直以来都是相关专家争论的焦点,而近年来川渝地区的大旱、四川盆地的地质灾害、库区的水污染和泥沙沉积等问题,一直存在着正反两方面的争论。尽管大部分专家都认为三峡大坝的建设利大于弊,且与近年来的川渝大旱、汶川地震没有直接因果关系,但同时不少水利、环境和生态专家也在不断上书国务院,从专业技术的角度建议密切关注和切实处理好三峡蓄容与周边及下游地区的生态环境关系问题。

与此同时,技术专家的危机阐释角色也可促进公民从懵懂"知情"到基本"懂情"。

现代公共危机治理中,对于知情权的强调被提升到了一个前所未有的高度。政府的治理过程不但应当是合法的、有效的,而且应当是透明的。与此同时,现代公共危机发生和发展所包含的信息日趋海量化和专业化,公民不可能也不必要对于所有的信息都具备处理能力,而政府有时利用危机信息的高度专业化来异化"知情权"的本意;通俗而言,就是"告诉你也不懂"。

所以,所谓知情权只是公民参与危机治理和政府监督的一个必要条件,而不是充分条件。知情权是监督和参与管理的入口(access),而进入后还必须具备解读信息的能力,否则只会迷失在天然的或人为的信息迷宫中。要知情,更要懂情。技术专家在这一过程中可以充分发挥技术和专业优势,帮助公众从"知情"到"懂情"。

2. 技术专家的公共危机粉饰角色

如果说公共知识分子的最大危险在于可能煽动激情、分裂族群,那么技术专家最大的危险在于可能被权贵"俘虏"或收买,成为利用专业术语掩盖危机、粉饰太平的傀儡工具,或即便没有这么严重,也可能变成为五斗米折腰的职业匠人,而丧失珍贵的独立人格和科学精神。

可以说,知识分子总是面临学术与职业的两难抉择。到底是选择头顶的星空、心中的道德律还是嘴边的粮食,对知识分子是一个艰难的选择。若恰在生不逢时的艰难岁月,放弃口腹的权利而争取心灵的自由,更需要极大的决心和毅力。而一旦学术活动职业化,就不免要遵循市场的定价和交易。拿人钱财、与人消灾、吃人嘴短、拿人手软,这是基本的市场规律和职业道德,尽管有时与学术道德相悖。

当代社会,虽然知识分子们普遍解决了口腹的基本需求,但有时出于对"先富起来"或至少共同富裕的追求,也有不少人无法继续坚持"贫贱不能移,富贵不能淫"的士大夫品格,表现在公共危机治理过程中,便是可能被强权和利益绑架,对危机肇始原因、发展过程及影响后果进行专业性的粉饰。或有时尽管并非被他人收买,但是出于自我营销的动机(哗众取宠、博得学术人气和社会知名度)而"语不惊人,死不休"。有时这样的粉饰过于露骨,甚至挑战了公众不断提高的常识和智商底线,便可能招致"民间高手"的群起驳斥乃至"人肉搜索",被彻底揭去技术外衣而露出利益实质。这使得部分专家变成"砖家",社会公信力极大降低,作为工人阶级"一部分"的知识分子逐渐被其余的"大部分"所不信任。

2011年4月,陕西省榆林市250多名小学生在饮用早餐奶后集体不适,被紧急送入当地医院救治和观察。这是一起典型的食品安全和集体食物中毒事件,但对于公众普遍质疑的奶源质量和生产企业,专家通过系统调查声称并未检测出病毒和质量问题,可能是学生们集体"乳糖不耐受",或因"学生间情绪的相互干扰和传染所致"。尽管专家们使用了尽量学术的语汇和表述,但公众对这一危机事件的所谓专业解释并不认可,专家解释的科学性和中立性受到了普遍质疑。

2012年年底爆出的中国白酒行业塑化剂问题,导致包括茅台在内的中国众多白酒企业面临极大的商业和信任危机,也对中国这个白酒消费大国的民众健康构成普遍威胁。经过白酒行业协会和有关技术专家紧锣密鼓的反复论证,得出的结论是贵州茅台的产品符合国家技术标准,塑化剂的危害具有不确定性。当有人指出塑化剂的毒性是三聚氰胺的30倍,白酒中即使只含有微量塑化剂也可能威胁人体健康时,专家回应说三聚氰胺基本是无毒物质,成人直接喝下去也不会有事,人类作为一个物种经过漫长的历史进化,本身已经具有了强大的排毒、解毒能力。此语一出,舆论哗然。当三鹿奶粉导致的婴儿死亡仍历历在目、导致的疾病尚未痊愈时,竟然有权威专家公然为食品中非法添加的三聚氰胺鸣冤叫屈,声称无害。那到底是什么危害了中国婴儿的健康,导致了公众对企业、社会以及专家的集体不信任?

2012年8月,哈尔滨阳明滩大桥突然坍塌。后桥梁和建筑专家的责任认定结论是,货车超载是导致引桥"侧滑"的主要原因,与引桥施工质量无关,且引桥和阳明滩大桥属于两个不同的桥体,从招标、施工到质量都不存在必然的联系和参照。如同很多责任事故中的责任人往往是"临时工"一样,技术专家调查后将阳明滩引桥的坍塌事故完全归咎于大货车超载,并极力区分引桥与主桥体的区别,不免让人对该事件中技术专家的客观性与权威性产生严重怀疑。之后中国境内多处桥梁发生坍塌,专家技术鉴定的结果也大多否定了桥梁本身的质量原因,而将责任归咎为超载或意外事故。

以上案例有一个基本的共性就是技术专家对公共危机的解释都挑战了公众常识的底线,让即使不拥有高深专业技术知识的普罗大众也觉得不合逻辑、匪夷所思。这与技术专家本应具备的科学素养和判断能力形成了鲜明的对比,增加了危机解释的戏剧性,强化了民众的被愚弄感,也激发了民众揭穿"皇帝新装"的欲望和决心。

第四节 议题网络的复杂角色

一、议题网络的复杂性与大众传媒的中介性

1. 议题网络的复杂性特征

议题网络是受到某项议题的影响和关涉、对该议题感兴趣并参与讨论的个人或团体所构成的网络类型,其参与人数众多,门槛很低,具有很大的流动性,结构不稳定。"议题网络"的提出,是政策网络理论的一大贡献,因为它揭示了一个流动的非正式网络主体在政策过程中的重要角色和作用。这一网络体系以前并不为人所重视,其对政策过程的影响及作用方式也未被厘清。

整体而言,议题网络是一个不稳定的、松散的复杂网络体系。其复杂性主要体现在成员主体构成、成员身份归属和信息流动等三个方面。

首先,议题网络成员主体构成的复杂性。议题网络不仅包括以个体形式出现的社会公众,而且包括具有清晰组织结构和利益倾向的政府组织和大众传媒、以解决议题所关涉的问题为导向的非政府组织,甚至包括具有知识优势的专业网络成员等。他们在一定的议题引导下聚集并发表各自观点、主张各自的利益,从而形成了特定的议题网络。议题网络的松散、流动和不稳定性,体现在网络成员即公众、大众传媒、专家学者或非政府组织等均可自由进出而无门槛要求。议题网络中的成员不固定,且成员的优势地位不明显,相互之间并无明确的隶属或控制与被控制关系;共同的议题是联系这些松散成员的唯一纽带,议题消失,网络也随之消失。

其次,议题网络成员身份归属的复杂性。政府、公众、专家等议题网络成员并不专属于某一特定的议题网络,而可能由于对多个议题感兴趣而同时从属于多个议题网络,并在各自网络中发表不同观点、居于不同立场。亦即网络成员对议题网络不具专属性,也无严格意义上的忠诚度;成员和议题网络间的联系强弱,取决于利益和兴趣相关度,且前者更具决定意义。

最后,议题网络信息流动的复杂性。议题网络在公共危机中的功能性输出是信息和导向。议题网络作为一种松散的、低度整合的网络形态,在公共危机中最大的功能就是产生各种信息。这些信息通常是无筛选、无甄别的大量信息,部分反映了危机本身的特征,另一部分很大程度上是衍生性或情绪化的信息。这些杂乱无序的信息有时会被专业网络输出的知识所引导(或俘虏)而条理化,有时也会产生自组织的情况,最终倾向于形成有限的几种关于危机的意见或导向,成为公共危机治理的重要政策环境,也是政策社群面对危机治理的压力和动力来源。

2. 大众传媒的中介性

在现代公共危机治理中,议题网络是基于大众传媒平台的网络体系,亦即通过大众传媒联系起来的政府、公众、专家、非政府组织等议题网络成员。他们拥有各自的利益偏好和价值观点,这些偏好和观点有时是统一协调的,有时是矛盾冲突的。其中,"政府—大众传媒—公众"三者的关系最为重要,他们之间是和谐还是冲突,决定了议题网络在公共危机治理中不同的角色定位和功能发挥。

大众传媒具有自身的价值和利益偏好,同时有很强的工具性特征,它是危机治理最重要的信息技术平台。如果缺少了大众传媒这一特殊的信息中介,议题网络不但无法发挥影响公共政策的作用,甚至也丧失了存在和发展的平台。

大众传媒具有典型的中介性特征,政府、公众、专家等网络主体均通过大众传媒表达观点,进行交流、辩论和交锋。大众传媒在议题网络中,一方面代表了媒体人自身,另一方面又传递和代表了多种利益和观点,是一个各方利益博弈的集中展现场所。

在本节中，我们重点分析"传媒—专家—公众—政府"四者之间的关系，探究大众传媒和整个议题网络在公共危机治理中的复杂性和矛盾性特征。

二、大众传媒的复杂角色

作为议题网络的重要成员和主要平台，大众传媒在我国公共危机治理中具有复杂的角色与功能，即大众传媒不但是危机事件的客观报道者、社会大众的话筒，而且是政府最重要的"喉舌"①，同时还兼具"生产者网络特征"，是代表自身利益的经营主体。

首先，作为大众传媒，职业属性决定了它应具备客观反映危机真相、理性表达公共利益诉求的职责。这是大众传媒的基本职业属性和天然职能，而无论其所处地域、文化或意识形态。此即其所谓的"大众话筒"角色与功能。

其次，我国大众传媒是在党的宣传部门领导下的新闻机构，是各级政府的重要喉舌，是附属于政策社群的议题网络，必须识大体、懂大局。一切新闻工作都要从有利于社会的安定团结与和谐发展，有利于经济的持续稳定快速增长的大局出发，在党委的统一领导和政府的统筹部署下进行报道。绝不能无原则、无底线地新闻"扒粪"②，更不能煽动情绪、制造对立，破坏来之不易的大好局面。这是大众传媒的政治属性，具有较强的地域、文化和意识形态特征。即其所谓的"政府喉舌"角色与功能。

最后，不容忽视的是，新闻媒体作为议题网络平台，需要满足自身的利益需求。媒体虽然和医生、教师一样具有较高的职业操守要求，但也具有组织自利性。在"眼球经济"的时代，公共危机作为引人注目

---

① 此处的"喉舌"是一个中性的称谓，也是我国政府长期以来对新闻媒体的角色定位之一，即新闻媒体有责任及时准确地将党和政府的路线、方针、政策与法规传达给社会大众，并反应社会大众的普遍呼声和要求。

② "扒粪(Muckraker)运动"也称"揭丑运动"，来源于美国19世纪下半叶的新闻揭黑与揭丑运动，是美国传媒和新闻业发展史上的重要时期和事件。在此运动中集中揭露了一大批美国实业界和政府的丑闻事件，推动了美国政府和社会的一系列重要变革，而由此，"扒粪"也被认为是新闻业先驱作出的重要贡献，也是大众传媒业的重要职业精神标杆。

的新闻事件,对传媒意味着巨大机遇,它可能从多方面为新闻媒体创造价值,而新闻媒体的自利性也可能在危机所带来的利益诱惑下过度膨胀甚至失范,从而使自利性超越公益性和独立客观性。

所以,大众传媒在公共危机中兼具多重复杂角色,同时"受市场导向、政府导向和社会导向的综合影响"①。这种利益混杂有时也给大众传媒带来一种尴尬的角色定位:政府将媒体视为公众的代表,在公共危机中加以防范;公众将媒体视为政府的喉舌,在公共危机中不予信任;且公众和政府都认为媒体具有自利性和狭隘性,有时只代表它自己的利益和角度。

三、大众传媒的"公众话筒"角色

所谓公共危机治理中大众传媒的话筒角色,有两层基本含义:第一层含义是大众传媒作为媒体人的话筒,即客观、真实、及时、准确地将危机信息进行有效传播,传递到公众、社会和政府。这一过程既包含对公众知情权的尊重与保护,也是对公众的危机预警和危机教育。第二层含义是大众传媒作为社会大众的话筒,即作为一种客观开放的平台,允许公众通过这一平台表达自己关于危机事件的观点、情绪和治理意见;大众传媒提供技术保障和支撑,让公众在这一平台上拥有充分表达的空间和权利。

第一,危机预警和教育功能。作为公共危机信息发布终端,大众传媒的危机预警和教育功能是务实而直接的。

2011年3月11日下午14时46分,日本本岛发生强烈地震并引起海啸。在地震发生前的1分钟,日本国内的地震电视预警系统开始在全国范围内自动播出即将发生强烈地震的字幕预警信息,使日本国民争取到了1分钟的疏散和避难时间。对于致命性的危机灾难而言,争取到1分钟甚至几十秒便意味着数以百万计的民众将因此而幸免于难。

---

① 诸葛福民、原光.公共危机治理中的信息公开问题——政府、媒体和公众的利益博弈[J].山东社会科学,2011(11).

2008年的"5·12"汶川大地震中,在其他公共媒介都基本失灵的情况下,收音机和广播成为灾区了解外界救援行动和进展最重要的渠道。在给灾区空投的救灾物资中就包括数量不少的收音机。通过收音机,灾区民众了解到党和政府正在全力组织救援,全国人民都在积极支援抗震救灾,且可以通过广播收听到震区的天气预报、余震预警、自救常识和通知公告等等。这对于灾民了解信息、稳定情绪、树立信心、积极自救都有很大的意义。

在"7·21"北京暴雨事件中,北京市气象台通过广播电视等渠道连续发布了五次预警信息,从早晨9时30分到晚上18时30分,预警级别从蓝色调整为黄色,又调整为橙色,提醒和预警北京市民做好防汛准备,避免生命和财产损失。"7·21"暴雨导致北京城区严重内涝,造成了严重的人员伤亡和财产损失。在这之后2012年的整个雨季汛期,北京市气象台均不定期地通过各种媒体发布暴雨预警信息,各种暴雨中自救逃生的方法和技巧等信息也集中出现在各类媒体报道中。

第二,危机信息的客观有效传播。危机信息的客观有效传播,是大众传媒在公共危机治理中的基本功能。它一方面意味着对大众知情权的保护和尊重,另一方面也是对政府危机治理的信息支撑。

在公共危机中对大众知情权的保护和尊重,就是客观准确地将有关公共危机的完整信息提供给社会公众,保证公众面对公共危机拥有选择权和监督权,将公众作为公共危机中可供信赖和平等协商的主体对待。大众传媒在连接公众与政府之间,发挥着不可替代的中介作用。同时,大众传媒对公共危机事件的客观有效传播,也给政府提供了决策参考和行动依据,对于政府全面了解和掌握公共危机的有关信息,拟定和优化危机治理政策方案等有十分重要的支撑作用。

无论从国内还是国际层面来看,近年来几乎所有重大公共危机事件都离不开大众传媒的报道。大众传媒的反应速度甚至超过一般的政府应急机构,总是在第一时间便出现在危机事件的现场,传递有关危机的第一手信息。2012年,全球共有119名记者在岗死亡,是历年来新闻从业人员在岗死亡人数的最高①。这些为新闻事业英勇献身的记者们,正是由于致力于对全球范围内危机事件真相的探究和传播,才置身于极度危险之中,最终不惜用生命的代价换取新闻的真实。

尽管在生活哲理上有人提出"难得糊涂",但在公共危机面前,无论是公众还是政府,都不希望被蒙蔽或欺瞒,因为那将意味着走向更加危险的边缘而没有任何警告。

大众传媒对于打破危机信息的封闭具有不可替代的作用,这也是公共危机治理中大众传媒的"大众话筒"功能的重要体现。大众传媒对危机信息客观有效的传播,有利于危机治理阻力环境向动力环境的转换,从而形成良好的议题网络动力。

第三,开放技术平台的搭建。大众传媒是一个多层次的复合概念,其至少包括三个要件:(1)传媒人,即以传播信息为职业的个人或组织。他们在信息的传播中具有自身的价值判断和主观能动性,掌握信息搜集和传播的技能,并具有一定的社会影响力和权威性。(2)传播平台,即传播信息的载体。传播平台具有工具性、技术性和时代性的特征,在不同的技术条件背景下,大众传媒采用不同的技术手段,从消息人士的口口相传,到报纸、期刊、杂志等平面媒体,再到广播、电视等立体媒体,直到今天基于互联网的新媒体时代。(3)信息,即大众传媒所传播的内容,如新闻、消息、评论、公告等。这些信息是传媒人和传播平台共同作用的结果,受到传媒人和传播平台的影响和限制。

在新媒体技术的蓬勃发展下,大众传媒的工具平台意义更加突出,因为今天传媒人已经大大突破了传统的职业性质,而拓展为社会大众普遍充当的日常角色。网络时代,人人面前都有一个麦克风。新媒体在很大程度上就充当着麦克风的角色。

四、大众传媒的"政府喉舌"角色

新闻的自由与独立是一个社会走向民主和法治的基本前提,也是

---

① 全球新闻从业者死亡数创新高,今年119名记者死亡[N/OL],广州日报,2012-11-23,http://www.chinanews.com/gj/2012/11-23/4353155.shtml.

重要标志。但在任何国家与社会中,新闻的自由与独立都不是绝对的,都有既定的边界,其区别在于不同边界所容留的自由空间以及刚性程度不同。

随着我国政治与行政体制的改革与发展,新闻报道的自由与独立程度也得到了进一步的提升,但由于一些根本性的体制和机制问题没有解决,如新闻机构的经济、人事不独立,新闻出版的政治审查制度依然存在等,距离新闻出版的自由与独立还有很长的一段路要走。这与我国政治发展的整体进程是同步的。

大众传媒是连接政府和公众的重要纽带。政府是公共危机治理的主导性力量,这种主导性也体现在对危机信息的主导性控制,所以对大众传媒的"喉舌"角色便有更加迫切和刚性的需求。具体而言,所谓大众传媒在公共危机治理中所承担的政府"喉舌"角色,可以分为几个层面:

第一,强调工具理性,抑制价值理性。所谓喉舌,是发声的工具而非思考的大脑。在公共危机中,政府希望通过大众传媒表达和传递带有较强政府偏好的思想和信息,要求大众传媒及时有效地将政府有关危机治理的方针、政策、制度、法规发布出去;同时要求增大危机治理中积极正面新闻的比重,尽量减少或杜绝消极负面的信息,从而树立政府良好的危机治理形象,加强政府的权威性。

在危机治理过程中,政府并不希望媒体发挥太多的价值理性,完成好"规定动作"即可。新闻媒体的创造性和主动性被抑制,信息的可控性成为政府对大众传媒的基本要求。

第二,配合政府发挥大众传媒的议程设置功能。根据大众传媒的议程设置理论,传媒所认定并加以重点报道的重大事件,民众即会将之认定为重大事件;且公众对事件的关注程度也会随着传媒的关注度而变化。这说明传媒不但对大众具有影响,而且这种影响呈现正相关的关系,即传媒所关注的重点、持续的时间、进行的分析和判断,会直接影响大众对该事件的关注与评价。

在公共危机治理中,政府需要大众传媒充分发挥这种议程设置的功能,引导公众将关注的重点和对事件的评价统一到政府的意见上来,并按照政府所预期的治理流程和效果,引导大众有序参与,即通过传媒的议程设置功能来统一思想、集体行动。

第三,被要求延迟发声或噤声。如果说发挥工具理性和议程设置功能是大众传媒作为政府"喉舌"的基本要求,那么延迟发声或噤声则是极端要求,即关闭喉舌功能,不关注、不报道、不评论,"即便不能帮忙,至少不要添乱"。称之为鸵鸟政策也好,掩耳盗铃也罢,公共危机治理中,政府要求大众传媒延迟报道或不报道的事件频频发生,有时是行政建议,有时则是"死命令",违者必究。

延迟发声和噤声,本质上是工具理性和议程设置的极端表现方式,是政府对大众传媒控制力最充分的发挥。通过这种方式,政府切断了大众与危机信息之间的联系,为自己争取了更多的主动空间。政府可以通过两种方式要求大众传媒延迟发声和噤声:(1) 封闭信息源,即不对媒体透露有关危机的任何有效信息,使得媒体无从发布。这种方式不能完全杜绝媒体信息的发布,因为媒体有自我挖潜和独立采写的能力。(2) 行政命令不许发布,即通过对新闻机构的行政干预,要求不准发布危机的相关信息。这种方式是刚性的命令和要求,在实践中比较"有效"。

管理学家道格拉斯·麦克雷戈(Douglas McGregor)在著名的 X-Y 管理理论中提出了两种基于不同人性假设的管理方式,其中 X 理论假设人性本恶:人都是懒惰的、自私的和倾向于逃避责任的,人是非理性的,需要被指挥和组织。由此产生了基于控制的管理理论。

在政府将大众传媒作为"喉舌"的危机管理过程中,符合麦克雷戈所提出的 X 理论,形成了政府、传媒和大众三者互不信任、相互提防猜忌的恶性循环。处于政府"喉舌"状态中的大众传媒,往往对危机信息的报道不充分、不透明、不准确,这强化了民众眼中大众传媒被裹挟收买、报喜不报忧、强奸民意(强行代表民意,民众"被代表")的形象。同时,在民众眼中,政府在几乎所有公共危机事件中都负有不可推卸的责任,且这些责任大多与政府的腐败、渎职、无能、低效相关;官员总是倾向于推卸责任,并对敢于反映和公布实情的媒体和民众进行打击报复。而在政府眼中,民众是不成熟的、自私的,心理承受能力有限,一旦受到真实危机信息冲击,将会导致更加严重的衍生后果。

孟子说:"君之视臣如手足,则臣视君如腹心;君之视臣如犬马,则臣视君如国人;君之视臣如土芥,则臣视君如寇仇。"①在部分公共危机的治理中,由于政府、传媒、民众的相互不信任,控制和反制成为互动关系的主旋律。各方本应将主要精力集中于如何更好地解决公共危机,但在相互猜忌和"视如寇仇"的互动关系中,很多精力被用在了如何协调和理顺"官—民—媒"关系、避免严重内部冲突上。

五、大众传媒的自利性角色

大众传媒是准公共产品,在我国具有半官方的性质,其不但服务于公共利益,而且具有清晰的自身利益。随着越来越多的新闻传媒机构被推向市场而成为自负盈亏的独立法人,作为典型"议题网络"的大众传媒,开始结成联盟以实现本单位或本行业的利益最大化,"生产者网络"特征也日趋凸显,行业自利与公共利益的冲突开始增多。

1. 大众传媒的生产者网络特征

在我国,生产者网络并非新生事物,各种正式或非正式的行业协会就是生产者网络的具体形式。又如近年广受诟病的房地产商网络,和各级各地政策社群发生着千丝万缕的复杂互动和联系,影响着政策的决策、执行、评估以及终止。房地产是当今任何一级政府都不可轻视的产业领域,因为各地的财政收入和 GDP 增长在很大程度上依赖于房地产的发展。缺乏房地产的投资和刺激,一地的经济会凸显"不景气"的局面。对于视政绩如生命的各级政府官员而言,这无疑是致命的。各种抑制房价过快上涨的政策不断出台,但同时房地产商的利润和各地财政收入也在不断倍增,这说明了在我国生产者网络对政策社群的影响和裹挟十分严重。

公共危机对生产者网络可能是灾难,也可能是机遇。如三聚氰胺

---

① 孟子·离娄篇下.

事件,对中国的奶业是一次灾难;毒胶囊事件,对中国的胶囊药品企业是一次灾难;食品中违法添加工业明胶事件,对老酸奶和果冻企业而言是一次灾难;等等。

但另一方面,"非典"对于84消毒液、口罩、板蓝根等制造企业是一次难得的盈利机遇;由于化工污染而导致的哈尔滨、邯郸全城停水,对于矿泉水企业是一次机遇;全球范围内爆发的流感,对疫苗生产厂商是一次机遇;网络世界的突发病毒蔓延,对计算机病毒查杀企业同样是难得的机遇。学者在界定"危机"这一概念时,总是强调危险与机遇并存,生产者网络对这一点有最直接和准确的理解。

生产者网络在公共危机中的功能性输出是责任和自律。中国近年来的群体性事件很大比例在于拆迁和征地,这与房地产业有很大关系,"开发商"在中国成为具有强烈负面评价意义的特殊词汇;中国的食品、药品行业,也成为公共危机频发的高危行业。另一方面,面对公共危机,生产者网络因其资源优势,可以提供救济和保障。如自然灾害中食品行业提供大量饮用水和方便食品救济灾民,移动通信行业提供应急移动通信等,都说明了生产者网络在公共危机中的特殊作用。但这种作用必须首先基于"责任",或更具体的说是"社会责任",否则按照市场规则来要求生产者网络在危机治理中扮演积极角色,似乎不太可能。

"自律"意味着生产者网络不可将行业利益和垄断者的个人利益凌驾于公共利益之上,但由于我国目前"他律"机制不健全,这种道德自律机制往往效能低下,生产者网络追求超常利益而导致的公共危机日趋频发。

2. 大众传媒在公共危机治理中的自利性表现

对于大众传媒,公共危机同样是一次机遇。半岛电视台原本只是一家拥有局部地域影响力的年轻媒体,但由于"9·11"事件后其独家率先播放了本·拉登和其他基地组织成员的录像声明而名声鹊起,逐渐发展成为在世界范围内具有重要影响力的媒体巨鳄。在美国动用全球情报网络和投入巨额资金悬赏缉拿本·拉登都未果的情况下,半岛电视台却频频播发本·拉登本人的视频讲话。在中东一系列危机事件中,半岛电视台抓住机遇成就和发展了自己。

凤凰卫视的闾丘露薇,以过人的勇气和令人敬佩的职业精神,成为第一个在阿富汗和伊拉克严重军事危机中实地采访的华人女记者。通过极富震撼力的战地采访和独家报道,闾丘露薇迅速成为全中国最知名的女记者之一。同时,深入战地采访,也赋予了她更加鲜明的勇敢、正义、善良等超越了一般媒体人特征的独特个人魅力。

公共危机包含着巨大的信息量和极高的新闻价值,可以迅速提高媒体或媒体人的知名度,从而带来各种附加的商业利益和经济利益。所以,公共危机对于大众传媒,既是挑战,也是机遇。如果大众传媒可以充分发挥自己的专业优势,提供及时准确的危机信息、客观理性的报道分析,就可成为公共危机治理的信息中枢,发挥良好的上传下达功能,实现公共危机的多方共治,从而在危机的洗礼中实现政府、大众和媒体的共同成长。如果大众传媒在公益和私利之间将道德天平完全倾向于后者,利用公共危机的新闻效应来谋取自身的不当利益,则不但无益于危机的治理,还会进一步降低传媒的公信力和职业道德水平。

具体而言,大众传媒在公共危机中的自利性突出表现在以下方面。

第一,曝光要挟。公共危机发生后,部分缺乏职业操守的媒体和记者以掌握的危机信息对危机责任方进行要挟,如果不进行利益输送就曝光。通过这种敲诈勒索的方式,媒体和记者满足了自己的私利,却置公共利益的安危于不顾。在中国一些高危行业领域(如煤矿企业),就经常受到这样的威胁和勒索。2007年1月,《中国贸易报》聘用记者兰成长在山西大同浑源县一手续不全的煤矿被矿主指使人殴打致死,引起中国高层和社会各界的广泛关注①。经事后调查,兰成长一案与当地真假记者频繁光顾煤矿,以采访曝光为名进行要挟勒索的

---

① "胡锦涛重视记者大同殴毙案,要求迅速查明情况",中国新闻网,2007-01-24,http://news.qq.com/a/20070124/000132.htm.

惯例行为有很大关系。

第二,无原则、无底线的"危机公关"。危机公关是政府、企业或个人为了应对危机所带来的威胁和不良后果,通过制定和执行一整套的管理措施和应对策略,以得到公众谅解、重拾公众信任、降低危机损失的行为。大众传媒在危机公关中发挥着至关重要的作用,是危机公关的主要平台。但危机公关不应是无原则的,更不应突破道德底线。危机公关是在尊重客观事实基础上的坦诚与谅解,而非高超的掩盖事实、文过饰非技术。危机公关应该有助于大众对危机信息的掌握和了解,而不是屏蔽信息以包庇危机责任方。

但危机公关往往是商业行为,有出资委托方。大众传媒在利益的诱惑下,可能突破道德底线,不问曲直,利用自己的信息优势屏蔽或误导民众对于危机的了解和认识。如在2008年的河北三鹿奶粉事件中,就曾爆出在三鹿奶粉企业的危机公关方案中,包括投入300万元与百度战略合作,让百度公司通过技术手段协助删除所有有关三鹿奶粉的负面新闻信息,屏蔽用户通过搜索引擎获得有关三鹿奶粉负面信息的可能。

危机公关作为一种公共危机中的沟通技术或艺术,有其积极的一面,但这种技术积极性不应超越道德与实事核心。在三鹿奶粉事件、陕西"表哥"杨达才事件[①]中,有分析曾指出事件主人公在危机公关中的种种不足,甚至给出了几条具体建议。但事实是,三鹿奶粉董事长田文华和陕西省安监局局长杨达才均是违法犯罪行为,他们的渎职与贪婪给社会民众造成了巨大的威胁和损失,导致了严重的危机事件。在强大的危机实事与法律准绳下,所有的危机公关都显得苍白无力,甚至这种公关本身就是一种对公益的侵害和对法律的亵渎,应该遭到不耻和摒弃。

第三,过度张扬"暴力美学",以制造噱头、吸引眼球。

---

① 陕西安监局局长杨达才在2012年8月26日延安交通事故现场由于表情微笑,被曝光后引起社会广泛关注和争议,随后网民将焦点聚焦为其在不同场合所佩戴的10余块高级手表上。杨达才在网上注册实名微博与网友互动,解释自己的手表来源以及为何在事故现场微笑。但最终杨达才因被曝出更多超出其购买能力的奢侈品而遭调查、革职等后续处理。

暴力美学"是在一种纯粹趣味的追求中发展起来的形式体系,它提供给观众的是在道德教化以外的形式感"[1],暴力美学体现了"人类共同的集体无意识"[2]。暴力美学不但在影视领域具有吸引观众、争取票房的功能,而且在大众传媒领域,暴力美学也日益得到重视和发挥。其中,公共危机便是大众传媒通过宣扬暴力之美以引起广泛关注的最佳时机,如大众传媒对一些危机现场暴力情景过于细节化的展示,对暴力冲突所导致破坏效果的大肆渲染,对扭曲的价值观和道德伦理的夸张性和刻意性描述与解读等等。暴力美学最大的特征是追求形式上的趣味和刺激,而不考虑道德与价值的正确。暴力美学最大的功能在于吸引关注,对大众传媒而言可以带来显直接的经济利益或社会知名度。

在2012年的重庆周克华事件中,大众传媒便充分宣扬了所谓的暴力美学,对于周克华在历次案件中的残忍手段进行了长篇累牍的细节描写。其血腥程度超出了新闻媒体的传播义务,也模糊了价值取向。在周克华被击毙后,记者争抢第一时间采访案犯年逾古稀的老母亲。在后续报道中,甚至对老人听到儿子被击毙的消息后的反应——"足足怔了有20秒""以扇掩面"等细节,也均予以充分的细节描述和图片展示。

公共危机中,大众传媒作为议题网络和生产者网络的复合体,应充分发挥其传播平台优势,并承担生产者网络相应的社会责任,避免媒体自利性凌驾于公共利益之上,在自律与他律的协同规范下参与公共危机的治理。

综上,结合公共危机的政策网络分析模型,我们通过表4-1来总结和归纳公共危机中各政策网络主体的角色功能与互动方向。

---

[1] 郝建."暴力美学"的形式感营造及其心里机制和社会认识[J].北京电影学院学报,2005(4).

[2] 同上.

表 4-1　公共危机中政策网络主体的角色功能与互动方向

网络类型	政策社群	府际网络	关系网络	专业网络	生产者网络	议题网络
主体对应	政府部门	政府间纵向关系 政府间横向关系	人际关系	公共知识分子、技术专家	企业联盟、行业协会	公众、NGO 等
					大众传媒	
功能输出	规则、信息	参照、支持	资源、机遇	知识、技术	责任、自律	意见、导向
网络角色	义务主导 责任主导 决策主导 执行主导 →	法理支撑、资源支撑 自然性支撑、制度性支撑 利益关系网络、感情关系网络 ←	信任 沟通 ←	凝聚← 分裂→ 阐释→ 粉饰→	社会责任→ 自利性 政府喉舌← 大众话筒←	合作 参与

表中**箭头**表示角色功能的作用方向,分为**议题网络**方向(→)和**政策社群**方向(←)

第五章 公共危机治理政策执行分析

政策执行,是公共政策体系的输出,是从动态角度进行公共政策系统分析不可或缺的重要组成部分。

对于公共政策的各个环节,大多理解为一种逻辑因果或时态先后的关系,即"自上而下"的政策执行模式——首先有政策制定,然后有政策执行,之后再到政策的评估、反馈及政策终止。政策研究大多集中于政策制定环节,因为"'执行'这样的动词必须有一个'政策'这样的主语"[①]。

公共危机治理,不仅是决策过程,更是执行的过程。视而不见、议而不决或决而不作,往往会拖延危机治理的进程,影响危机治理的效果,甚至带来更大的公共危机。有学者认为,在实现政策目标的过程中,"方案确定的功能只占10%,而其余90%取决于有效的执行"[②]。公共危机治理政策执行分析具有特殊而重要的意义。

第一节 作为政策体系输出的政策执行

一、政策执行理论的代际分析

公共危机政策体系输出的基本形式就是政策执行。

政策执行是为了实现政策目标,把政策内容转化为现实的动态优

---

① Pressman, J. and A. Wildavsky, 1973, *Implementation*, Berkeley, California: University of California Press., XIV.
② Allison, G. T., 1971, *Essence of Decision*, Boston, Mass: Little Brown, p.176.

化过程①。综合起来,对于政策执行的研究通常集中于过程(process)、输出(output)和结果(outcome)三个层面②。

无论在理论还是实践层面,对政策执行的重视都有一个发展过程。

政府官员和公共政策学者通常更加关注政策制定环节,认为只要有了完美的政策方案,完美的执行便是顺理成章的事情。但政策实践却证明并非如此。"纸上得来终觉浅,绝知此事要躬行"。政策执行中的偏差、梗阻乃至失败,促使学者们开始重新审视政策执行在公共政策分析中的重要地位和意义,反思原有政策执行理论和研究途径的不足,进而开始了一场"政策执行研究运动",并先后形成了三代政策执行理论。政策执行的三代理论尽管有时间上的先后顺序,但在代际关系上是一种理论的互补和延伸,而非绝对意义上的替代和超越。

1. 第一代政策执行研究:自上而下的研究途径

以威尔达夫斯基(A. Wildvasky)和普里斯曼(J. L. Pressman)合著的《政策执行》③为标志,形成了以"自上而下"为基本途径的第一代政策执行研究。

首先,在执行结构上,自上而下的政策执行模式意味着政策流程的关键核心于"上"即"上级政府",或也可理解为绝对意义上的中央政府。自上而下的执行模式,形成了单一线性的执行流程,上级政府是政策的制定者,居于主导和控制地位,而下级政府是执行政策方案的效率机器,处于附属和被动的位置。政策方案的制定和解释权全部归上级政府。上级政府追求的是政策方案和目标的价值,强调合法性和权威性;下级政府注重的是实现价值的途径和效率,强调效率和服从。

在执行过程中,下级政府的主要职责在于不折不扣地实现上级意

---

① 陈庆云. 公共政策分析[M]. 中国经济出版社,1996:232.
② James P. Lester, Joseph Stewart. Jr. Public Policy: An Evolutionary Approach, 2nd Edition. 北京:中国人民大学出版社. 2004. pp.109—113.
③ J. L. Pressman and A. Wildvasky, *Implementation*, Berkeley: University of California Press, 1973.

图。尽管上级政府给予下级政府一定的政策执行自由裁量权,但却尽可能将这种裁量权控制在最小限度内,并要保证对下级政府的政策执行进行有效控制和监督。

其次,在政策评估中,自上而下的执行模式决定了对于"政策失败"上级政府要承担更大的责任,即"计划失败"是主要原因,而"执行失败"是次要原因。政策之所以失败,最大的原因在于上级政府在确定政策目标和拟定政策方案中路径设计的失误。这种计划失误导致下级政府越是不折不扣地执行这一既定方案,则越更快、更彻底地走向政策失败的结局。

2. 第二代政策执行研究:自下而上的研究途径

在现实政策中,决策者的信息来源、可行性判断等一系列关键决策依据都来源于政策的执行者,决策者和执行者的关系绝非"决策—执行"这么简单;执行者可以通过信息加工、绩效发挥等多种方式对决策者产生重要影响,进而改变政策进程。基于这样的政策现实,爱尔莫尔(Richard F. Elmore)、约恩(Benny Hjern)和波特(David Portor)等提出了自下而上的研究途径[1],开创了第二代政策执行研究。

可以说,自下而上的研究途径回归了政策执行的本质,即从政策执行者而非政策制定者的视角来观察政策执行本身。

首先,在政策执行结构上,自下而上的执行模式意味着上级政府不再是政策流程的唯一起点。政策执行不仅是为了实现上级政府的意图,而且是下级政府自我意志实现的过程。下级政府在执行中发挥自由裁量权是不可避免的,自由裁量权并非是下级政府在政策执行中的奢侈品或非分要求,而是必需品和必然途径。要想获得理想的政策执行效果,就必须合理利用和充分发挥下级政府的政策执行裁量权,上级政府应为下级政府的裁量权合理运用创造必要的空间和条件。

其次,在角色定位上,上级政府不再必然居于主导和控制的地位,

---

[1] Richard F. Elmore, *Backward Mapping: Implementation Research and Policy Decisions*, Political Science Quarterly, Vol. 94, No. 4 (Winter), 1979—1980. Benny Hjern and David Potor, *Implementations Structure: A New Unit of Adminiatrative Analusis*, Organization Studies, 1981, No. 2.

下级政府也并非单纯的依附角色,多元行动者的策略性互动成为政策执行的主要方式。上级政府的主要职能不是制定和完善最完美、最详尽的政策方案,也不是对下级政府进行严格的监督和控制,而是为政策执行中的互动、博弈、妥协和交易等互惠性行为创造条件。同时,第二代政策执行突破了传统的执行主体范畴,"下"不仅仅意味着下级政府,而且还包括其他社会团体和非政府组织。这些团体和组织拥有自身的禀赋和优势,他们与各级政府结成良好的公私伙伴关系,在政策执行中发挥着不可或缺的独特作用。

再次,在自下而上的政策执行过程中,决策与执行不再被严格分裂,而是相互嵌套的统一过程。一方面政策在执行过程中得以继续完善和补充,另一方面政策目标具有多元性,并非仅仅是上级政府在政策文本中所进行的唯一表述。政策执行是政策所关涉各方利益的博弈输出过程,这种博弈既是决策过程的延续,同时也对决策过程产生重要影响。

最后,在政策评估中,政策失败的主要原因在于执行失败而非计划失败,即并非方案设计的缺陷,而是政策执行的环境适应能力和利益综合能力不足。执行过程中无法平衡复杂利益、协调多元目标,难以形成政策合力,最终导致政策失败。

3. 第三代政策执行研究:政策网络的研究途径

第三代政策执行研究关注各执行主体之间的网络关系,既包括上下级政府之间的府际关系,也包括政府与社会团体、非政府组织之间的公私合作关系,试图通过对复杂网络关系的研究,探究网络互动对政策执行效果的影响。代表人物和主要理论有高金(M. L. Goggin)提出的府际政策执行沟通模式以及萨巴蒂尔(Paul A. Sabatier)提出的政策变迁和支持联盟框架等。

第三代政策执行研究一方面重视自上而下的执行模式,即强调完备的政策方案、严格的监督控制以及提高执行效率的重要性,另一方面也重视自下而上的执行模式,即强调协调、平衡和综合各执行主体的利益和目标,发挥基层官员的裁量权和积极性,构建合理的政策执行网络结构。

从整体架构来看,第三代政策执行研究与本书所构建的"政策网络金字塔"有很高的理论契合度。第三代研究一方面重视政策社群在整个政策网络中的主导地位和作用,承认政策执行中自上而下的金字塔层级结构;另一方面,强调应尽量缩短政策执行的流程,形成扁平化的决策执行结构,并充分发挥府际网络、专业网络、生产者网络、议题网络和关系网络的各自功能,以提高政策执行的效率,促进整体政策目标的顺利实现。

第三代政策执行研究对公共危机治理有较大的理论指导意义。当代公共危机治理一方面必须充分发挥自上而下的集中优势,以保证危机治理中政策的规范性、权威性和效率性,另一方面又必须重视各级政府之间、政府各部门之间、政府与社会团体及非政府组织之间的竞争与合作关系,亦即自下而上的关系协调和利益整合需求。只有同时处理好公共危机治理中自上而下和自下而上两方面的关系,才能实现公共危机的有效治理。

公共政策执行研究的代际关系并非绝对的进化,很难判断第三代优于第二代,第二代优于第一代。它们之间的差别在于研究角度的不同;对不同情境中的不同类型政策,其解释效能各有优势。

二、中国政治语境下的政策执行

公共政策理论是来自西方的行政学理论体系,包括"政策执行"在内的一系列术语、名词在中国的具体政治实践中还有更加本土化和时代感的表述方式。这些表述方式具有丰富的内容蕴涵,一方面体现了中国具体政治实践的显著特色,另一方面也与西方政策执行理论有许多内在的逻辑契合。

1."及时启动应急预案"

在中国,政治惯用语通常体现了政府在一个特定时期的核心任务和价值取向,它包括中央最新精神的经典表述、各级政府的目标战略(通常会以"一、二、三、四、五"等数字藏头形式加以巧妙概括),以及一些被政府所接纳和认可的时髦学术观点和理论等。与公共危机相关,中国在2003年"非典"事件后,政治惯用语中增加了一个耳熟能详甚至有些滥用的语汇,即"及时启动了应急预案"。这一流行语的主语几乎囊括了各种社会组织形态,可以是各级政府、各企事业单位、研究机构、大中小学校甚至文化团体,总而言之,任何组织都可启动预案,也都有预案可以启动。

预案是一种政策工具,是在危机发生之前即制定好的政策文本,用来指挥处置可能发生的危机,以降低危机的损害程度和负面影响。尽管应急预案的使用过程总是千钧一发、争分夺秒的,但应急预案的酝酿、讨论、草拟和确定却并非必然匆忙,通常情况下可以有很长的时间搜集资料、专家会商、领导斟酌、广泛征询,然后再草拟定稿。

"及时启动应急预案",说明公共危机中的政策制定在很大程度上应当在危机发生之前进行,危机决策的关口可以前移。这也正是政府提前预警、临危不乱的基本前提,是现代政府在总结既往公共危机经验教训后发展出来的一套良性制度安排。预案成功执行是公共危机治理体系成熟和完善的标志。

2."贯彻落实政策"

在中国的政治语境中,与"政策执行"这一政策理论术语高度重合的本土化表述便是"贯彻落实政策"或"将政策落到实处"。但"贯彻落实政策"较"政策执行"有更丰富的概念内涵,更具中国的政治实践特征。

首先,毋庸置疑,贯彻落实政策属于政策执行的范畴,是指在既定政策方案指导下进行的政策实施。但贯彻落实政策强调两点:(1)从"贯彻"的角度而言,强调"自上而下"的执行模式,要求下级政府严格遵照上级政府的政策指示,不变形、不走样地"保真"执行;(2)从"落实"的角度而言,强调政策执行的力度和实效性,即政策执行应达到必要的社会管理深度、切实解决具体的社会问题,而并非简单的政策宣誓或概念普及。

其次,贯彻和落实分别处于两个不同的执行层面:贯彻是形式上的服从和遵照执行,落实是内容上的理解和认同执行。贯彻是基本要求,但往往只是形式上的层层传达,且在传达的过程中可能发生信息失真或未引起足够重视的情况,流于形式、浮于纸面,并未发生实效,相应的社会问题没有解决。落实是较高要求,是针对低效率政策执行的强化措施,要求政策执行者在理解和认同的前提下有效执行;不但追求对政策方案的严格遵照,而且要求对政策执行及时进行效果评价,注重政策执行的效率和效果。

本质而言,中国政治语境下的"贯彻落实"与"自上而下"的政策执行研究途径是相吻合的,即在假定政策方案完美的前提下,强调上级政府的控制监督,注重下级政府的效率发挥。

3."用足用活政策"

用足用活政策,是中国基层政府的一种政策执行方式,具有较为丰富的内涵,具有鲜明的中国政治语境特征。

第一,用足用活政策是基层政府在政策执行中对政策弹性的灵活掌握。"用足用活"表示某项政策具有一定的空间和弹性,在该空间和弹性范围内,下级政府可以发挥自由裁量权。

第二,用足政策,表示下级政府在政策弹性范围内要将自由裁量权发挥到最大限度,以争取自身利益的最大化;用活政策,表示下级政府对上级政府制定的政策目标和规定的政策手段可以进行多重解读或灵活取舍,从中选择最有利于自身的目标和方案,将政策整体目标与当地政府自身目标结合起来,以争取两个目标的同步实现或本地政府目标的优先实现。

第三,用足用活政策处于政策执行合法性的边缘状态,是一种高超的政治智慧和执行技巧。运用得当,可以为本地争取最大化的利益;而一旦超出边界,则有可能导致政策执行的"政治不正确"或"法律不正当"。基层政府在传达和解读上级政策时,通常会在用足和用活政策这两方面重点考虑,争取在政治和法律允许的边界内通过政策执行实现本地利益最大化。

上级政府关注的是政策整体目标的实现,只要不超出政治和法律的边界底线,对下级政府的自由裁量权发挥通常不会进行过多干预,即对用足用活政策采取放任的态度;甚至,如果用足用活政策可以调动下级政府的执行主动性和积极性,上级政府对这种灵活掌握政策弹性的行为还会给予鼓励和引导,即通常所说的基层政府在贯彻落实上级政策中结合当地实际的政策创新。实践证明,政策具有适度的弹性,下级政府具有用足用活政策的空间和可能,是增强下级政府执行积极性和主动性、鼓励基层政策执行创新的必要条件。

中国政治语境下"用足用活政策"的基本理念和实际运行方式是与第二代政策执行理论即"自下而上"的政策执行模式相吻合的,其强调基层政府在政策执行中自由裁量权的发挥,并试图在整体政策目标实现的过程中,同步或优先实现基层政府的目标,因此也是整合多元利益和协调多元目标的过程。

三、公共危机治理政策执行的主要特征

政策执行在应对公共危机中具有特殊的、不可替代的作用,主要体现在:(1)公共危机的处置和消弭,直接依赖于政策执行,政策执行和公共危机具有直接而完全的贴合面;(2)如果说在应对公共危机的过程中,政策制定的关口可以尽量前移的话(如制定危机预案),政策执行的核心行动必然要等到危机发生时才可启动,关口前移的程度有限,政策执行和公共危机是共时的互动关系;(3)在公共危机状态下,政策执行的自由裁量权更加膨胀,各方利益冲突更加直接,对执行绩效的诉求更加强烈,政策执行的陷阱和风险也空前突出。

公共危机治理中的政策执行具有一系列显著的特征,包括矛盾性特征、技术性特征和综合性特征等。

1. 矛盾性特征

公共危机治理中政策执行的矛盾性特征主要体现在:公共危机的挤压效应与膨胀效应并存,产出性压力与公共危机中的行政不作为并存,公共危机的新闻效应与掩盖效应并存等。

首先,公共危机治理政策执行中,挤压效应与膨胀效应并存。公共危机对政策执行形成了强大的压力环境,包括结构性压力、资源性压力和产出性压力。与巨大挤压效应并存的,是公共危机治理政策执行中显著的膨胀效应,包括行政裁量权的膨胀、政策客体反应的膨胀和政策外部性膨胀等。

可以说,挤压与膨胀并存是公共危机治理政策执行中最为典型的

第五章 公共危机治理政策执行分析

特征。挤压效应意味着危机决策和执行结构的扁平化,决策和执行之间的反馈和互动更加频繁和灵敏(结构性挤压),同时也意味着执行空间和资源的有限(资源性挤压),以及对执行绩效要求的迫切(产出性挤压)。与之相适应的,巨大的挤压效应也赋予了政策执行主体更大的自由裁量权,裁量权的膨胀又进一步带来了政策客体反应的膨胀和政策外部性的膨胀。

其次,公共危机的产出性压力与行政不作为并存。公共危机政策执行具有巨大的产出性压力,即各方都对政策执行的效率和效果有迫切的需求。这种产出性压力来自于政策环境,包括政策社群、议题网络在内的各政策网络主体都对压力有切实感受。与这种巨大而鲜明的压力需求相对应的却是部分政府的行政不作为,这种不作为具有巨大的风险,但在现实的政策实践中,不少地方政府宁愿冒着巨大的政治风险,也敢于在严峻的公共危机面前选择行政不作为,采取所谓"以不变应万变"的应对策略。

最后,公共危机的新闻效应与掩盖效应并存。公共危机具有巨大的新闻效应,人们在感受危机新闻冲击的同时,也可能被有意无意地误导,被眼前危机事件的刺激所蒙蔽,而忽略了更大的或潜在的危机。这便是公共危机的掩盖效应。由于大众传媒的议程设置功能,公众的关注重点被引导到当前的危机事件上来,而那些有可能对公共利益造成更大威胁和损害的危机,却可能被忽略或掩盖。这种掩盖有时是政府的主动刻意行为,有时则是大众传媒议程设置功能的外部性所致。

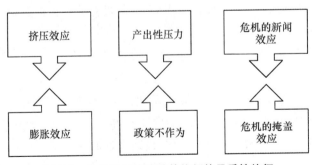

图 5-1 公共危机治理政策执行的矛盾性特征

2. 技术性特征

危机治理,从来就是制度和技术相互影响、相互制约的过程。技术在危机治理过程中的突出作用,随着现代科技水平的不断发展,日益受到越来越多的重视。诸如地质气象灾害、公共卫生事件乃至社会群体性事件,都随着科技水平的发展而产生了诸多新的治理理念和政策方案。

在公共危机治理中,我们不提倡"唯技术"论。正如中日甲午海战中,尽管北洋水师拥有当时亚洲第一的海军装备,技术指标大大超出当时的日本海军,但最终还是由于清政府的昏庸无能,在甲午海战中一败涂地、几乎全军覆没。同时不可否认,时至今日,技术条件的高低和成熟与否,在某种程度上直接决定了危机治理的成败和效果。但技术条件必须与制度条件协同发挥作用,技术优势才能得以充分发挥。

每个社会都有相应的生产力和科技水平,这也决定了在特定历史时期的危机应对水平。从蛮荒时期,到农业时代、工业时代直至今天的信息时代,一系列的科技革新都为应对公共危机提供了更多工具选择,提升了人类危机应对的能力。科技进步的本意就是为了让人类生存得更加安全和幸福,远离危机或具有抵御危机的能力。

另一方面,技术的高速发展也是导致危机爆发的重要原因。如核技术的发展一方面为解决人类日益面临的能源危机提供了很好的解决方案,另一方面也为核战争的爆发提供了技术可能。危机治理政策体系就是要充分发挥技术的正面属性而避免其负面影响,在公共政策的执行过程中,应合理发挥技术优势,为危机有效治理创造条件。

3. 综合性特征

为了达到一定的政策目的,政策执行者可以选择不同的政策工具,工具的选择在很大程度上也决定了执行的效果;随着社会的发展、技术的进步,政策工具也在丰富和演化,随着新公共管理运动的兴起,通过对市场和企业经验的借鉴,政策工具的多样性和效率都得到空前释放,多种政策工具可以组合使用,以取得更好的政策效果。

公共政策的执行往往是殊途"殊"归,运用不同政策工具的执行效果完全不同。政策执行者是否能选择合适的政策工具,是否愿意放弃习惯而选用先进的政策工具,都是影响政策执行的重要因素。

公共危机治理过程中,政策工具选择具有多样性和层次性,传统类工具(如管制类的政策工具)往往在危机治理的初期得到广泛应用,以迅速有效地控制事态的发展,将损失降低到最小程度;而在危机治理的中后期,即重建或恢复期,公共治理类政策工具(如"多侧面的政策工具、激励性的政策工具、指标性的政策工具、关注个人的政策工具以及沟通的政策工具"[①]等)更多地被应用,以实现从危机治理向日常治理的转变。

第二节 作为政策体系输出的"政策不作为"

在公共危机治理过程中,"政策不作为"同样是不容忽视的政策现象。托马斯·戴伊认为,凡是政府决定做与不做的事情,都是公共政策[②]。所以,政策不作为也是一种特殊的公共政策形式,且较常态行政下的政策不作为,公共危机中的政策不作为具有更大的消极和典型意义,需要给予更多关注。

一、公共危机中的"政策不作为"

政策不作为不等于没有政策输出,与之相反,不作为本身就是一种特殊的政策输出。所以,"政策不作为"并非"政策零作为",区分二者是必要的。

与政策作为或不作为密切相关的概念是政府职能。关于政府的基本职能,经历了从保守主义的"守夜人"到民主主义的"福利国家"再到新公共行政的"掌舵者"的三次嬗变,而嬗变的核心,就是政府对"有所为,有所不为"的取舍和选择。但无论是"守夜人"、福利国家抑或"掌舵者",政府公共危机治理的职责始终是其职能底线:"守夜人"守的是社会的安全和秩序,"掌舵者"掌的是社会的前进方向和发展轨

---

① [美]B. 盖伊·彼得斯等编.公共政策工具——对公共管理工具的评价[M].顾建光译.北京:中国人民大学出版社,2007:24.
② [美]托马斯·戴伊.理解公共政策.孙彩红译.北京:北京大学出版社,2008:1.

迹,这些都是政府作为社会管理者最基本的职能需求。所以,"有所不为"中不应包括"危机治理"。这主要基于以下原因:

首先,如前所述,公共危机是政府起源的直接动因之一。人类生存始终伴随着巨大的威胁和挑战,无法单纯依靠自己的力量应对,所以需要通过让渡部分权利,形成有组织的集体行动加以抗衡。所以,政府若在公共危机面前采取政策不作为的态度,就丧失了存在的前提基础,其合法性亦将受到严重的质疑和挑战。

其次,公共危机中政府的积极作为,不但是对危机中社会民众的救济,而且也是对自身的救赎。公共危机可分为外生型和内生型两类[①]。外生型危机包括如地震、洪水、干旱等灾害性公共危机,政府作为一个外部治理者,通过大规模的社会组织和动员,控制危机产生的负面效果;内生型危机包括如社会群体性事件、技术灾难、军事政变等,其产生的根源很多就是政府本身,公共危机更多的表现为政府危机。因此,政府本身就是导致公共危机的"局中人",解铃还须系铃人,政府对危机的治理,具有不可推卸的责任。外生型危机和内生型危机并非完全独立,通常是相伴而生的;外生型危机处理不当,也会导致严重的内生型危机。

再次,政府作为社会管理者,拥有常设性的危机治理机构和人员,形成了具有行政隶属关系的危机治理政策执行体系,这为政府在危机治理中的积极作为奠定了组织和资源条件。在整个公共危机治理体系中,政府拥有资源和信息优势,所有有关危机发生和发展的信息均汇集到政府决策和执行中心,同时,政府拥有军队、警察、专业救援队伍、财政预算等丰富的人力、物力和财力资源,这为政府在危机治理政策执行中的主导地位奠定了物质基础。

所以,公共危机中的政策不作为,更多情况下是一种态度的选择,而非能力的不足。一个理性的政府,面对公共危机应当选择积极的政策作为。尽管在某些时候政策不作为可以暂时掩盖危机,甚至某些决

[①] Anthony Giddens, 2000, *Runaway World: How Globalization Is Reshaping Our Lives*, Routledge Press, pp. 25—35.

策者将这种不作为当作所谓的政治策略或领导技巧,但最终这种不作为往往会导致更加严重的危机后果,并由于延误治理时机而增加治理难度。

是哪些动因导致政府选择"政策不作为"这种异常的行为模式来应对公共危机,政策不作为又有哪些基本类型,都是值得我们深入思考的问题。以下,本书将从"不知作为""不愿作为"和"不敢作为"三个角度来分析公共危机治理政策执行中的不作为现象,并探究这三种标志性政策现象背后的深层次原因。

二、不知作为

"不知作为"是指政府没有意识到公共危机的爆发或其严重性,未将公共危机纳入政策议题,导致在公共危机爆发和蔓延过程中没有得到政策的有效干预。

这种"不知",进而可细分为"危机感知系统"和"危机判断系统"两个子系统的失灵或不作为,其中危机感知系统是对危机发生前或发生初期各种特异性指标的感知,以触发相应的预警和应对机制;危机判断系统是对危机形态、严重程度和治理需求的判断系统。公共危机中的政策不作为,很大程度上是由于危机感知系统和危机判断系统的失灵,导致公共危机已经爆发并开始蔓延,但政府却毫无察觉,或对危机的基本判断严重偏颇。本质上,公共危机中的政策不知作为和政策乱作为同属一类,即政府面对公共危机时理性的缺失。

"不知作为"既反映了政府危机预警机制的失灵或功能低下,同时也充分暴露了政府在常态行政过程中的低效和无能。面对公共危机,政府束手无策乃至浑然不觉,充分说明其在日常行政中的制度设计和功能发挥都存在严重问题。危机面前的"政策不作为"往往是常态政府效能低下的累积和延续。

常言说"不知者无过",但在公共危机治理中,政府并不能由于"不知"而逃避其所应承担的责任和义务。相反,公共危机中政策的"不知作为",会延误公共危机的最佳治理时机,导致后期危机治理的成本大大增加,使一些本可在爆发初期得到有效控制的小事件最终演变成不可收拾的大危机。

与公共危机中政策的"不知作为"相对,戴维·奥斯本等人提出了"有预见性的政府——预防而不是治疗"①的治理范式。这一范式的核心便是改变政府在危机治理过程中"不知不觉"和"后知后觉"状态,建立一套灵敏、高效的危机预警和管理系统。

三、不愿作为

如果说公共危机中政策的"不知作为"是政府低效的一种被动选择,那么"不愿作为"就是政府在综合利益分析后的主动性政策输出。

托马斯·戴伊在论述"不决策"(即"哪些问题是不需要做决策的")时曾指出,把社会中的一些特定问题排除在政策问题之外,也是一种重要的政治策略。当有影响力的个人、集团和政治体系本身把一些问题排除在政治领域之外时,"不决策"的情况就出现了②。

关于"不决策"的原因,总结起来基本上有两种对立的解释③。一种认为是由于特定的政治或利益集团控制了决策体系,对于不符合其利益决策偏好的动议即采取不决策策略,将之排除在政策问题之外,这是一种主动的策略性不决策;另一种观点认为不决策的原因并不在于恶意的决策控制和排斥,而在于决策资源和信息的不足,或决策系统内部价值和意见的不统一,无法形成有效的政策输出,是一种被动的功能性不决策。

具体到公共危机,政策的不愿作为同样是基于两种基本动因:

首先,危机治理者自身的利益排序决定了其在危机中的政策表现。公共危机会对诸多利益格局产生严重影响,其中也包括危机治理者自身的利益。这些利益不但有属种的区别,而且有顺序的差异,即哪些利益被排在利益优先的位置,哪些利益被放到所谓"兼顾"的序列,都会直接影响危机治理中的政策输出。这些利益可能包括公共利益、弱势群体的利益、党和政府的声誉形象、官员个人的政治前途和经

---

① 胡税根,余潇枫.公共危机管理通论[M].杭州:浙江大学出版社,2009:78.
② 同上书:40—41.
③ 参见向玉琼.危机状态下的公共政策"不决定"分析[J].云南社会科学,2007(4).

济利益、本地经济发展和财政收入状况等等。当公共危机同时影响到诸多利益时，危机治理者如何进行合理排序，优先照顾和解决哪些关键性利益，从本质上决定了其是否政策"作为"。若将所谓地方政府的良好形象、来之不易的安定团结、主要领导的政治生命等放在优先考虑的位置时，面对部分敏感的公共危机就会畏首畏尾、踯躅不前，政策不愿作为。

其次，危机中的政策"不愿作为"是政府经过审慎考虑而故意采取的冷处理策略。这是一种特殊的危机治理政策形式，即政府不承认公共危机的发生，也不公开对其表态或采取积极应对措施，采取静观其变和搁置态度，也就是危机中的"无为而治"。

从政府的角度来看，危机制造者就是希望通过非制度化的手段和爆炸性新闻效应来牟取通过正常制度渠道无法获得的关注和利益，政府对危机的公开确认和积极介入有可能"正中下怀"反而陷入被动，倒不如以静制动、以不变应万变。随着时间的推移和危机事件的逐渐冷却，待其淡出公众视线后，政府再抽丝剥茧加以解决。

这种"不愿作为"，是政府的一种危机治理技巧，有时确实可以起到一定的冷处理效果。但随着信息技术和现代传媒的不断发展，这种"无为而治""以不变应万变"的不愿作为所带来的政治风险也越来越大，有时甚至会弄巧成拙。

四、不敢作为

第三种不作为类型是公共危机中的政策"不敢作为"。"不敢作为"和"不愿作为"有很大的相关性，多数情况是由于"不敢"而"不愿"。

不敢作为的根本原因是危机治理者的一种恐惧心理，他们担心履行危机治理职能后会对自身产生不利的影响和后果。具体可分为以下几种情况：

第一，行政问责制的施行，要求官员对其政策行为承担可能的惩罚性后果，这增大了官员危机决策和执行的风险。危机治理就是一项高风险的事业，在有限的资源和时间内，决策和执行的有效性无法得到保证,而政策失败的几率大大增加。如果危机治理政策的失败将导致治理者自身政治或经济利益受损,那么官员可能会选择退而求其次的"不作为"或"假作为"策略,以避免被问责而"得不偿失"。

第二,对于一些重大公共危机,即便没有直接行政问责的顾虑,但由于危机决策影响深远、牵涉面广,也强化了危机治理者的不自信和瞻前顾后。除了对自身当前利益的考虑外,诸如历史责任、后世评价等抽象利益的考虑也会导致其不能果断决策,"不敢作为"。

第三,若公共危机所指向的是社会优势群体的利益,且在危机治理过程中将对这部分利益构成威胁或损害,那么迫于优势群体的强势政治和社会地位,危机治理者可能害怕政策执行会招致优势群体的打击报复,由此造成公共危机面前的政策"不敢作为"。

第四,尽管公共危机的治理结构存在高度扁平化的趋向,但在我国具体的危机治理过程中,逐级上报、条块分割、层层批示等环节还是不可缺少的必要流程。危机发生后,如果上级领导部门未对危机予以明确定性并作出重要批示,那么下级(同时也往往是危机处理的第一线)往往不敢"轻举妄动",总要等上级领导部门给予清晰明确的指示后,才全面启动危机处置机制。所以,当高层决策者对部分敏感危机不表态时,也往往造成危机治理政策执行中的"不敢作为"。

第五,现代公共危机普遍具有复杂性,对危机产生的原因认定和责任追究往往也是复杂的,一个公共危机事件往往牵涉众多部门、团体和个人。危机发生后,部分治理主体即使有意愿及时出面加以干预,但迫于责任归属的认定,也往往不敢"撑头",以免成为众矢之的而陷入被动。积极的政策作为,有时会成为承认政策失败和承担危机责任的直接证据,这强化了公共危机中的政策不敢作为。众多政府机构、部门和组织均在危机中"韬光养晦"、不敢作为,在客观上形成了"有组织的不负责任"的可悲局面。

第三节 公共危机治理政策体系输出的膨胀效应

公共危机的压力和紧张属性决定了其对公共政策的挤压效应,而在有限的时间、空间和资源条件下,为了达到有效的治理,又会相应产生一系列的政策膨胀效应,包括行政裁量权的膨胀、外部性膨胀以及群体反应膨胀等。虽然这些都包含了"超越常规边界"的蕴涵,但若具体分析,行政裁量权的膨胀最契合"膨胀"(expansion)本身的概念,外部性膨胀更确切的描述是一种溢出效应(overflow),而群体反应膨胀则是一种过激反应(overreaction)。

一、行政裁量权膨胀

行政裁量权这一概念的出现,与古典"政治—行政"二分法有很大的关系。在古典政治观看来,行政是政治意识的执行,所以整个行政体系本身即为一个执行体系,决策任务(亦即"立法")主要由政治体系完成。但随着行政国家的不断膨胀和发展,行政决策的功能随之不断增强,公共政策在整个国家的社会管理中发挥着越来越重要的角色,于是行政体系内部的决策与执行机构也开始日趋分野、不断细化。行政裁量权就是在这种"政治与行政"分工和"决策与执行"分野中逐渐被强化的一种政策执行的弹性区间。

首先,行政裁量权具有相对性、传递性、合法性和自主性等四个特征。所谓相对性,也可称之为层次性,亦即决策与执行本质上是相对的。在中央政府看来,中央是决策,地方是执行,亦即省级地方政府拥有一定的行政裁量权,而在省级政府层面上,依然具有再决策和再分配执行的过程,所以市县一级政府拥有裁量权。

其次,传递性与相对性关联,指的是行政裁量权本质上是上级政府在决策中所赋予的,以便执行者根据具体情况灵活掌握政策,最终目的是实现政策目标、达到政策效果。理论上,传递性意味着行政裁量权应是逐级递减的,亦即中央政府给予省级政府较大的裁量权,省级政府给予市级政府一定的裁量权,而市级政府给予县级政府、县级政府给予乡镇政府的裁量权则逐级减少。当然,在实际政策执行中,因为恰恰是县级和乡镇级政府在具体负责执行政策,所以除了上级传递的裁量权外,还会通过"用足用活"政策等多种方式来争取和创造更多的裁量权,以满足政策执行和地方政府利益实现的需要。

再次,合法性是指政策执行的弹性区间是被政治和法律所规定和认可的。行政裁量权的发挥,是有法理依据的行政职权行使过程,而非政策执行者凭空臆造出的超越自身职权范围的自我授权。当然,这一合法性特征是敏感而微妙的。不当的行政裁量权发挥,很容易超越合法性边界而成为地方政府追求自身超常利益的借口和工具,所以判断和把握行政裁量权的合法性边界是各级政府的重要职责。在目前中国的政治环境中,这种判断和把握,既要凭借制度评价,也要依靠道德约束。

最后,自主性是行政裁量权最重要的一个特征,也是"裁量"的本质含义所在,亦即在政策执行中的临时或现场再决策,是由执行者自身完成的而无需依靠请示上级决策机构。由于决策与执行的现实分离,决策者的有限理性不可能预见和规定所有的规则和细节,沟通反馈的成本决定了执行者无法在面临具体政策情况时逐一请示决策者定夺。所以,政策的执行者被赋予了一定的裁量权,在此权限范围内可以相机行事,根据自己的判断来确定执行的具体方式和标准。这种自主性的极端表现,是执行者干脆选择"不作为"。

公共危机中,这种裁量权被放大了,它可以突破既有边界发挥更多的"相机行事"功能。危机状态下裁量权的膨胀,有主动和被动两种原因:就主动而言,"将在外,君命有所不受"。为了应付瞬息万变的危机局势,作为身处第一线的决策者和执行者,要想实现应对的有效性,就必须抓住时机果断行动。这时的犹豫不决、请示汇报很可能会贻误战机,导致危机失控。此时充分发挥裁量权所赋予的职责权力,是危机治理的必然要求。从被动角度而言,在危机中由于通讯中断、时间紧迫,即使现场处置的决策者和执行者有意愿请示定夺、循规蹈矩,但现实的严峻条件也迫使他们只能按照既有条件和自己的判断裁量而为。

在公共危机中,行政裁量权的膨胀突出表现在危机治理过程中对社会团体、非政府组织或个人财物的紧急征用,或对公民基本权利的临时剥夺。在各国的《紧急状态法》中,大多均明确规定在公共危机状态下政府有权利征用企业、社会团体和个人的财物用于应急处置,事后予以补偿;同时可以施行特别的社会管理措施以维持社会的秩序与稳定,即便可能造成一定的人权克减。

在这一过程中,至少包含了两个层面的裁量权:一是界定是否发生了公共危机,是否宣布进入紧急状态;二是在公共危机中具体选择哪种处置方式,必要时征用或剥夺哪些公民的财产和权利。但行政裁量权是公众"为公共目的而授予的法定权力,而非无条件的授予"[①],其膨胀不应超出法律的边界。如果自由裁量权的膨胀突破了法律的边界,或其膨胀的目的不是为了公共利益而是为了个人或集团利益,那即是对自由裁量权的滥用,将对公共危机治理产生严重负面影响。

在1998年的九江决堤危机中,九江防总指挥部在《防洪法》的框架内充分使用行政裁量权,紧急征用8艘各类船只沉入江中,并利用一切可供利用的抗洪抢险材料,以极大的勇气和魄力处置了决堤危机。

又如2009年新疆"7·5"事件后,为了防止境内外恐怖分子的串联勾结,恶意散播违法反动信息,配合新疆的维稳工作需要,新疆暂停了全自治区范围内的互联网和手机短信服务。直到事件过去半年多后,2010年5月14日,新疆才在全境内重新恢复互联网和手机短信业务[②]。

二、外部性膨胀

外部性的概念来自于经济学,其描述的是一个经济主体的决策或行为造成了另外一个并非其旨向的经济主体的福利增加或减少,而在这一影响过程中,增加或减少其他主体的福利并没有给原来的决策和行动者带来额外的代价和成本。从公共政策角度来看,外部性是一种

[①] 威廉·韦德.合理原则[J].李湘如译.法学译丛,1991(6).转引自向波.论行政伦理的价值与构建——基于公共危机治理中自由裁量权合理应用的分析[J].北京行政学院学报,2010(4).

[②] "新疆'7·5'事件后全面恢复互联网业务",中国网,2010-05-14,http://news.163.com/10/0514/02/66K2S9EU0001124J.html.

"有心栽花花不开,无意插柳柳成荫"的非旨向性政策影响,亦即政策最终结果超出了当初决策者的政策目标设计范围,在政策执行中出现了针对非政策目标群体的未曾预计的积极或消极影响。

公共政策的外部性特征体现了决策和执行的不确定性风险。这种风险一方面来自于决策者理性的局限,不可能考虑到所有影响政策执行的变量,另一方面也来自于执行者的裁量权发挥,在很多情况下是政策执行者自由裁量权的过度发挥导致了政策外部性的膨胀。

公共危机治理中政策的外部性更为突出,因为此时决策和执行的焦点在于危机的消除,即危机消除导向(Crisis-solving Oriented)的决策和执行模式,而与之关联的其他各种利益和关系,则往往由于决策和执行环境的局限而被忽视,从而导致危机治理政策外部性的膨胀。

当然,这种外部性并非一定是负的外部性。从客观结果来看,公共危机治理中的正外部性也十分常见。

如同为2008年汶川地震的受灾地区,甘肃省天水市秦州区玉泉镇的"博爱新村"在2009年4月竣工,总建筑面积4828平方米,属于整村搬迁重建。地震前,秦州区自然环境恶劣,经济发展缓慢,基础设施落后。这一次集体搬迁的71户受灾户,灾前多为贫困户、残疾人、五保户或孤寡老人;他们的房屋多为土坯结构,年久失修,抗震能力极低。而灾后重建的新村,由慈善组织援助,当地政府及驻地部队共建,每户68平方米,户均造价约3.5万元,基本全由政府补贴或公益组织捐助。

对于贫困山村的农户而言,由政府投资新建并基本无偿提供给他们的新居,在震前是无法想象的;若无这场天灾,基于新村建设配套的道路、水电、通信、绿化等设施,对于贫困山村而言,短期内达到也是奢望。

但灾后重建政策的推进,使得这一切迅速变成了现实。一般而言,用以灾后重建的政策是一种危机治理中的救济性而非福利性政策,与扶贫致富有本质的差别,但由于当地经济基础十分薄弱,所以这种救济性政策体现出了很高的福利性色彩,使得当地贫困农户"塞翁失马,焉知非福",危机政策正外部性在这一特殊环境中被体现出来。

第五章　公共危机治理政策执行分析

我们可以设想，以同样的救济标准，且莫说放到各大中型城市，即使是在东南沿海的部分乡村，那么对于被补助者而言，这种正外部性就大打折扣，因为仅就财产总量而言，其受灾损失远大于救济所得。

危机治理中公共政策负向的外部性更加常见，如为了防止恐怖分子的串联勾结或谣言传播而中断整个地区的互联网或无线通信服务，为了排查某一具体品牌食品药品的质量问题而先将所有同类食品药品全部下架，或为了认定某一项危机事故的责任归属而先将所有牵涉其中的政府官员全部就地免职，等等。这些危机治理政策非特定指向性地影响了部分公众或组织的合法利益，甚至在紧急状态下剥夺了公民的部分基本人权（如"宵禁"政策），即所谓国家紧急状态下的人权克减。但这种克减的权力不能被滥用，公共危机治理政策的负外部性应和自由裁量权一样被严格限制在法律框架内。

在公民的知情权意识不断提高的今天，尤其是中国政府经历了2003年"非典"危机及2008年"3·14"拉萨事件后，2008年5月1日《中华人民共和国政府信息公开条例》正式生效，危机处理中的信息公开透明度不断增加。但另一个不容忽视的问题是，危机信息发布的外部性。

在一些大型灾难面前，由于人类的预报和防控水平有限，所以政府往往只能以概率和成本的权衡来决定危机信息发布与否，以及如何发布。在2009年美国好莱坞灾难片《2012》虚构的情节中，尽管各国政府的最高领导人都知道2012年12月人类将走向灭亡，并在积极建造保留物种延续的所谓现代版的"诺亚方舟"，但所有政府及其首脑都对这一灾难守口如瓶，直到灾难发生的最后一刻。影片的逻辑，也是很多政府面临类似危机的现实选择——一旦公布这个灾难性的消息，那么可能在危机毁灭人类之前，人类就会被自己的心理恐慌和疯狂行动提前毁灭。而在现实世界中，一些可能的地震、洪水等灾害，由于无法确定其发生的概率和具体时间、地点，往往令此类信息难以发布，即使科技工作者能够粗略估计某个地区的某个时间段内可能发生地震，但没有哪一个政府可以承担一个粗略估计所带来的全城乃至更大范围的疏散，所以往往采取不发布的态度。因为大规模人群疏散所带来的政治、经济成本和政策阻力,不亚于一场小型灾难。

尽管信息公开透明是公共危机治理的基本条件,危机中的知情权亦为公民的基本权利,但危机信息发布的外部性也同样不容忽视。如何平衡危机中的民众知情权和危机信息发布外部性二者之间的关系,是公共危机治理的重要课题。

三、反应膨胀

处于公共危机之中的民众是敏感而易怒的,相对于平日的理性,此时的民众更多被感性所驱使。公共危机中大众的反应膨胀是受到了集群中大众心理的影响,而且这种心理往往导致过度反应;若缺乏有效的政策规范和引导,不良情绪会迅速升级,甚至发展成为暴力冲突。

首先,反应膨胀往往来自于危机中的"不确定性"。不确定性意味着人们对于危机发生的原因、发展的过程和最终导致的结果不了解,对于危机可能给自己造成的影响也没有可靠的预期。在信息极端不对称的前提下,人们宁信其有不信其无,尽可能地采取各种防范和应对措施来尽量降低自身的风险。"人们倾向于'小事做大'——为了避免很小概率的事件发生,采取过大的防范措施。"[1]

所以,在危机事件中的谣言流行、公共卫生事件中的过度防护、金融危机中的挤兑风潮等等,都是危机的不确定性带来的公众反应膨胀所致,亦即公众采取了与危机本身的烈度不相匹配的过度保护和防御措施。这种过度反应最终可能带来集体的非理性和公共利益的损失,导致更严重的危机后果。

1973年11月1日,日本大阪百货公司的一则卫生纸广告以"卫生纸没有了,恐怕得等到下个星期了"结束。在当时蔓延全球的石油危机刺激下,大阪精明的主妇们误听误传,以为卫生纸将成为下一个短缺物资,于是首先从大阪百货公司开始抢购卫生纸,最终蔓延为全民行动。一时间,全日本的卫生纸被抢购一空,所有日本家庭都在囤积

---

[1] 樊纲.危机应对的经济学原理[J].北京社会科学,2003(3).

卫生纸以防市场短缺。"卫生纸"成为当时整个日本社会的不稳定因素。11月2日，日本通产省次官在电视上打断正常播出的节目，专门就日本卫生纸的产销量发表全国公开讲话，用数字向全日本家庭说明卫生纸的生产和销售是正常的，完全可以满足市场需求。

2011年日本"3·11"大地震后引发海啸，进而导致福岛核电站泄漏事故。核辐射威胁的不确定性直接引起了中国民众对未来海盐由于遭受辐射而长时间无质量保证的恐慌，于是开始在全国范围内疯狂抢购"灾前生产"的食用盐，全国各地的超市商铺甚至采取限购政策，政府也出面辟谣并打击商贩的囤积居奇行为，通过行政手段增加市场供应以平抑食盐价格，避免抢购危机进一步蔓延。

事实证明，无论是日本主妇抢购卫生纸还是中国民众抢购食用盐，都不是市场供应本身发生了问题。这既不符合供求逻辑，也没有科学依据，但就是由于危机中信息的不对称增加了不确定性，导致公众反应膨胀，也威胁到了市场和社会的秩序。若不及时控制和引导，则有可能产生一连串更加严重的衍生危机，最终由小的危机事件演化为大的社会动荡。通过信息公开，解决信息不对称问题，是避免公共危机中民众反应过度膨胀的关键所在。

其次，反应膨胀来自于公共危机中的"群体心理"。在公共危机中，尤其是近年越来越引人关注的社会群体性事件中，群体心理因素发挥了很大的作用。它也是导致公众反应不断膨胀、危害程度不断升级的重要原因。公共危机中群体心理的基本特点包括：① 盲从性。丧失个体的理性与判断而盲从于集体意志，个体的智力平均化，而集体意志往往并非理性的分析而是简单的情绪宣泄和感性判断。② 隐匿性。即群体是一个抽象的整体，而身居其中的个人是不被一一鉴定甄别的，个人的行为隐匿于群体的行为中，法不责众，个人无需为自身的行为承担相应的责任。③ 传染性。即群体中的个体情绪和判断具有很强的相互感染性，激情、偏执、人多势众、法不责众、神圣感、牺牲精神等一系列群体心理特征会在人群中迅速蔓延，深刻影响每一个参与其中的个人。

公共危机中的群体心理十分典型，个体在群体心理的影响下，表现出与平时日常生活中截然不同的应激反应。平日里文弱谦卑的书生，在危机中敢于举起大旗、走上街头高呼口号、激情演讲；平时谨小慎微、敦厚老实的父亲，在危机中突然一马当先、在枪林弹雨中冲锋陷阵；甚至涉世未深、懵懂无知的学生孩童，也愿意在危机中手举标语、走在前列以激悲情、以壮声势。这些平日里温良恭俭让的社会成员，在公共危机情境中，在群体心理的影响下，具有明显的从众心理和非理性行为特征。

"法不责众"是导致许多群体性事件不断升级的重要心理因素，它是民众与政府之间的心理博弈。所谓揭竿而起、应者云集，一方面说明了号召者的强大感召力，另一方面也依赖于法不责众的心理预设和现实法则。

危机事件中，人们对"法不责众"的心理预期，是基于对"法若责众"的几个基本判断：①"责众"的技术条件限制。当参与群体性事件的人数众多，违法者的数量远远超过了法律制裁的技术和能力条件时，若法律依然按照既有的规则进行制裁，其技术条件和经济成本是权威当局所无法承受的。通俗而言，就是"管不过来"。②"责众"的政治风险限制。由于参加群体性事件的人数占有整体社会的很大比例，依法对这些人进行惩罚可能会导致普遍的利益损失而招致更大规模的抗议行动，任何决策和执法者都必须对如此大体量的违法之"众"给予重新的考量和定位，机械地执行原有法律条文只会带来更大的政治和社会风险。通俗而言，就是"不敢管"。

公共危机中的民众在反应膨胀的情绪支配下，暴力目标的选择可能是既定对象，即对具有危机因果逻辑关系的特定目标实施攻击行为；也可能是机会主义的选择，即暴力攻击目标扩大化，超出了原来的攻击对象范围。例如暴力攻击者往往会将攻击目标转向原定目标周围的建筑物、商店以及汽车等，甚至对日常生活中的不公正遭遇进行发泄，乘机扩大攻击目标的范围。

危机治理政策的失败，会进一步加速公众的反应膨胀，进而推动不同类型间危机事件的快速转化，即由一般维权事件发展成为泄愤事件甚至是危害更大的骚乱事件。

对由于群体心理而导致的公众反应膨胀,必须及时降低群体的聚集度,并对危机中的群体进行必要的心理疏导和行为干预,才可能将危机事件控制在萌芽初起阶段,避免恶性膨胀和蔓延。当然,从深层次利益矛盾来看,只有从根本上维护公共利益、避免官民冲突、疏通利益表达渠道,才能避免积蓄已久的负面情绪在群体心理的催化下集中爆发,即不但要从技术上抑制膨胀的反应,而且要从根本上解决为何民众变得如此敏感易怒、神经脆弱且反应过度。

第四节 公共危机治理政策体系输出的掩盖效应

掩盖效应是公共危机治理政策体系输出的又一个突出特征。所谓"掩盖效应",并非指政府通过制定和执行掩盖性政策,赤裸裸地对公共危机加以掩盖,因为这种掩盖和无视只能是欲盖弥彰,产生更加严重的膨胀性后果,甚至有可能突破"骚乱事件"的界限而成为全社会的暴动和叛乱,严重动摇和威胁政府的执政地位。

这里指的掩盖效应是根源于社会对公共危机广泛而高度的关注,这种关注使得公众视野短期内被局限和聚焦在了当前危机,而忽略或暂时放弃了对既往社会矛盾或危机的关注和诉求,本质上是一种"视线转移"策略。在掩盖效应发挥功能期间,政府可以通过有效的政策引导和危机治理,重新获得民众支持,并技术化地绕过原有危机或矛盾纠缠,从而达到以危机化解危机(Solving Crisis by Crisis)的效果。

一般而言,面对同时存在的公共危机,有两种优先解决方案,即以危机发生的时间先后(Time Priority)为次序,或以危机的威胁损害严重性程度大小(Damage Priority)为次序。当社会同时面临众多危机时,通常会将新近发生的危机,或严重性较强的危机放在优先考虑的位置,而其他并行的危机,则被掩盖或暂时搁置。这种危机掩盖的效应直接体现在大众传媒的危机传播上,一旦发生更大的或更新的危机事件,那么原来的"议程设置"会被中断,原有危机会暂时淡出公众视线,取而代之的是更新的、更严重的危机。从掩盖性效应的来源看,可以分为主动性掩盖和外部性掩盖两种。前者是政府有意识的策划行动,而后者是公共危机外部性的又一表现。

一、主动性掩盖

所谓公共危机的主动性掩盖,是指当政府面临严重的危机挑战时,可以通过有意识的策划,通过其他更加严重或"爆炸性"的危机事件发生,从而暂时转移公众的注意力,为解决原有危机赢得时间或创造条件。本书将这种类似"以毒攻毒"的策略选择定义为公共危机的主动性掩盖。

例如,当一国社会矛盾重重、危机频发时,政府面临极大的合法性、权威性挑战。此时政府可以通过主动发动对外战争等人为制造的民族主义危机来掩盖国内危机,将民众的注意力暂时吸引到一致对外的战争上,并很可能通过战争的胜利或神话领导人在战争中的作用,重新树立政府的合法性地位,从而化解国内的严重矛盾和危机。

第一次和第二次世界大战的发动,与法西斯国家内部的深重危机是分不开的。其调整国家战略和军事政策,发动对外侵略战争,很大的原因是希望通过对外作战的胜利来赢得国内的信任和支持。即使在当前国际社会,这种通过国际关系的紧张从而将国内视线吸引到外国威胁或军事冲突上来,从而缓解国内深重矛盾的事件仍屡见不鲜。

二、外部性掩盖

公共危机的外部性掩盖,是一种未加设计的多个公共危机偶合发生形态,但新发和严重危机却在客观上造成了对先发或次要危机的掩盖效应。本质上,这是公共危机外部性的一种表现。

2009年6月27日,上海闵行区建设施工中的一桩高层塔楼突然整体倾覆,造成人员伤亡,且倾覆现场极具视觉冲击力。当日中外舆论哗然。技术专家将事故原因判断为"在楼北侧堆积了大量施工挖出的渣土,导致楼房南北两侧承受不同的压力,地基发生位移"。这一离奇倒楼事件,被网民戏称为"楼脆脆",迅速成为社会焦点,上海市政府及闵行区政府面临重大的信任危机。从6月27日直到7月初,"楼脆脆"事件是当时中国最具爆炸性和影响力的公共危机事件。

但仅8天后,2009年7月5日发生的乌鲁木齐"7·5"严重暴力犯罪事件,由于其发生突然,人员和经济损失惨重(1700多人受伤,197人死亡),且具有复杂的国际背景,所以事件发生后受到上至中央、下至百姓的广泛关注。此时,国内外新闻媒体的报道重点,也几乎全部集中在了乌鲁木齐"7·5"事件上,而对于之前"悲哀且滑稽"的"楼脆脆"事件,其跟踪和报道热度迅速降低。直到乌鲁木齐"7·5"事件平息后,"楼脆脆"事件才又重新偶尔回到人们的视野中,但相对于其刚发生时所受关注,已经不可同日而语了。"楼脆脆"事件作为一个典型的公共危机事件,由于其发生时间与新疆乌鲁木齐"7·5"事件偶合临近,所以在客观上收到了一定的危机掩盖效应。

还有一个典型案例介于主动性掩盖和外部性掩盖之间,即2004年3月发生的"陈水扁遭枪击案"。虽然事件中陈水扁和吕秀莲有惊无险,并无大碍,但事实上却对第二天的投票和选举产生了一定的影响。最终陈水扁和吕秀莲以3万票即0.228%的微弱优势击败了对手连战和宋楚瑜,赢得了台湾地区领导人"连任"。

在蓝营和不少分析人士看来,陈水扁在选前突遭枪击其实是一场精心策划的"悲情戏",目的就是赢得广大台湾选民的同情,以挽救其在上一任期内因糟糕执政而严重下滑的民众支持率。就在大选前两天的民调依然显示蓝营连宋配较绿营陈吕配有超出5个百分点的支持率。实事证明,枪击事件似乎确实对蓝绿选战产生了"压死骆驼最后一根稻草"的致命性作用,枪击事件扭转了本无任何优势可言的绿营的选情,为其又赢得了四年的任期。

由于枪击嫌疑人陈义雄在案发后即投河自尽,所以时至今日发生在2004年的"3·19"枪击案依然疑点重重,并无定论。但无论如何,该突发事件对绿营的选战产生了正的外部性效果,也掩盖了其支持率下滑的执政和连任危机。如果最终调查结果证实是陈水扁精心策划并组织实施了这一枪击事件,则属于"主动性掩盖";而如果仅是一个偶然性的突发事件,只是陈义雄本人的不满宣泄而并无所谓的背后主谋,那便是典型的"外部性掩盖"效应。

第六章　公共危机治理政策发展分析

政策发展和政策失败是公共政策系统的两种基本反馈形式,其决定了下一轮政策过程的状态——维持原状、部分改善抑或彻底变革。这其中无论是主动或被动的选择,都有赖于政策系统的反馈。

公共危机一方面对公共利益构成巨大威胁、损害和调整,并对公共政策产生挤压、膨胀和掩盖等一系列严重影响,另一方面也为政策发展创造了条件和契机。毋庸置疑,公共危机是打开政策之窗的重要因素,也是推动政策发展的关键性要素。

本章将在厘清政策发展基本内涵的基础上,对公共危机的政策发展效应进行分析,进而探讨"公共危机、政策失败、政策终止和政策发展"之间的逻辑关系,从"政策失败的结果"和"政策发展的契机"两个方面来考察公共危机与政策发展的复杂关系。在本章的最后,将以厦门 PX 事件为典型案例,具体分析公共危机政策发展效应的作用过程、特点及其影响。

第一节　政策发展的基本内涵

"政策发展"在公共政策研究中并无统一、规范的定义,它所描述的是公共政策的结构、功能和文化的变迁或演进过程。其中既包括政策工具和技术的演进与变革,也包括相关价值和伦理体系的发展与变化;既可能是某一具体领域政策的变革,也可能是抽象的元政策改进。

为了更好地厘清"政策发展"的基本内涵,我们需要参照几个与之紧密相关的概念,包括政治发展,元政策改进以及政策窗口。

一、政策发展与政治发展

政策发展是政治发展的有机组成部分,也是政治现代化的鲜明标志之一①。政治与政策是一对同构概念,在绝对意义上它们是包容与被包容的关系,而在相对意义上,它们又是相互嵌套的同构概念。

我们可以发挥"政治发展"与"政策发展"的同构优势,透过"政治发展"概念来考察"政策发展"的基本内涵。

派伊认为,"平等、能力和分化"是政治发展程度的基本评价指标②。亨廷顿则将扩大政治参与作为最重要的政治发展目标,他认为政治发展主要包括三方面内容,即权威的合理化、职能的区分化以及参政的普遍化③。阿尔蒙德认为政治发展的关键在于"体系、过程和政策的变化",具体表现为"政治文化的日益世俗化和政治体系结构的日益分化"④。

派伊、亨廷顿和阿尔蒙德等有关政治发展的经典论述尽管侧重点不同,但有关学说的交叉重叠部分却为我们勾勒出了政治发展的基本内涵,即政治伦理、政治能力和政治技术三个方面的协调发展。

依据同构原理,我们亦可将"政策发展"理解为政策伦理发展、政策能力发展和政策技术发展三个层面的协同发展。这其中,伦理、能力和技术既有统一的一面,也有矛盾冲突的一面。就统一性而言,伦理体系确定了价值和目标,能力体系构建制度和结构,而技术体系提供行动和支撑,三者共同构成一个完整的从价值理性到工具理性的配套体系。而就矛盾性来看,伦理体系关注的是公平,能力体系注重的是权威,技术体系关注的是效率。实现公平可能以弱化权威和降低效率为代价,所以实现伦理、能力和技术的协调发展并不容易。

---

① 孙正甲.参与型政策文化与政策发展[J].理论探讨,1998(3).
② 〔美〕鲁恂·W.派伊.政治发展面面观[M].任晓,王元译.天津:天津人民出版社,2009:65.
③ 参见李成言.廉政发展[M].北京:北京大学出版社,2004:5.
④ 〔美〕加布里埃尔·A.阿尔蒙德等.比较政治学:体系,过程和政策[M].曹沛霖等译.北京:东方出版社,2007:22.

1. 政治伦理发展

政治伦理的发展,集中体现在政治文化的世俗化。具体包括:

(1) 强调权威产生的合法性。政治权威的产生应该是根据其自身的道德水平和执政能力,而非依靠神秘主义的魅力或与生俱来的血统。

(2) 强调政治体系的开放性,鼓励大众对政治活动的普遍参与和积极介入。尽管参与和介入可以有多种方式,但一个现代发展的政治体系应保证公民具有政治参与和利益表达的渠道和积极性。

(3) 强调政治体系的公平性,亦即政治体系的维持和管理,应该依靠普遍适用的法律和制度,而非执政者的个人判断。在法律和制度面前人人平等,公平来源于法治。

2. 政治能力发展

政治能力的发展,即政府在履行其基本职能时效率和效能方面的提升。具体包括:

(1) 政治能力的发展,意味着政府基本职能的普遍扩充和重新定义。现代政府的基本职能已经完全超出了传统意义上的"守夜人"或"夜警察"角色,成为社会的全面管理者和公共利益的选择、综合、分配、落实者。与此同时,政府职能的重心也在不断重新定义,在一些方面(如保持和促进社会的公平与正义)不断加强的同时,另一些方面(如直接的经济性生产经营活动)也在逐渐压缩,发挥掌舵而非划桨的功能。

(2) 政治能力的发展,意味着维持和促进政治伦理发展的能力得到提升。政治伦理中所强调的政治权威合法性、政治体系开放性和公平性等发展宗旨和目标,需要通过政治能力建设来具体实现,需要配套的制度体系来规范实施。

(3) 政治能力的发展,意味着"在宪政框架下解决冲突"[1]的能力得到发展,政治的稳定性提高。政治能力的发展,意味着可以在更加

---

[1] 欧阳景根.政治宪法、法律宪法、社会/公民宪法——民族国家政治能力增强的复合宪法模式[J].学术月刊,2005(9).

健全的宪政制度框架内解决冲突,更好地维持政治的稳定性。有学者提出中国的社会秩序应从"刚性稳定"转向"韧性稳定"[①],这也依赖于宪政框架下政治能力的发展。

3. 政治技术发展

政治技术的发展,集中体现在政治体系结构的分化和专业化。具体包括:

(1) 结构的分化,职能的专业化。技术的发展,有赖于分工的细化和专业化,在政治领域同样如此。只有当政治体系结构充分分化、政治职能高度专业化时,政治技术效率和政治输出能力才能被有效释放。结构分化与职能专业化是科学理性的过程,应与当时的社会整体生产力水平相适应,过分细化会造成机构重叠臃肿,反而降低行政效率。

(2) 环境适应能力提高。政治技术的发展,意味着政治体系拥有更强的环境适应能力,能够迎接更大的环境挑战。为了实现政治发展目标,现代政治体系所制定的一系列新制度和新政策均面临严峻的现实挑战。政治技术的发展,其目的即为应对挑战,提高制度和政策的适应能力。现代科技水平的整体提升和政治体系结构的日益分化,为政治体系更好地适应环境挑战创造了条件。

(3) 政策创新能力提高。政治技术的发展,意味着政府在实现发展目标过程中拥有更多的政策工具可以选择,且政策得到进一步创新和发展的可能性提高。政策创新能力的提升,是政治技术自我学习和自我发展的结果,但这种创新必须以政策伦理为目标,以政策能力体系为规范,而不能异化为单纯的效率至上,否则便可能发生政策发展中的目标置换,以工具理性代替价值理性。

二、政策发展与元政策改进

与政策发展相关的另一个概念是"元政策"。

---

① 参见于建嵘. 从刚性稳定到韧性稳定——关于中国社会秩序的一个分析框架[J]. 学习与探索,2009(5).

元政策作为"如何制定政策的政策"①,是公共政策分析研究的一个重要概念。在公共政策的宏观分类上,很多学者将"元政策"与"基本政策""方面政策(具体政策)"相并列,共同构成公共政策的三个层级体系。元政策决定着哪些组织和个人按照怎样的程序、依据什么原则、采用什么方法来制定政策,它牵涉整个政策制定系统②。

在元政策、基本政策和方面政策这三个不同层面政策的变革和改进中,最具政策发展意义的便是元政策的变革与改进,因为它意味着政策制定理念的根本变化,随之将导致一系列伦理、价值、制度和技术的变化,对社会价值和公共利益的分配具有根本性的影响。相对而言,基本政策和方面政策的变革与改进,往往牵涉面较小,有时只是个案和特例,不稳定且有反复,因而不具普遍意义。当然,元政策的改进是基本政策和方面政策改进的累积性变革,一些标志性的基本政策或方面政策的变革,尤其是影响深远的重大危机事件,会催生元政策变革,推动政策发展。

如在"文革"之后,中国放弃"以阶级斗争为纲""两个凡是"的错误元政策,而提出"以经济建设为中心""坚持四项基本原则""坚持改革开放"的元政策,以及中共十七大提出的"科学发展观"元政策,相对某一具体方面和领域的政策变革,更具有政策发展的意义。

所以,若从元政策的角度来定义政策发展,政治发展即是元政策系统的变革与改进。其重点包括元政策的协调性改进、有效性改进,以及元政策失败而导致的政策变革与发展等。

1. 元政策协调性改进

价值、制度和技术是元政策体系的基本构成要素。元政策的协调性不但意味着元政策与元政策环境之间的协调,而且是三个基本要素在子体系内和子体系间的协调。元政策的协调性改进,是政策发展的基本形式之一,其基本旨向是避免政策冲突并加强政策整合。

第一,一项目标合理、结构良好且功能完整的元政策,首先是在政

---

① 德罗尔.政策科学设计[M].1971:49—54.转引自〔美〕菲利克斯·A.尼格罗,劳埃德·G.尼格罗.公共行政学简明教程.郭晓来等译.北京:中共中央党校出版社,1997:30.
② 张金马.政策科学导论[M].北京:中国人民大学出版社.1992:31—32.

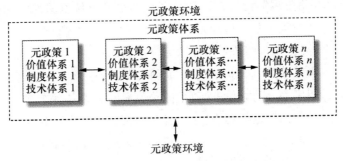

图 6-1 元政策的"价值—制度—技术"体系

策内部,其价值体系、制度体系和技术体系相互协调——以价值规范制度、以制度引导技术。在元政策群内的价值集合、制度集合和技术集合也应和谐互补。再向外拓展一层,每项元政策间也应充分协调,避免元政策"打架"现象的发生。这些协调有序的元政策共同构成一个政府的元政策体系。

归纳而言,元政策体系的协调性表现在单项元政策内部的协调有序,元政策与元政策之间的和谐共生,以及元政策群所包含的价值集合、制度集合和技术集合各自的协调性。

第二,元政策协调性改进,是元政策识别、适应和改造政策环境的过程。只有与政策环境良好适应的元政策体系,才能对其他一般政策的制定和执行发挥指导作用,继而解决公共问题。政策环境的动态性决定了元政策的包容性。现实的政策环境不断发生变化,但元政策作为国家政治和行政体系运行的基本规则,不可能像一般公共政策一样即时调整,所以元政策总是具有很大的包容性和解释空间。

2. 元政策有效性改进

元政策的有效性,是指元政策目标与元政策效果之间的对应关系。元政策有效性的改进,是政策发展的另一种重要形式,其基本旨向是通过政策工具的合理运用而促进政策效能的最大发挥。

要提高元政策的有效性,应针对不同的政策特征,分别从价值、制度和技术等角度进行调整和改善。

针对发生价值偏差的元政策,如"文革"期间提出的"两个凡是"

"以阶级斗争为纲"等元政策,需要从根本上进行价值的纠错和重构,果断宣告元政策失败并启动元政策的终止程序。否则,仅仅进行局部的修补和改进,无法维持整个元政策体系的有效性。

另一类元政策,如"遏制腐败,加强党风廉政建设",更需要从制度的角度进行完善,因为这一元政策的价值导向正确且具有技术的可行性。目前在我国政治体制中,遏制腐败的关键还在于从制度上实现权力的制约,阻断权钱交易的链条,同时依法对腐败现象进行严厉打击和严肃查处。显然,"遏制腐败,加强党风廉政建设"这一元政策的有效性的发挥,很大程度上依赖于我国的法制建设和制度创新。

还有一类元政策,充分发挥技术在其中的突出优势是保证其有效性的关键所在。如我国提出要努力构建"诚信社会",但对于一个拥有十几亿人口的现代社会而言,诚信社会的构建需要以个人或企业组织的完整诚信记录技术平台作为支撑,而这一海量数据库的建立、维护和运行,对于我国而言是一个很大的挑战,需要随着社会的发展、技术的进步逐步建立和完善。

3. 元政策失败与政策发展

政策发展与元政策之间的逻辑关系并非简单的"元政策失败—政策发展"。常规政策的演进过程具有"路径依赖",即其可以在一定的政策风格和政策范式中更新演进。"元政策"也具有类似的发展路径,即除了彻底的元政策失败而导致政策变革外,元政策同样具有改善和进化的能力。

元政策的协调性即是解决元政策内部、元政策之间以及元政策与外部环境之间的关系问题。元政策在相对稳定的前提下,也会不断调试自身,发展演化出更优的元政策,但这并不意味着原有元政策的失败,而恰恰证明了其弥补、更新和发展的能力。所以,元政策的"革命"和"改良"都可以导致政策发展,而且在成熟稳定的现代政府中,元政策改良较元政策革命更为常见。

三、政策发展与政策之窗

从社会问题到政策问题,需要一定的关键性契机,亦即"政策之窗"。约翰·金登在他的"多源流分析模型"中将之定义为"根据给定的动议而采取行动的机会",它们呈现并且只敞开很短暂的时间①。

美国学者安德森总结前人的研究成果,提出了推动社会问题加速进入政策议程的四种触发机制,即政治领导、危机事件、抗议活动和传媒曝光②。不难看出,安德森所总结的四种政策议程触发机制中,至少有两种与公共危机高度相关,即"危机事件"和"抗议活动"。毋庸置疑,公共危机是政策之窗开启的重要原因,也是促成问题流、政策流和政治流交汇的重要因素,可推动社会问题进入政策议程。政策窗口的开启,是政策发展的重要契机。

尽管政策发展在历史和逻辑上应该是可预测和必然的,甚至可以被归结为现代政治"治理与善治"发展的必然趋势,但现实却是,政策发展往往具有很大的偶然性和随机性,尤其是伴随着公共危机的发生、旧有政策的失败而导致的政策发展,不可预测性特征就更加鲜明。

转型期中国频发的公共危机并没有从根本上改变政策之窗的稀缺性和短暂性,不少社会问题进入政策议程依然障碍重重,并不会由于公共危机的发生而变得畅通无阻。与之关联,政策发展的广度、深度和速度,和公共危机发生的频度并不成正比。所以,要客观认识中国公共危机与政策发展之间的关系,公共危机可能触发政策之窗的开启,进而推动政策发展,但这并非是必然的逻辑关系。政策之窗可能瞬间开启,但也会瞬间关上。危机,大多数事后仍仅是危机而已,其所带来的,只有对公共利益的巨大威胁、损害或调整,而并未对公共利益的有效促进和合理分配产生任何积极影响。

第二节 公共危机的政策发展效应

恩格斯说:"没有哪一次巨大的历史灾难,不是以历史的进步为补

---

① 〔美〕约翰·W. 金登.议程,备选方案与公共政策[M].丁煌,方兴译.北京:人民大学出版社,2004:209.
② 〔美〕詹姆斯·E. 安德森.公共政策制定(第五版)[M].谢明等译.北京:人民大学出版社,2004:107—111.

偿的。"①

从人类宏观历史发展来看,无论是科技的发展还是政治的进步,似乎都和人类不断面临的公共危机相关,危机在带来灾难和痛苦的同时,也迫使人类学会如何通过发展技术和创造制度来保护自己。甚至从进化论的角度来看,如果人类祖先不是面临生存危机而被迫走出丛林,进入平原,开始直立行走,那么人类的文明根本无从谈起。

具体到公共政策领域,政策发展有多种方式和途径,其中公共危机所推动的政策发展,是不可忽视的重要类型。政策发展可以分为主动发展和被动发展两类,前者是公共政策的一种稳定的演进和变迁,后者是公共政策在应对挑战中的突变——公共危机是导致政策突变的关键性因素之一。

公共危机的政策发展效应,集中体现在通过公共危机的压力与刺激,促使政府对公共政策原有价值、制度和技术的反思和超越,从而在最低限度上避免同类危机的再次发生,在理想状态下则可进一步追求善治。所以,政策发展是对公共危机的根本性解决,是制度和价值层面的解决,而非仅仅是技术性的压制和掩盖。

我们将公共危机的政策发展效应总结为三类,即超越极点、回归价值的政策发展,超越应激、回归常态的政策发展,超越私益、回归公益的政策发展。

一、超越极点、回归价值的政策发展

1. 标本性危机事件的价值蕴涵

转型期的中国,每年都会发生一系列引起国内外广泛关注的公共危机事件。这些事件迅速成为社会焦点并持续受到关注和热议,除了因为其包含有丰富的新闻性特征外,更在于这些危机事件蕴涵着重要的政策伦理或价值冲突。人们正是发现并抓住了隐藏在危机事件背后的价值内核,才使得一个个孤立的危机事件具有了标本意义和政策发展潜力。

---

① 马克思,恩格斯.马克思恩格斯全集,第39卷[M].北京:人民出版社,1974:149.

2008年的三鹿奶粉事件,以婴儿健康和生命的高昂代价换来了中国政府对食品安全的关注和相关领域的集中治理,在一定程度上促进了企业社会责任的树立和规范。河南人张海超"开胸验肺"事件受到社会各界的广泛关注,其在客观上推进了中国"职业病"鉴定和防治的政策进程,尤其是从对弱势群体的利益表达和救助角度,寻求走出职业病维权中"死循环"的途径。上海人孙中界"断指自证"事件对规范行政执法过程,制定更加切实有效的政策法规和监督机制以约束基于利益驱动的"恶意执法""钓鱼执法"具有推动作用。2009年发生在四川的唐福珍事件,从客观上加速了中国房屋拆迁补偿条例的制定和实施。如果说孙志刚用献血和生命敲开中国收容遣送制度的废除大门,那么备受关注的"上访妈妈"唐慧被劳教,也将已在中国实行了55年的劳动教养制度推到了舆论和变革的前沿。

这些事件的共同特征在于均超越了事件本身,超越了危机爆发点,充分暴露出事件背后的伦理和价值冲突以及深层次利益矛盾,寻求从根本上解决这些矛盾和冲突的政策方案。在这一过程中,公共危机事件具有重要的标本意义。它既是政策议题进入议程的重要窗口,也是同类问题中最具典型意义的标本,还是可以顺藤摸瓜、理清相关利益脉络的关键线索,甚至可以被认为是压倒旧有庞大政策体系的最后一根"稻草"。

从事实回归到价值,是公共危机政策发展效应的基本特征之一。正是有了这一回归的过程,才使得公共危机对公共利益所造成的威胁和损害不是沉没成本,危机代价才有了"学费"的意义。如果对危机事件的治理仅仅停留在事件本身,而不探究危机发生的根本原因及其中的价值冲突,那就无法避免危机事件的再次发生,总会被同一块石头绊倒。

2. 超越危机爆发点

公共危机作为一种高度紧张的压力状态,具有鲜明的极点性质,也就是所谓的"危机爆发点"。若缺少了这一个爆发极点,那么充其量这种紧张压力状态也只是严重"逆境"而非"危机"。公共危机所蕴含的巨大能量在极点事件(或时间)迅速聚集,并寻找爆发的突破口,可以说,极点事件在很大程度上成为公共危机的代名词,是整个公共危机中最引人注目的时间点或事件。

但公共危机并非无源之水、无根之木,短时间内爆发的极点事件只是冰山一角,其巨大的冲突性能量隐藏在爆发极点下面。实践证明,在危机爆发点前,往往有漫长而复杂的危机积累过程,危机的爆发只是矛盾能量积累和自然喷发的结果。危机治理应该是一个综合的过程治理而非简单的事件"摆平"。危机事件往往只是深层次矛盾的表象,若仅关注对这类表象事件的简单处理,仅研究事件处理本身的效率和技巧,只砍断箭杆而不拔出箭头,那么即便可以不断地"点消除",但仍始终无法跳出类似危机不断重复发生的怪圈。

危机爆发点的消除固然重要,这是公共危机治理中的一个关键方面,但并非全部。公共危机在很大程度上是一个政策窗口,它是很多社会焦点问题得以进入议程被迅速解决和果断执行的关键性要素。但公共危机事件和公共危机所蕴含的矛盾冲突是不同的,针对公共危机事件的应急政策,也有别于从根本上调整导致危机爆发的各种利益矛盾的政策。

回归价值、超越极点,就是更加突出危机治理的价值内涵,追求危机治理中的"善治",而非单纯追求公共危机治理器物层面上的发展和改进,以期实现危机契机下的政策发展。

3. 公共危机推动政策发展的基本条件

从近年来我国政策发展的历程来看,公共危机在其中的催化作用不容忽视。但同时这些事件又经常充满了悲壮色彩,反映出转型期中国政策发展的代价之高昂、道路之曲折。

虽然所有的公共危机均有其价值内核,但被发现和确认的只是少数,切实推动了政策发展进程的就更加凤毛麟角。公共危机事件能否从事实回归价值,超越单纯的危机爆发极点而成为政策发展的窗口,关键在于是否满足以下几个条件:

(1) 在危机事件爆发之前,是否有与之相关的价值和利益冲突积蓄已久,政策变革和发展的诉求强烈,寻求集中释放和解决的契机;

(2) 危机事件本身是否具有足够的典型和标本意义,是否具有新

闻性的特征,如信息足够丰富、情节足够曲折、冲击力足够强大等;

(3) 包括新媒体在内的大众传媒是否给予危机事件足够的关注和传播,政府、精英和大众是否共同关注该危机事件的发生与发展进程;

(4) 以公共知识分子和技术专家为代表的专家网络是否深入挖掘危机事件背后的价值和伦理冲突,进而形成了几套具有足够说服力和影响力的主流观点;

(5) 有关危机事件的主流观点在议题网络中被不断传播、酝酿和发酵,社会开始集中反思原有政策的合理性和有效性,是否可以形成强大的舆论压力和治理需求;

(6) 公共危机事件所引发的价值和利益诉求是否并未随着危机事件本身的消除而消失,而仍具有持续性压力;

(7) 政府在对公共危机事件的治理过程中,是否认可专家网络和议题网络的价值和利益诉求,开始积极应对,酝酿和制定包含新价值取向的政策方案,以及新的政策方案是否具备可行性。

综上,危机压力→集体反思→价值回归→超越极点,是公共危机政策发展效应的基本逻辑。

二、超越应激、回归常态的政策发展

1. 从应激模式到常态模式

应对公共危机是一种典型的应激反应,其响应的速度和方式,在很大程度上决定了危机治理的效果。但应激性最大的特征在于回应来源于刺激,即刺激越大回应越大,刺激减小回应减小;一旦刺激消失,则相应的回应也随之消失,直到下一次刺激的出现。

公共危机治理中的刺激回应模式本身并无不妥,问题的关键在于每一次的"刺激—反应"回路是重复的、随机的还是螺旋式上升的。要通过公共危机治理实现政策发展,就必须超越简单的刺激回应模式,总结应对经验并回归到常态行政下的制度、体系和能力建设,避免机械地应对。

尽管疫病流行是古老的公共危机形式,但面对2003年突如其来的"非典"疫情刺激,中国政府依然没有令人满意的回应速度和治理方案;信息的封闭、政策的滞后、执行的不力等等,导致一场本可以消灭在初起阶段的地方性传染病蔓延成重大疫情,给人民健康、国民经济和政府形象都带来了极大的负面损失。"非典"疫情过后,中国政府总结和吸取了危机治理中的经验和教训,并着力构建常态化的危机治理结构和制度体系,包括一系列机构的设置和调整、相关政策的出台、治理理念的转变等。在2009年的甲型H1N1流感应对中,中国政府充分吸取"非典"应对的经验,沉着冷静、全面综合地进行应对,保证了面对甲型流感疫情中国社会和经济的整体平稳运行。

从先后发生在拉萨和乌鲁木齐的两起危机事件也可以看出这种发展和变化,2008年拉萨"3·14"事件后不允许外国记者进入西藏采访报道,而2009年的乌鲁木齐"7·5"打砸抢事件处理后,中国政府的响应速度和应对机制有了很大提高,信息公开化程度有了显著改观,中外记者被允许在新疆自由采访。

从"非典"到"甲流",从"3·14事件"到"7·5事件",显示了危机治理政策的发展,即通过常态化的体系和制度建设,提高了政府和全社会危机应对的综合能力,同类危机事件的应对更加有效。

2. 常态化治理的成本与绩效评估悖论

刺激回应模式并非公共危机治理政策专有,它是所有政治和行政体系的基本存在形式。但由于公共危机是一种强刺激,会给组织留下较深的记忆,所以其回应模式更有可能在事后被合理地常态化,发展为一套预防性的综合治理体系。这在客观上形成了公共危机的政策发展效应。

但从应激回归到常态,实现刺激回应模式的螺旋式上升,在公共危机治理中却并非常态,甚至一些重大公共危机,其剧烈刺激依然无法给组织留下深刻记忆,"好了伤疤忘了疼"的危机治理弊病不断重复。公共危机治理政策必须超越"寒号鸟"式的应激模式,实现常态化治理。

尽管风险社会是当今时代的基本特征,但公共危机毕竟是小概率事件。在这种情况下,将应激行为变为常态制度,一直以来就存在关于成本的争论。

如2008年春节前夕,中国南方多省市遭受了百年一遇的低温、冰冻雨雪天气,对中国南方大部的交通、通信、供电、供水造成了严重影响,当时又正值春运,"屋漏又逢连夜雨",可以说这场罕见的南方冰冻雨雪灾害给政府和民众都留下了极为深刻的记忆。这场公共危机的起因是百年不遇的极端气候灾害,而之所以造成如此严重的影响,是由于南北生产和生活方式有巨大差别,南方缺乏应对低温和冰冻雨雪的经验、技术和设备。如果同样的气候发生在北方,则不会造成如此严重的影响。

于是在应对冰冻雨雪灾害过程中,有人提出南方也应将应对极端低温气候灾害纳入危机管理的常态建设中,尤其是在相关技术和设备方面,如除冰铲雪设备和低温凝冻条件下的供电保障设备等,应该纳入预算并常年配备。

就现实的危机治理成本而言,很多地方政府并不愿意为了一次偶然的甚至是百年一遇的危机,而常年进行"备战备荒"式的人力、物力和财力投入。公共危机的发生概率和生命周期,与决策者的生命和职业周期是不相匹配的。对公共危机常态治理机制的投入,从宏观和长远来看自然是"利在千秋"的,但对某一个具体政府和决策者而言,则有"押宝"的性质。对于更乐见立竿见影效果的政绩追求者而言,实现对公共危机从应急处置到常态治理的转变,将有限的资源持续不断地投入到可能沉寂百年的危机常态治理体系中,是一个艰难的选择。

对危机治理的绩效评估同样阻碍从应激模式向常态模式的发展。

应激模式具有清晰的危机决策和执行主体,对于扩大应急部门预算、提升应急部门地位有直接的促进效果;而常态模式注重危机预防和体系建设,弱化了应急部门和官员的主导作用,自然也降低了危机治理部门建立常态化危机治理体系的积极性和动力。例如,某地经过精心治理,连续多年未发生重大刑事案件,路不拾遗、夜不闭户,而另一地治安状况令人担忧,大案要案频发。那么,上级政府部门到底应增加哪个地区的治安预算,给哪个地区的公安部门配备更多更好的设备、增加扩充更多的警员呢?类似逻辑,可以推演到诸多危机治理领域。

三、超越私益、回归公益的政策发展

1. 环境群体性事件中的利益冲突

公共危机是短时间内对公共利益的巨大调整、威胁和损害的不确定性状态。公共危机的政策发展效应,集中体现在超越私益、回归公益的发展模式上。这种通过协调利益冲突而实现政策发展的特征,在近年来中国频发的环境群体性事件中得到了充分的体现。

2012年是中国环境群体性事件频发的一年。在短短的数月内,包括四川什邡、江苏启东、浙江宁波在内的多地连续发生了声势浩大、影响深远的归因于环境污染威胁的大规模集会抗议事件。这些事件的起因、经过和结果都惊人的类似:高环境污染风险的企业经过政府的合法审批程序,拟在当地建设大型化工企业;当地民众对高污染风险企业的建设持否定观点但长期以来并未受到政府的重视和认可,于是民众通过游行、示威等"以法抗争"形式乃至局部的非法暴力手段来阻止污染项目的启动,爆发大规模群体性事件;事件受到上级政府和海内外各界的广泛关注,当地政府最终让步,缓建或停建高污染风险企业。

中国的环境群体性事件之发生、发展大多循此逻辑,并无新意,但却在近年来不知疲倦地不断上演。类似事件的治理过程也进入了中国式的"闹腾—解决"模式[1]。但这种"闹腾"治理的效果并不令人满意,最终导致的是"多输"的局面:对地方经济有巨大推动作用且在程序上合法合规的项目被下马,当地政府的权威性和公信力巨大流失,公民抗争虽然取得了眼前的胜利,但却并未取得大家所期望的真实环保效果[2]。

要想跳出这种"闹腾治理"的政策怪圈,就必须厘清环境群体性事件背后的真实利益冲突,并寻求利益协调方案。本质而言,中国环境

---

[1] 冯洁,汪韬."开窗":求解环境群体性事件[N].南方周末,2012-11-29.
[2] 同上。

第六章 公共危机治理政策发展分析

群体性事件的核心利益冲突在于政府利益和公共利益的冲突,解决途径就是要通过制度化的途径进行利益表达、利益博弈和利益综合,形成妥协和共识,超越私益而回归公益,实现环境治理、经济增长和民主法制的协同发展。

2. 政府利益、公共利益与政策发展

政府利益与公共利益的关系是矛盾统一的。现代民主政府,作为代议制的产物,理论上而言,政府的利益与其所代表的公共利益是完全统一的,或者至少是高度统一的,因为一旦这种统一性丧失,那么政府有可能在随后的公共选择中被抛弃而无法继续执政。但在现实的政治运作中,政府利益与公共利益却总是无法达到理论上所描述的这种完美统一,反而在某些零和博弈的情境下,政府利益似乎天然地有一种扩张侵犯公共利益的倾向。

政府作为具有独立形态的组织体系,拥有完整的利益抽取、维持和分配体系。政府自身的利益独立性是毋庸置疑的客观存在,关键在于这种利益形式与公共利益的差异有多大,会导致何种冲突后果。无论是政府还是公众,都可以在现实的公共生活中充分感受到这种利益差,也都在试图解决这一问题。但在不同的政治格局和体制下,解决利益差的方式有不同的选择,如:(1)政府通过强力,压制公众对这种利益冲突的不满;(2)政府完全放弃那些与公共利益有冲突的利益诉求,以此来平息公众对超常政府利益的不满;(3)政府与公众通过既定的程序进行对话沟通,达成妥协意见,疏导公众对这种利益差别和冲突的不满。

在以上三种选择中,第一种选择最大的风险就在于若政府的强力不足以压制公众的强烈不满,且由于鲁莽行动而更加激化了公众的不满情绪,则有可能导致利益冲突的总爆发,严重威胁政府的合法性和权威性。近年环境群体性事件的肇始原因,大多是由于当地政府采取了这种方案。第二种选择虽然达到了民主化的要求,但在现实中却很少实行。因为当代政府总是民主决策和精英决策的统一体,完全服从于公共利益而剥夺政府自身的利益诉求,对于精英决策者而言,这意味着"民主的暴政"。第三种选择是较为理性的现实选择,因为通过适当合法的程序进行沟通和对话,有助于政府获得民众的理解和支持,尽管往往在最终的利益妥协格局中,政府利益被一定程度地压缩,但通过法定对话程序,却增加了政府利益的合法性。在处理环境群体性事件中逐渐发展出来的"环评听证制度",正是第三种选择的制度化表现形式。

当前中国一些高环境风险、高污染企业的背后大多包含着一定的政府(部门)利益,而环境群体性事件中政府的初期表现,在很大程度上反映了政府对自身利益的过分关切和盲目坚持。环评听证制度的出现,已经证明了隐藏在企业利益背后的政府利益与公共利益的冲突,听证制度就是为了降低这种冲突及其所带来的负面效应而进行的尝试。

政府利益与公共利益的差是一个矢量,即不但有量上的不同,而且有方向的区别。也就是说,有一些利益差是在合理的量的范围内的,政府和公众可以通过协商,在方向一致的前提下,进行量多量少的讨价还价;但同时,另外一些利益差则是根本方向的不同,是一种无法调和的利益差,必须有一方彻底放弃,否则只能带来严重的冲突和共同的损失。与之相适应,环评听证制度也有两个层面:首先要论证高环境污染风险的企业是否可以在当地建设,即战略决策;如果可以,那么接下来讨论为了保证企业发展、财税收入、人民健康和社会稳定等多重目标的共同实现,该如何具体操作,即技术方案。

听证本身仅是一个对话机制和决策参考,但政府和公众对环评听证的期许不同。对于政府而言,环评听证在于通过听证过程,一方面了解民众对于被听证项目的态度和看法,搜集有利于理性决策的必要信息,另一方面通过环评听证的合法化程序,增强政府决策的合法性。对于民众而言,环评听证的关键作用在于设定政府权力的边界,通过公开的对话和论争,用社会的集体理性和舆论力量来规范政府的行为,避免政府失常利益侵害公共利益。

在环评听证的过程中,政府利益始终是无法回避的关键问题,但由于受制于诸多的政治限制,政府利益问题不可能被直接作为关键性议题进行讨论。不过,政府和公众都已意识到,政府利益在环境群体性事件中占据重要的地位,所以尽管听证内容在表面上很少直接涉及政府利益本身,但究其实质,政府利益通常是构成环评听证争论的焦点之一。

在频发的环境群体性事件推动下,中国多地陆续出台了强制性的环评听证制度,亦即在高环境污染风险的项目规划设计阶段,即强制性要求对项目的可行性进行公开听证,允许各方利益代表参与其中进行公开辩论,探寻项目的利弊得失,寻求多赢的政策方案。尽管目前环评听证制度在中国还不完善,但毕竟作为一个公开的、制度性的对话和博弈平台,环评听证有利于约束和规范企业和政府的自身利益,从而最大限度地维护公共利益,因此具有典型的政策发展意义。

第三节 公共危机:政策失败的结果抑或政策发展的契机

政策失败是政策体系失灵导致政策目标未如期实现的消极状态,它是政策主体极力避免的政策结果,严重的政策失败对政策体系而言是一场灾难,同时也是导致公共危机爆发的重要原因。公共危机是连接政策失败与政策发展的关键中间变量,它既可能是政策失败的结果,也可能是政策发展的重要契机。

一、政策失败导致公共危机

"政策失败→公共危机→政策终止→政策发展"的逻辑演进过程并不具有现实的必然性,甚至是一种极偶然和艰难的过程。不是所有的政策失败都会引起一连串的联动效应,并最终促成政策发展。但同时不可否认,它又确实是当代中国政策发展不可或缺的一条路径选择。

首先,"政策失败→公共危机→政策终止→政策发展"这一危机治理中的政策过程并非仅存在于抽象的逻辑推演中,而是中国的政治现实。随着中国改革的不断深入和经济社会的高速发展,这一逻辑流程被多次验证。

其次,"公共危机"是这一逻辑关系中至关重要的中间环节,如果缺少了这一环节,那么政策终止和政策发展的动力将严重不足。政策失败对政府产生的压力经由公共危机的转化和放大,形成推动政策终止和促进政策发展的关键性动力。若没有公共危机的压力转换和放大作用,那么单纯政策失败的压力很难达到推动政策终止和政策发展的动力需求。

再次,在每两组对应关系中,都有多重变量发挥影响作用。在三组对应关系(即"政策失败→公共危机""公共危机→政策终止""政策终止→政策发展")中,第一组对应关系是政策解构的过程,即暴露政策缺陷的过程,第二组和第三组对应关系是政策重构的过程,即在解构的基础上,寻求更好的政策方案。

最后,在第一组对应关系,即"政策失败→公共危机"中,其因果顺序有或然的可能,即到底是政策失败导致公共危机,还是公共危机暴露了政策失败。

从总体上看,这是一个问题的两个方面。前者的政策过程主线十分明显,如部分地区在征地拆迁过程中,由于补偿政策失败而导致失地农民或被拆迁户的强烈不满,甚至发生大规模的暴力冲突,即属于"政策失败导致公共危机"。而 SARS 和三鹿奶粉等事件的爆发及其治理过程,则暴露出了我国公共卫生防疫政策体系的薄弱、食品药品安全政策(执行和监管)体系的低效,可被理解为"公共危机暴露了政策失败"。

在公共政策领域,政策失败并非稀缺现象,但为什么有些政策的失败被视为正常现象,悄无声息地发生又迅速消失在公众视野中,而另一些政策的失败却会招致公共危机的发生,持续地为社会公众所关注,并继而产生一系列的联动效应。

本书认为,政策失败导致公共危机主要取决于以下几个条件:

第一,政策失败的后果是否触动了诸如公平、正义、民主、自由等具有广泛而深远意义的社会基本价值[①]。这与公共政策象征性有关。

---

① 〔俄〕安尼卡·布莱德斯姆,散尼科·奎柏斯.从"正常事件"到政治危机:理解政策失败中有选择的政治化[J].经济社会经济体制比较,2006(4).

有时,表面看来公共政策所触动的只是少数人的局部利益,如对社会弱势群体的歧视性政策,但却是对社会核心和基本价值的破坏,将造成强烈的社会不满和应激反应,从而导致公共危机的发生。

第二,政策失败导致重大的利益受损或巨大的感情挫折,抑或二者兼而有之。比如近年来频发的农村征地、城市拆迁、企业转制工人下岗、出租汽车司机罢工等等,都是由于相关政策导致其重大经济利益的损失;又如在一些民族宗教问题上,某些官员或公众人物的言行伤害了民族宗教人士的感情,也可能酿成严重的公共危机。兼有经济利益受损和感情挫折的政策失败类型,如一方面由于征地和补偿不到位而导致农民丧失生产资料和生活来源,另一方面城管打击游商小贩,并在人格上贬低侮辱他们,让这些失地农民既缺乏生存的资本,也丧失了做人的尊严,自然会产生强烈的仇视和报复心理,埋下不稳定的种子,一旦时机成熟就会造成严重的危机后果。

第三,特定的政策失败"时机"。如同社会问题成为政策议题需要恰当的政策之窗一样,政策失败导致公共危机,也需要特定的"时机"。如在厦门PX事件中,正是由于厦门大学赵玉芬教授抓住了2007年"两会"提案这一时机,将厦门投建PX项目这一失败政策推向了公共危机。

第四,唤起消极情绪的信息的可获得性。政策失败分为显性和隐性两种。显性政策失败是通过一般信息的获取和常识判断即可发现的政策失败,而隐性失败则需要获取更多的信息、凭借更多的专业知识加以判断。对于政策失败的判断是困难的,因为政府官员和政策方案的支持者善于设计出各种理由,来解释为什么断定"政策失败"为时尚早。

所以,与理性的政策评估相对,民众"消极情绪"也往往作为政策失败的评价依据。当这种消极情绪累积到一定程度时,就会发生公共危机。而这种消极情绪的产生和累计,取决于唤起这种情绪的信息的可获得性①。随着互联网信息技术的不断发展,唤起消极情绪的信息的可获得性越来越便捷,这也是公共危机频发的重要原因。

二、公共危机:"成长的烦恼"抑或崩溃的先兆

在"政策失败→公共危机→政策终止→政策发展"这一逻辑演进中,公共危机成为连接政策失败和政策发展的中间环节。它既是政策失败的不良后果,同时也是政策发展的重要契机。公共危机在政策过程中,承担着双重角色,发挥着不同作用。

尽管在理论阐释中人们经常将危机拆分为"危"和"机"两个部分,并强调危机中所包含的"机遇"特征,但现实中甚少有政府和社会倾向于制造和迎接更多的危机挑战,也不愿为所谓"机"的收益而承担更多"危"的成本。所以,将公共危机作为政策发展的契机,绝大多数情况下只是一种被动的、客观的事后评价,而非主动的、先验的价值追求。

这又回到了本书所探讨的一个核心问题,即公共危机是一个过程还是一个极点。公共危机虽然在表象上表现为一个极点的爆发,但其实质是一个利益冲突累积的过程,公共危机治理更应关注的是对于这种深层次利益结构的调整,而非仅对危机现象的消除。公共危机的冰山效应十分明显,危机爆发时所产生的能量和效应,可能只是整个危机冰山的小部分,更庞大的危机体量则隐藏在水面以下,对整个社会结构造成更具毁灭性的威胁。公共危机治理不应只提升消除危机表象的技术和效率,而更应着力为政策发展提供良好的契机。否则,这种公共危机应对充其量只能说是"危机压制",而非"危机治理"。

对于同一公共危机事件,我们可以有两种对立的理解方式:对于一个具有学习和改进能力的政府而言,公共危机治理的经验和教训将成为政策发展的动力,危机所带来的损失可以被认为是社会发展过程中不可避免的"学费"支出;而如果公共危机仅仅停留在对公共利益的

---

① 〔俄〕安尼卡·布莱德斯姆,散尼科·奎柏斯.从"正常事件"到政治危机:理解政策失败中有选择的政治化[J].经济社会经济体制比较,2006(4).

威胁和损害层面,应对政策也仅止于对危机事件的平息和旧有秩序的恢复,而并不探究危机发生的深层次原因及综合治理之道,那么公共危机的再次爆发将不可避免,其规模和影响还可能更大。于是,公共危机事件便成了这个僵硬落后体制崩溃的先兆。

> **公共危机:政策发展的必要代价**
> 政策失败→公共危机,公共危机→政策终止,政策终止→政策发展
> **公共危机:政治体系崩溃的先兆**
> 政策失败→公共危机,公共危机→体系崩溃

图 6-2　公共危机在政策发展中的双重标志特征

公共危机治理的目标之一即为不良政策的终止和政策发展提供契机和逻辑起点。如果在处置每一起公共危机事件时都遵循这样的原则和愿景,并为之不断付出努力,那么危机应对的社会成本将不是沉没成本,公共危机也将成为善治发展过程中的必要代价,属于一个新兴社会"成长的烦恼",而非现有体制行将崩溃的先兆。

第四节　案例分析:厦门 PX 事件的政策发展意义

一、厦门 PX 事件及其政策发展标本特征

1. 厦门 PX 事件的利益内涵与政策窗口

厦门 PX 事件是近年来中国频发的环境群体性事件中最为典型的一例,其典型的意义,并不在于起因与结果的特异性。因为起因依然是受高风险环境污染的威胁而爆发的群体性事件,结果仍旧是当地政府迫于各种压力而放弃原决策,暂缓或迁建高污染风险项目。厦门 PX 事件的标志意义在于危机治理中的官民互动和公众参与,开创了通过公开的环评听证会来解决中国环境群体性事件的先河。

首先,厦门 PX 事件源于公私利益冲突,即该项目企业的商业利益、当地政府的财税利益、当地官员的政绩利益与厦门市民以健康和安全为代表的公共利益之间的冲突。

作为厦门引进的重点工业项目,海沧 PX 项目由翔鹭集团投资超过 100 亿元,于 2006 年正式开工建设,项目投产后每年将为厦门市提供可观的财税收入,同时可创造一定的本地就业岗位。该项目的敏感之处在于项目属性和选址位置。PX 是化学制品 para-xylene(对二甲苯)的英文简称,这种化工品具有低毒性,对人的呼吸道、中枢神经、听力系统乃至生殖和发育均有严重影响。正是由于这种化学制品的人体毒性特征,所以一般类似项目的选址均在人口稀少地区,且要保证与居民生活区保留足够的安全距离。但厦门 PX 项目选址在人口稠密的海沧台商投资区内,周边有众多居民小区和新建楼盘,包括两所超过 5000 人的大型学校园区。项目五公里内有超过 10 万市民居住生活,而最近的居民区距离厂房不足 1.5 公里。这个被称为厦门"有史以来最大的工业项目",同时也是当时世界上距离居民生活区最近的 PX 项目,一旦建成并投产,将对周边居民乃至整个厦门市民的生活环境和生命健康造成严重影响,所以受到广大市民的集体抵制。

其次,厦门 PX 事件体现了公共利益强迫分享的特征,厦门市民被强迫分享厦门市招商引资政策的负外部性。厦门海沧 PX 项目,在程序上是一个完全合法合规的项目。作为福建省的重点对外合作项目,该项目由厦门市政府引进。项目正式启动前,翔鹭集团与当地政府签署了完全符合商业法的合作协议,也先后通过了国务院、国家环保总局和国家发改委关于重大项目的层层审批和备案程序。厦门当地政府认为,该重点项目的引进和投产,将推动厦门经济的发展,为当地创造更多的就业机会,增加地方财政收入,进而更好地投入市政建设和民生保障中,所以从政府的角度而言,引进 PX 项目同样是基于长远"公共利益"的考虑。

但程序的合法却违背了实事的合理,350 多万厦门市民被强迫分享了 PX 项目所带来的公共利益及其外部性。面对一个不合理但却"合法合规"的项目,厦门市民决定通过宪法赋予公民的合法权利来"以法抗争",通过网络、短信等舆论压力和"上街散步"等非暴力游行抗议来表达不满、主张权益。

程序上的合法合规也将厦门市、福建省乃至国家相关部委架到了

"骑虎难下"的位置。如果承认并支持厦门市民的诉求,便是对自身决策的否定,并涉及商业违约,必须有单位或个人出面承担相应的违约责任;但如果不回应和支持厦门市民的合理诉求,则可能导致"政治违约"更严重的责任。二者相权,最终厦门市政府选择了经济违约,而避免政治违约。很显然,相比而言,经济违约账更加清晰,更易清算和了结。

再次,厦门 PX 事件成功进入政府议程,来源于政策窗口的开启。从 2004 年到 2007 年,厦门 PX 项目已经从合作意向、项目选址、程序审批到了开工建设阶段,其影响和危害从可能逐渐变为了现实,但并未引起公众的广泛关注和政府的觉醒反思。厦门 PX 项目于 2007 年春季进入政府和公众的议程,政策窗口得以开启,得益于两个基本条件:(1)"政策企业家"的推动:政策企业家是具有推动和维系政策变革能力且对政策过程走向有关键和持续影响的政策过程参与者。正是由于有包括赵玉芬教授在内的各领域精英的共同推动,才促使 PX 项目进入政府议程,开启了政策变革的窗口。(2)标志性时机的选择:全国"两会"是受到全国乃至海内外广泛关注的政治大事,赵玉芬教授联合 100 多位政协委员,通过政协提案的方式,为政策窗口的开启提供了关键动力。

尽管厦门市政府并没有接受政协委员的提案建议,并加快了建设进度,但厦门 PX 项目进入公众议程并迅速蔓延和发酵,却已是不可逆转的必然进程了。

2. 超越极点压制,实现网络治理

厦门 PX 事件的发展过程中有一些标志性的特征值得关注,这些特征也是充分彰显该事件标本意义的重要因素。

第一,信息的不对称和新媒体技术的介入。信息的不对称和新媒体技术在减少不对称方面的积极作用,在厦门 PX 事件中均有突出表现:(1)从 2004 年到 2007 年长达三年多的时间里,厦门海沧 PX 项目这个具有高环境污染风险的项目一直在公众的视线外悄悄进行。如果没有赵玉芬等政协委员在全国政协会议上的提案及后期的大力推动,该项目很可能像很多类似项目一样会被"生米做成熟饭",在公众知晓时已经投产运营并开始缴纳利税了。(2)公众对 PX 这一化工产品本身并不了解,对翔鹭集团的生产流程和环保工艺也不了解。公众关于 PX 化工项目对人体和环境的危害性并无科学判断的能力,政府和翔鹭集团也没有向公众提供任何通俗易懂的解释性信息,所以公众宁信其有、不信其无。这是公共危机中民众反应膨胀的突出表现。(3)由于官方信息的阻塞,公众是通过相互转发的短信和互联网社群才了解到自家门口正在大规模兴建具有化学毒性的 PX 项目。短信、互联网,这种具有新媒体意义的信息传播技术,具有快速、便捷和互动的特征,不但在很短的时间内便可以实现最广泛的传播,而且由于通过社交网络进行传播,人们对接受到的信息具有更大的信任感和认可度,群体性的、共同倾向性的情绪更容易形成。

第二,"闹腾"程度与解决程度成正比,中国式的环境群体性事件治理逻辑被再次验证。在信息封闭长达三年之久后,与官方的模糊甚至敷衍解决态度不同,公众提出了明确的表达方案,即号召全体市民在 2007 年 6 月 1 日集体"上街散步"。貌似强大而又自知理亏的官方总是对这种设定了明确时间、地点的群体性号召十分敏感,所以沉寂三年多之后,在民众约定集体散步日的前夜,厦门市政府紧急召开会议听取汇报并决定缓建厦门海沧 PX 项目。但这并没有影响公众约定的集体上街散步行动,6 月 1 日的散步行动还是轰轰烈烈地如期进行了,并迅速受到国内外的广泛关注。这也标志着厦门 PX 事件的发展进入高潮阶段。也许正是由于有了这次"大闹",才为后期民众所期望的"大解决"赢得了与官方讨价还价的筹码。厦门官方在"集体散步"事件中所表现出的容忍和克制,以及在危机极点爆发过后继续积极寻求从根本上解决方案,这种超越危机极点压制而面向利益根本解决的态度和意识,是值得充分肯定的。

第三,公共危机政策网络治理的实现。在厦门 PX 事件爆发的前期,政策社群、专业网络和议题网络发挥了重要的角色作用,尤其是以赵玉芬等技术专家为代表的专业网络,以大众传媒、厦门网民为代表的议题网络,对于 PX 事件进入公众视野和政府议程,进而成为全社会关注的焦点事件发挥了重要的推动作用。

第六章 公共危机治理政策发展分析

作为厦门 PX 事件的又一个高潮,2007 年 12 月 13—15 日举行的市民座谈会是整个事件中最具博弈特征的环节。座谈会由厦门市政府主持,有市民、人大和政协代表参加,且市民代表均通过"摇号"方式产生,充分体现了公平性和代表性。座谈会上,各方充分表达观点,且允许中央和地方媒体进入座谈会现场进行采访和报道,厦门市政府没有在座谈会上扣帽子、打板子,为利益表达和意见交流创造了较为宽松的环境和制度平台。最终,座谈会上以压倒多数的意见反对在厦门海沧区兴建 PX 项目。

二、厦门 PX 事件的网络互动分析

有人认为厦门 PX 项目事件已突破单纯的科学、环保意义,而有望成为中国民主进程中的一个里程碑[①],也是中国公共危机治理的经典案例。

厦门 PX 事件对于公共危机的网络治理和利益分析而言,具有标本意义。在这一事件中,政策网络的特征十分鲜明:政策社群、专业网络、府际网络、生产者网络和议题网络均在这一危机事件的发生发展过程中扮演了各自的角色,发挥了重要的功能。

政策社群,即厦门市委市政府,按照本书的理论模型,其所应发挥的网络角色功能是规则和信息。在这两点上,尽管厦门市政府没有做到完美,但至少在利益表达渠道和官民博弈规则的确立上,进行了大胆尝试,对民众的利益诉求做出了回应和妥协。这也是该事件最终得以合理解决的根本原因之一。

专业网络在政策网络危机治理过程中主要发挥"知识和技术"的作用。如该事件中的厦门大学赵玉芬教授、袁东星教授,2007 年两会期间的 105 位政协委员等,一大批专家学者构成了该危机事件的专业网络,他们对推动这一事件进入政策议程,为政府决策提供智力支持,为官民博弈提供技术依据等方面都发挥了重要作用。

府际网络,包括中央政府和福建、厦门地方政府间的网络关系,甚

---

① 笑蜀.祝愿厦门 PX 事件成为里程碑[N].南方周末,2007-12-20(E29).

至国外政府相关事件的处置办法等,构成了该事件的府际网络体系。中央环保部门的评价测量、国家发改委的介入协调,以及国外类似"宜居"城市对发展化工企业的政策和态度等,都决定了该事件的发展走向。最终 PX 项目从厦门移至漳州,绝不是厦门一地政府所能够决定和实施的,府际网络在其中起到了决定性的作用;正是由于 PX 项目有了替代方案,才使得厦门 PX 事件的解决出现转机。府际网络起到了应有的"支持和参照"作用。

生产者网络是此次危机事件的源头,以翔鹭化工集团为代表的生产者网络本身具有企业利益和利润的追求,而在一切审批均合法的前提下,前期业已投入巨额资金进行 PX 项目的建设。这些都决定了在这一事件中,其责任和自律的发挥具有被动性和局限性。

议题网络在这一危机事件中具有最突出的网络特征。凭借现代的互联网和移动通信技术,公众迅速对这一局部事件产生了巨大关注,关注和参与讨论者不仅限于厦门本地,更遍及全中国乃至世界。"六一散步"得以最终实现,也是基于大众传媒和互联网技术的功能发挥。强大的民意导向和舆论压力,是促成该事件向"以民为本"方向发展的重要动力,乃至是决定性因素。当然,无论是"顺应"民意还是"屈从"民意,结果是一样的,即政府妥协,政府利益让位于公共利益。议题网络的"意见和导向"功能,在厦门 PX 事件中得到了充分的彰显。

从公共利益的角度来看,公共危机是"一种在短时间内对公共利益造成巨大调整、威胁或损害的不确定性状态"。在这一定义下,将厦门 PX 事件定义为一场公共危机,是准确而恰当的。

厦门 PX 事件是一种典型的"利益混合型"危机,即兼有公共利益威胁和公共利益诉求两种类型特征。由于对公共利益的认定主体和认定标准不同,所以对同一事件,政府可能认为是对公共利益的威胁和损害,而民众则认为是对公共利益的诉求。在该事件中,其"公共利益威胁"和"公共利益诉求"的混合型特征十分明显:厦门市政府认为"散步"事件将可能导致这一"造福"厦门财政收入和增加就业岗位的大型化工项目建设受阻,且"六一"市民集体上街"散步"可能导致骚乱等群体性事件而引致市政府被动,所以将之认定为对公共利益的威胁事件。而市民认为这次集体"散步"恰恰是从维护公共利益(200多万厦门市民及子孙后代的健康安全)的角度出发,是一次典型的公共利益诉求行动。

从第三方的角度来看,在类似事件中,"公共利益威胁"和"公共利益诉求"同时存在,这种威胁一方面可以理解成诉求活动的外部性,另一方面有时也是诉求的工具,即通过对既有公共利益的威胁和损害(如对现有社会稳定性的减损)来给政府施加压力,以寻求对公共利益诉求的迅速回应。

政府关切的核心到底是政府危机还是公共危机,危机中政府所控制和消弭的是对政府利益的威胁和损害,还是对公共利益的维护和改善,是必须不断考量的问题。

在厦门 PX 事件中,厦门市政府本身即是利益冲突的制造者,是政府急功近利的招商行为导致公共利益、政府利益和企业利益处于剧烈冲突之中。危机治理初期,厦门市政府将工作的重点落在应对"六一散步"事件上,并针对这一事件出台了一系列政策,如官方舆论引导,取消"六一"放假,加强网络管理,拘留网络召集人,单位领导责任制、军令状,家属亲友上街则机关干部受"株连"等等。这一系列的政策和措施,对于人们所关心的污染问题没有多大益处,唯一的益处就在于解决政府所面临的社会不稳定危机。也就是说,在这一层面上,厦门市政府所要应对的是政府危机,而非公共危机。

庆幸的是,在这一事件的后续应对中,厦门市政府并没有仅止步于对"六一散步"的应对,而是继续推进,将解决厦门市面临的环境污染和市民健康威胁纳入政府议程,做出了实质性的妥协和退让;在政府利益(财政收入)和公共利益之间,理性地选择了后者,从而避免了危机事件的进一步扩大和环境污染隐患的加深,实现了对公共利益的维护和改善。

三、厦门 PX 事件的政策发展分析

如果我们从"政策失败→公共危机→政策终止→政策发展"这一

危机治理的政策过程出发考察厦门 PX 事件的象征意义,可以得到以下几点重要启示：

首先,对"政策失败"与否、失败程度如何的判断,受到评价主体自身利益和价值倾向的影响,所以客观的"政策失败"评价应该由利益超脱的第三方进行,而不应由利益牵涉其中的博弈方进行。例如厦门 PX 事件中厦门市委市政府、国家发改委、国家环保总局、PX 项目方、专家学者、厦门普通市民,这些政策网络主体对引进 PX 项目落户厦门这一政策的评价具有很大差异,均是从各自的利益角度出发的判断。

其次,从"政策失败"到"公共危机"再到"政策发展"的转变,必须存在一定数量的有影响力的行为主体。他们或者拥有社会地位,或者具有专业判断力,或至少拥有热情和精力；他们可以是公民个人,也可以是某种社会组织(非政府组织)或新闻媒体。

再次,从"公共危机"到"政策终止"是一个曲折而漫长的过程,是多方利益博弈和妥协的过程。由于社会矛盾长期积累且缺乏有效的表达机制,所以在"安全稳定压倒一切"的处置原则下,公共危机发生后,许多政府将处置的重点集中于危机本身,即用最短的时间消除危机的形式和载体,而对导致危机发生的利益矛盾却容易忽视。厦门市政府最大的进步在于,并未将所有精力都用到了对"六一散步"的控制中,而是同时也从导致矛盾升级的核心利益冲突出发积极应对,逐步建立起公民表达机制和沟通渠道,最终较为圆满地解决了该危机事件。

最后,从"政策终止"到"政策发展",除了直接促成具体政策更新外,具有象征意义的抽象政策发展同样值得肯定。托马斯·戴伊认为,"政策的结果包括象征性的效果和实际可测的效果。个人、团体以及整个社会常常根据公共政策的善良意图而不是它的现实程度来对其加以判断。我们从政府政策中可以更多领悟到社会愿景和政府的领导,而不是社会的实际状况。政策的作用不仅仅是影响社会状况的变化,而且有助于促进人们的团结和维持有序的社会状态。公共政策是社会所追求的目标的象征"①。

厦门 PX 事件虽未直接促成某项政策的更新,但其政策发展意义十分鲜明,因为厦门民众是"依法抗争",而非"以命抗争"。在没有以生命和鲜血为代价的前提下成功达成政策终止的目的,这不能不归结为一种政策的发展和民意的胜利。

---

① 〔美〕托马斯·戴伊.理解公共政策[M].孙彩红译.北京:北京大学出版社,2008:341-342.

结 论

诚如约翰·金登所言,政府的政策一直并永远是危机的一个函数[①]。公共政策的本质是政府对公共利益实行的权威性分配[②];而公共危机是短时间内对公共利益造成巨大调整、威胁或损害的不确定性状态,公共危机治理的核心在于对公共利益的维护和改善。所以,通过公共利益这一核心中间变量,公共政策和公共危机治理建立了稳定而紧密的关联。

本书以系统分析为基本框架,以政策网络为理论依托,以公共利益为核心概念,对公共危机治理政策体系的诸要素进行了系统分析,以期从公共政策的角度更加有效地预防、控制和应对公共危机,把公共危机带来的影响和损失降到最低,维护和改善公共利益,为构建更加成熟有效的公共危机治理政策体系提供理论指导和实践支持。通过系统分析,本书初步得出如下结论:

第一,公共危机是公共政策重要的逻辑起点;危机治理是政府的职能底线,其不仅是对社会的救助,而且是政府的自我救赎。

人类普遍的生存困境催生了政府的产生。这种普遍困境是公共危机的抽象形式,而政府摆脱困境的基本工具便是公共政策。无论对人性的假设是善是恶,也无论对政府的定位是全能型还是"守夜人",公共危机治理始终是政府的职能底线,如果政府无法保有这条底线的安全,则其自身存在的必要性和合法性必将受到质疑和挑战。

所以,充分运用公共政策工具,对公共危机进行有效治理,不但是

---

① 〔美〕约翰·W. 金登.议程,备选方案与公共政策[M].丁煌等译.北京:中国人民大学出版社,2004:119.
② 陈庆云.公共政策分析[M].北京大学出版社,2006:7.

政府的基本职能需求,而且是维系其自身存续的必要条件。在公共危机治理中,政府既是社会的救助者,同时也是自我救赎者。

第二,公共利益始终是公共危机治理的核心要素。

本书认为,公共危机是"短时间内对公共利益造成巨大调整、威胁或损害的不确定性状态",据此可将公共危机划分为公共利益威胁型、公共利益诉求型和混合型等三种类型。公共危机治理的核心在于对公共利益的维护和改善。

公共危机虽然在表象上表现为某一极点的爆发,但其实质是一个利益冲突累积的过程,公共危机治理更应关注对深层次利益结构的调整和理顺,而非仅对危机现象的消除。公共危机的冰山效应十分明显,危机爆发时所产生的能量和效应可能只是整个危机冰山的小部分,更庞大的危机体量隐藏在水面以下,可能对整个社会结构造成更大破坏。公共危机治理不应只关注提升消除危机表象的技术和效率,否则这种公共危机应对充其量只是"危机压制",而非"危机治理"。

政府危机是公共危机的必要而非充分条件,但若政府利益得不到合理制约,则其可能取代公共利益而成为危机治理的核心旨向,即危机治理政策所控制和消弭的是对政府自身利益的威胁,而非旨在对公共利益的维护和改善。

"公共利益强迫分享"是一种"合法程序"的强制性公共利益分享。虽然这种公共利益只为"个人或少部分人需要",但由于经过了法定程序认可,形成了"公共利益"的事实并具有了"社会分享性"。在这种公共利益的实现过程中,程序性代替了目的性,合法性超越了合理性,也是导致公共危机的重要诱因。

第三,中国公共危机治理应建立在一个开放多元的政策网络之上,鼓励多元政策网络主体的共同参与和各自角色功能的充分发挥。

在公共危机的政策分析中,政策网络理论具有较高的支撑作用和阐释能力。

中国应着力构建一个开放多元的危机治理政策网络,这种开放多元性主要体现在多元政策网络主体的共同参与和各自角色功能的充分发挥,亦即:政策社群的规则和信息功能,府际网络的支持和参照功能,专业网络的知识和技术功能,生产者网络的责任和自律功能,议题网络的意见和导向功能,关系网络的资源和机遇功能。

同时,对不同政策网络主体在危机治理中的角色特征,应有客观全面的认识和评价,包括:政策社群的主导性角色,府际网络的的支撑性角色,专业网络的双重性角色,以及议题网络的复杂性角色等。

作为对经典政策网络罗茨模型的补充,"政策网络金字塔"和"关系网络"在中国有较强的本土适应性和解释力。中国的政策网络发育还不完善,横向、平行的政策网络谱系结构尚不明显。在具体政策实践中,具有一定垂直依赖关系的"政策网络金字塔"结构更能反映当前中国政策网络的结构特征。

"关系网络"作为对罗茨模型的网络主体的补充,其存在和发展与政府部门及官员所拥有的行政裁量权密不可分。公共危机治理中的资源和利益,一部分由刚性制度所规定,另一部分则由政府各部门及其首长在职权范围内进行裁量分配。这部分弹性资源和利益空间很大,也就决定了关系网络在整个政策网络中的重要地位和作用。

第四,公共危机治理中要深刻认识并充分利用公共危机治理政策的"影响力"环境,推动政策压力和政策阻力向政策动力的积极转换。

政策环境的"影响力分析"途径,本质上是对"因素分析"途径的价值重组和功能改进。在公共危机治理中,根据环境影响力作用方向的不同,可以将其分为政策环境压力、政策环境动力和政策环境阻力三类。

政策环境压力包括结构性压力、资源性压力和产出性压力,其导致公共危机治理空间狭小、可资利用资源稀缺和政策绩效要求升高。

政策环境动力包括政策体系动力、文化感召动力、国际支持动力和议题网络动力,这是克服政策压力和阻力、拓展政策空间、赢得政策资源和创造政策绩效的关键性要素。

政策环境阻力包括治理体制矛盾、官民利益冲突、危机信息封闭和危机意识落后等,这些负面因素不但限制了危机治理政策的制定和执行,甚至是导致危机发生的元凶。

政策压力、动力和阻力环境之间可能迅速转换。对政策环境不但要深刻认识,而且要有效管理,关键在于如何识别和利用好各种环境影响力;通过有效的沟通和合理的引导,尽量将压力环境转换为动力环境,并限制阻力环境的负面影响。

第五,公共危机治理中政策执行的膨胀和掩盖效应,加剧危机治理目标和结果的不确定性,甚至可能使公共危机及其治理过程变成政治博弈的筹码和工具。公共危机治理中的政策"不作为"可能是由于能力不足的被动选择,更多则是基于策略技巧的主动抉择。

公共危机作为一种短时间内对公共利益造成巨大调整、威胁或损害的不确定性状态,对公共政策执行产生了膨胀和掩盖等两种典型效应。

膨胀效应包括行政裁量权的膨胀、外部性的膨胀和反应的膨胀,这提升了危机治理过程的风险,使公私权力在危机治理过程中都有突破各自边界,形成新的、更大冲突和损失的可能。掩盖效应包括主动性掩盖和外部性掩盖,其增强了危机治理目标和结果的不确定性,甚至可能使公共危机及其治理过程变成政治博弈的筹码和工具。

公共危机治理中的政策"不作为"可能是由于能力不足的被动选择,更多则是基于策略技巧的主动抉择。尽管在某些时候政策"不作为"可以暂时掩盖危机,但更多情况下却会导致危机局面的恶化和治理难度的增加。公共危机治理政策执行中的"不知作为""不愿作为"抑或"不敢作为",都不构成公共危机中政策不作为的充分理由。公共危机中政府一旦选择"政策不作为",那么"社会自力救济"可能成为民众的被迫选择,这又将进一步加大危机治理的风险和不确定性。

第六,公共危机是连接政策失败和政策发展的中间环节,它既是政策失败的后果,也是政策发展的契机。中国公共危机治理的目标之一就是终止不良政策,并为政策发展提供机会窗口。

"政策失败→公共危机→政策终止→政策发展"这一危机治理政策过程并非仅存在于抽象的逻辑推演中,而是确实存在于当代中国的政治现实中,并在中国的具体政治生活实践中被多次验证。

公共危机成为连接政策失败和政策发展的中间环节,它既可能是政策失败的不良后果,也可能是政策发展的绝佳契机。公共危机在这一政策过程中,承担着双重角色,发挥着不同作用。

公共危机作为政策发展的契机,绝大多数情况下是一种被动的、客观的事后评价,而非主动的、先验的价值追求。

公共危机治理的目标之一,即为不良政策的终止和政策发展创造契机和逻辑起点。如果政府在处置每一起公共危机事件时都遵循这样的原则和愿景,并为之不断付出努力,那么危机应对成本将不是沉没成本,公共危机也将成为善治发展过程中的必要代价,属于一个新兴社会"成长的烦恼",而非旧有体制行将崩溃的先兆。

就政策网络发展而言,中国政策网络的发展既是基于权利意识启蒙和资源结构分化导致的"自下而上"的政策变革,同时也是政府放权让利、培育扶持的"自上而下"的政治发展过程。所以,中国政策网络的发展,既有赖于议题网络、专业网络、生产者网络以及府际网络的自我觉醒和逐步发展,更依赖于政策社群的制度支持和文化培育。这对中国尚未发展成熟的政策网络而言,是至关重要的现实考量。

参考文献

中文专著及译著

[1]〔澳〕罗伯特·希斯.危机管理.王成,宋炳辉,金瑛译.北京:中信出版社,2001.

[2]〔德〕马克思,恩格斯.马克思恩格斯全集:第39卷.北京:人民出版社,1974.

[3]〔德〕马克思,恩格斯.马克思恩格斯选集:第1卷.北京:人民出版社,1995.

[4]〔德〕乌尔里希·贝克.风险社会.何博文译.南京:译林出版社,2004.

[5]〔法〕古斯塔夫·勒庞.乌合之众:大众心理研究.北京:中央编译出版社,2004.

[6]〔法〕皮埃尔·卡蓝默,安德列·塔尔芒.心系国家改革——公共管理建构模式论.胡洪庆译.上海:上海人民出版社,2004.

[7]〔法〕塞奇·莫斯科维奇.群氓的时代.南京:江苏人民出版社,2006.

[8]〔法〕魏丕信.十八世纪中国的官僚制度与荒政.徐建青译.南京:江苏人民出版社,2003.

[9]〔古希腊〕亚里士多德.政治学.吴寿彭译.北京:商务印书馆,1965.

[10]〔韩〕吴锡泓,金荣枰.政策学的主要理论.金东日译.上海:复旦大学出版社,2005.

[11]〔荷〕汉斯·范登·德尔,本·范·韦尔瑟芬.民主与福利经济学.北京:中国社会科学出版社,1999.

[12]〔荷〕阿金·伯恩.危机管理政治学:压力之下的公共领导能力.赵凤萍,胡杨,红敏译.郑州:河南人民出版社,2010.

[13]〔美〕埃莉诺·奥斯特罗姆.公共事务的治理之道:集体行动制度的演进.余逊达,陈旭东译.上海:上海三联书店出版社,2000.

［14］〔美〕B. 盖伊·彼得斯. 公共政策工具——对公共管理工具的评价. 顾建光译. 北京:中国人民大学出版社,2007.

［15］〔美〕保罗·萨缪尔森,威廉·诺德豪斯. 经济学. 高鸿业等译. 北京:中国发展出版社,1992.

［16］〔美〕贝克. 世界风险社会. 吴英姿,孙淑敏译. 南京:南京大学出版社,2004.

［17］〔美〕伯纳德·施瓦茨. 行政法. 徐炳译. 北京:群众出版社,1986.

［18］〔美〕博登海默. 法理学:法律哲学与法律方法. 邓正来译. 北京:中国政法大学出版社,1999.

［19］〔美〕查尔斯·蒂利. 集体暴力的政治. 谢岳译. 上海:上海人民出版社,2006.

［20］〔美〕查尔斯·林德布洛姆. 竺乾威,胡君芳译. 决策过程. 上海:上海译文出版社,1988.

［21］〔美〕戴维·奥斯本,特德·盖布勒. 改革政府——企业精神如何改革着公营部门. 周敦仁等译. 上海:上海译文出版社,1996.

［22］〔美〕菲利克斯·A. 尼格罗,劳埃德·G. 尼格罗. 公共行政学简明教程. 郭晓来等译. 北京:中共中央党校出版社,1997.

［23］〔美〕菲克. 危机管理. 韩应宁译. 台北:经济与生活出版事业公司,1987.

［24］〔美〕弗兰克·费希尔. 公共政策评估. 吴爱民等译. 北京:中国人民大学出版社,2003.

［25］〔美〕亨廷顿. 变革社会的政治秩序. 王冠华等译. 北京:三联书店. 1989.

［26］〔美〕吉登斯. 现代性——吉登斯访谈. 尹宏毅译. 北京:新华出版社,2000.

［27］〔美〕加布里埃尔·A. 阿尔蒙德等. 比较政治学:体系,过程和政策. 曹沛霖等译. 上海:上海译文出版社,1987.

［28］〔美〕卡尔·帕顿,大卫·沙维奇. 政策分析和规划的初步方法. 孙兰芝,胡启生等译. 北京:华夏出版社,2001

［29］〔美〕拉雷·N. 格斯顿. 公共政策的制定——程序和原理. 朱子文译. 重庆:重庆出版社,2001.

［30］〔美〕李侃如. 治理中国. 杨淑娟译. 台北:编译馆,1998.

［31］〔美〕刘易斯·科塞. 社会冲突的功能. 孙亚平等译. 北京:华夏出版社,1989.

［32］〔美〕鲁恂·W. 派伊. 政治发展面面观. 任晓,王元译. 天津:天津人民

出版社,2009.

[33]〔美〕罗伯特·门斯切.市场,群氓和暴乱——对群体狂热的现代观点.郑佩芸等译.上海:上海财经大学出版社,2006.

[34]〔美〕麦克尔·巴泽雷.突破官僚制:政府管理的新愿景.孔宪遂等译.北京:中国人民大学出版社,2002.

[35]〔美〕尼古拉斯·亨利.公共行政与公共事务.项龙译.北京:华夏出版社,2002.

[36]〔美〕诺曼·R.奥古斯丁等.危机管理.北京新华信商业风险管理有限责任公司译.北京:中国人民大学出版社,2001.

[37]〔美〕斯蒂格利茨.经济学.梁小民等译.北京:中国人民大学出版社,2000.

[38]〔美〕托马斯·戴伊.理解公共政策.孙彩红译.北京:北京大学出版社,2008.

[39]〔美〕魏特夫.东方专制主义:对于极权力量的比较研究.徐式谷,奚瑞森,邹如山等译.北京:中国社会科学出版社,1989.

[40]〔美〕约翰·W.金登.议程,备选方案与公共政策.丁煌等译.北京:中国人民大学出版社,2004.

[41]〔美〕约翰·兰尼拉格.中央情报局.潘中强等译.范道丰校.北京:中国社会科学出版社,1990.

[42]〔美〕詹姆斯·E.安德森.公共决策.唐亮译.北京:华夏出版社,1990.

[43]〔美〕詹姆斯·E.安德森.公共政策制定(第五版).谢明等译.北京:人民大学出版社,2004.

[44]〔美〕詹姆斯·Q.威尔逊.美国官僚政治.张海涛,魏红伟译.北京:中国社会科学出版社,1995.

[45]〔日〕佐佐淳行.危机管理宝典.褚先忠译.台北:建宏出版社,1994.

[46]〔以〕海叶卡·德罗尔.逆境中的政策制定.王满传等译.上海:上海远东出版社,1996.

[47]〔英〕阿诺德·汤因比.历史研究.郭小凌等译.上海:上海人民出版社,2010.

[48]〔英〕霍布斯.利维坦.黎思复,黎廷弼译.北京:商务印书馆,1985.

[49]〔英〕简莱恩.新公共管理.赵成根译.北京.中国青年出版社,2004.

[50]〔英〕洛克:政府论(下篇).叶启芳,瞿菊农译.北京:商务印书馆,1964.

[51]〔英〕迈克·希尔,〔荷〕彼特·休普.执行公共政策.黄健荣等译.北京:

商务印书馆,2011.

[52] 白钢,史卫民.中国公共政策分析2009年卷.北京:中国社会科学出版社,2009.

[53] 北京太平洋国际战略研究所.应对危机——美国国家安全决策机制.北京:时事出版社,2001.

[54] 蔡志强.社会危机治理:价值变迁与治理成长.上海:上海人民出版社,2006.

[55] 陈庆云.公共政策分析.北京:中国经济出版社,1996.

[56] 陈庆云.公共政策分析.北京:北京大学出版社,2006.

[57] 陈庆云.公共政策概论.北京:中国广播电视大学出版社,2003.

[58] 陈世瑞.公共危机管理中的沟通研究.上海:上海人民出版社,2011.

[59] 陈曦.帝国噩梦:"9·11"美国惊世恐怖事件纪实.北京:中国社会科学出版社,2001

[60] 陈新民.德国公法学基础理论.济南:山东人民出版社,2001.

[61] 陈振明.政策科学.北京:中国人民大学出版社,1998.

[62] 陈振明.政策科学——公共政策分析导论(第二版).北京:中国人民大学出版社,2003.

[63] 邓云特.中国救荒史.北京:三联书店,1960.

[64] 丁煌.政治执行阻滞机制及其防治对策——一项基于行为和制度的分析.北京:人民出版社,2002.

[65] 杜骏飞.政府网络危机.北京:中国发展出版社,2011.

[66] 杜维明.知识社会中的知识分子.载于刘伟,聆听智者——北京论坛名家演讲集(2004-2011).北京:北京大学出版社,2012.

[67] 费孝通.乡土中国.北京:三联书店,1985.

[68] 费孝通.乡土中国生育制度.北京:北京大学出版社,1998.

[69] 高厚满.外国军警处置突发事件评选.北京:解放军出版社,1992.

[70] 高世屹.政府危机管理的传播学研究.济南:山东人民出版社,2005.

[71] 郭剑鸣.晚清绅士与公共危机治理——以知识权利化治理机制为路径.北京:光明日报出版社,2008.

[72] 洪秀菊.危机决策·处理·谈判——美伊人质危机个案.台北:商鼎文化出版社,1999.

[73] 胡百精.中国危机管理报告(2008—2009).北京:中国人民大学出版社,2009.

[74] 胡宁生. 中国政府形象战略. 北京：中共中央党校出版社，1999.

[75] 胡税根，余潇枫. 公共危机管理通论. 杭州：浙江大学出版社，2009.

[76] 胡伟. 政府过程. 杭州：浙江人民出版社，1998.

[77] 黄光国，胡先缙. 面子——中国人的权力游戏. 北京：中国人民大学出版社，2004.

[78] 黄怀信. 逸周书校补注释. 西安：三秦出版社，2006.

[79] 菅强. 中国突发事件报告. 北京：中国时代经济出版社，2009.

[80] 金太军. 公共政策执行梗阻与消解. 广州：广东人民出版社，2005.

[81] 李成言，谷雪，俸锡金. 廉政政策分析. 北京：北京大学出版社，2002.

[82] 李成言. 廉政工程：制度、政策与技术. 北京：北京大学出版社，2006.

[83] 李成言，刘庄振. 廉政发展. 北京：北京大学出版社，2004.

[84] 李经中. 政府危机管理. 北京：中国城市出版社，2003.

[85] 李连江，欧博文. 当代中国农民的依法抗争. 载吴国光编. 九七效应：香港、与太平洋. 香港：太平洋世纪研究所，1997.

[86] 李慎明，王逸舟. 2004 年：全球政治与安全报告. 北京：社会科学文献出版社，2004.

[87] 李卫海. 紧急状态下的人权克减研究. 北京：中国法制出版社，2007.

[88] 李允杰，丘昌泰. 政策执行与评估. 北京：北京大学出版社，2008.

[89] 厉以宁. 非均衡的中国经济. 北京：经济日报出版社，1994.

[90] 林尚立. 国内政府间关系. 杭州：浙江人民出版社，1998.

[91] 林水波，张世贤. 公共政策. 台北：台湾五南图书出版公司，1980.

[92] 林玉华. 政策网络理论之研究. 台北：瑞共图书，2002.

[93] 刘刚. 危机管理. 北京：中国经济出版社，2004.

[94] 刘柯，李克河. 管子译注. 哈尔滨：黑龙江人民出版社，2003.

[95] 刘泽华. 中国政治思想史. 杭州：浙江人民出版社，1996.

[96] 刘子富. 新群体事件观——贵州瓮安"6·28"事件的启示. 北京：新华出版社，2009.

[97] 刘智峰. 中国政治体制改革问题报告. 北京：中国电影出版社，1999.

[98] 吕友仁. 周礼译注. 郑州：中州古籍出版社，2004.

[99] 马宗晋. 灾害学导论. 长沙：湖南人民出版社，1998.

[100] 苗兴壮. 超越无偿：突发事件应急静态系统建构. 北京：人民出版社，2006.

[101] 宁骚. 公共政策学. 北京：高等教育出版社，2003.

［102］丘昌泰.公共政策:当代政策科学理论之研究.台北:台湾巨流图书公司,1999.

［103］史安斌.危机传播与新闻发布.广州:南方日报出版社,2004.

［104］时和兴.关系、限度、制度:政治发展过程中的国家与社会.北京:北京大学出版社,1996.

［105］宋英华.突发事件应急管理导论.北京:中国经济出版社,2009.

［106］唐钧.公共部门的危机公关与管理——政府与事业单位的危机公共关系解决方案.北京:中国人民大学出版社,2007.

［107］童星,张海波.中国转型期的社会风险及识别——理论探讨与经验研究.南京:南京大学出版.2007.

［108］汪明生,朱斌妤等.冲突管理.北京:九州出版社,2001.

［109］王宏伟.重大突发事件应急机制研究.北京:中国人民大学出版社,2010.

［110］王沪宁,竺乾威.行政学导论.上海:三联书店出版社,1988.

［111］王敬波.公共危机管理案例——突发事件应急处置的典型分析.北京:研究出版社,2009.

［112］王名扬.美国行政法.北京:中国法制出版社,1996.

［113］谢庆奎,杨宏山.府际关系的理论与实践.天津:天津教育出版社,2007.

［114］谢炜.中国公共政策执行中的利益关系研究.上海:学林出版社,2009.

［115］薛澜,张强等.危机管理:转型期中国面临的挑战.北京:清华大学出版社,2003.

［116］杨开忠,陆军.国外公共卫生突发事件管理要览.北京:中国城市出版社,2003.

［117］姚国章.应急管理信息化建设.北京:北京大学出版社,2009.

［118］叶农.左传注释(下).广州:花城出版社,2007.

［119］尹贻林,陈伟珂,王亦虹.公共政策的风险评价.北京:科学出版社,2012.

［120］于建嵘.抗争性政治:中国政治社会学基本问题.北京:人民出版社,2010.

［121］俞可平.治理与善治.北京:社会科学文献出版社,2000.

［122］翟学伟.人情、面子与权力的再生产.北京:北京大学出版社,2005.

［123］张彩云,郭晓峰,王存银.公共危机与管理.兰州:兰州大学出版

社,2009.

[124] 张成福,唐钧,谢一帆.公共危机管理:理论与实务.北京:中国人民大学出版社,2009.

[125] 张成福,唐钧.政府危机管理能力评估——知识框架和指标体系研究.北京:中国人民大学出版社,2009.

[126] 张国庆.公共政策分析.上海:复旦大学出版社,2004.

[127] 张国庆.现代公共政策导论.北京:北京大学出版社,1997.

[128] 张觉.荀子校注.长沙:岳麓书社,2006.

[129] 张金马.公共政策分析:概念、过程、方法.北京:人民出版社,2004.

[130] 张金马.政策科学导论.北京:中国人民大学出版社,1992.

[131] 张丽莎,陈宝珍.学习国家应急预案.北京:科学出版社,2009.

[132] 张维迎.博弈论与信息经济学.上海:上海三联出版社,1996.

[133] 张小明.公共部门危机管理.北京:中国人民大学出版社,2006.

[134] 张昕.公共政策与经济分析.北京:中国人民大学出版社,2004.

[135] 张玉波.危机管理智囊.北京:机构工业出版社,2003.

[136] 赵成根.国外大城市危机管理模式研究.北京:北京大学出版社,2007.

[137] 中国社科院.2001年:中国社会形势分析与预测(社会蓝皮书).北京:社会科学文献出版社,2001.

[138] 周晓丽.灾害性公共危机治理:基于体制、机制和法制的视界.北京:社会科学文献出版社,2008.

[139] 朱春奎.政策网络与政策工具:理论基础与中国实践.上海:复旦大学出版社,2011.

[140] 朱德武.危机管理:面对突发事件的抉择.广州:广东经济出版社,2002.

[141] 朱光磊.当代中国政府过程.天津:天津人民出版社,1997.

[142] 朱旭峰.政策变迁中的专家参与.北京:中国人民大学出版社,2012.

[143] 朱亚鹏.西方政策网络分析源流、发展与理论构建.载马骏、候一麟主编.公共管理研究(第4卷).上海:世纪出版集团上海人民出版社,2006.

[144] 朱延智.企业危机管理.北京:中国纺织出版社,2003.

中 文 期 刊

[1] 艾克文.论霍布斯的国家起源思想.武汉教育学院学报,1999(2).

[2] 安尼卡·布莱德斯姆,散尼科·奎柏斯.从"正常事件"到政治危机:理解政策失败中有选择的政治化.经济社会经济体制比较,2006(4).

[3] 鲍静.危机中的政策困境与化解:政策能力的提升.政治学研究,2005(1).

[4] 贝克.9·11事件后的全球风险社会.王武龙(编译).马克思主义与现实,2004(2).

[5] 毕丽华,李灿林.基于政策网络治理模式下的区域政府间合作.当代经济管理,2009(8).

[6] 陈晨.公共政策环境的再认识.法制与经济,2011(12).

[7] 陈聪,周运祥.紧急状态下人权克减的价值取向研究.内蒙古社会科学(汉文版),2008(11).

[8] 陈晋胜,安明贤,王俊海.群体性事件的文化成因分析.理论探索,2005(6).

[9] 陈敬良,匡霞.西方政策网络理论研究的最新进展及其评价.上海行政学院学报,2009(5).

[10] 陈庆云,曾军荣.论公共管理中的政府利益.中国行政管理,2005(8).

[11] 陈庆云,鄞益奋,曾军荣.论公共管理中的公共利益.中国行政管理,2005(7).

[12] 陈世香,高学农.公共政策文化及其影响的系统探析.华北电力大学学报(社会科学版),2004(2).

[13] 陈伟珂,王亦虹.公共政策风险识别系统研究.中国软科学,2003(3).

[14] 陈志青.政策网络与政策结果关系之研究:基于方法论的视角.辽宁行政学院学报,2008(11).

[15] 程曼丽.政府传播机理初探.北京大学学报,2004(2).

[16] 丁士松.论人治.武汉大学学报(哲学社会科学版),2008(4).

[17] 丁文喜.我国公共危机教育中存在的问题及其对策.中州学刊,2011(5).

[18] 杜宝贵,张韬.正确认识公共危机管理中的几个关系.东北大学学报(社会科学版),2003(5).

[19] 杜孝珍,王娜.我国公共危机教育的现状及其对策.新疆社科论坛,2009(5).

[20] 樊纲.危机应对的经济学原理.北京社会科学,2003(3).

[21] 黄顺康.论公共危机管理中的政府责任.甘肃社会科学,2006(1).

[22] 高钏翔.政策网络研究的理论缘起、实践限度和发展前景.安徽工业大学学报(社会科学版),2008(5).

[23] 高恩新.过程、行动者与危机管理——当代中国农村重大群体性事件的发生机制研究.复旦大学博士论文,2008.

[24] 龚虹波.中国公共政策的执行结构分析.云南社会科学,2008(1).

[25] 谷雪.公共政策执行诸影响因素分析.内蒙古社会科学(汉文版),2008(6).

[26] 谷雪.政府采购腐败问题研究.经济理论与经济管理,2008(4).

[27] 顾忠华."风险社会"之研究及其公共政策之意涵.国科会研究计划,1993.

[28] 郭巍青.涂锋.重新建构政策过程:基于政策网络的视角.中山大学学报(社会科学版),2009(3).

[29] 郝建."暴力美学"的形式感营造及其心里机制和社会认识.北京电影学院学报,2005(4).

[30] 何国强.论卡尔·魏特夫的东方国家起源说.中山大学学报(社会科学版),1996(5).

[31] 洪晓楠,林丹.全球风险社会及其策略回应——乌尔里希·贝克的风险社会理论评介.学术交流,2007(4).

[32] 侯吉永.帝王罪己诏文体的颁布活动分析.兰台世界,2008(12).

[33] 胡鸿高.论公共利益的法律界定——从要素解释的路径.中国法学,2008(4).

[34] 胡建淼,邢益精.公共利益概念透析.法学,2004(10).

[35] 黄学贤.公共利益界定的基本要素及应用.法学,2004(10).

[36] 建光.汶川大地震灾区志愿服务调查分析.中国党政干部论坛,2008(7).

[37] 蒋永甫.人类生存困境与政治国家的产生——亚里士多德、霍布斯与马克思国家起源理论比较.广西社会科学,2009(1).

[38] 景跃进.政策执行的研究取向及其争论.中国社会科学季刊,1996(2).

[39] 李伯重.十八世纪中国的官僚制度和荒政.读书,2002(2).

[40] 李明顺.中国古代赈灾:措施、动因与经验探论.理论学刊,2008(10).

[41] 李琦.中国社会的政策网络模式分析——隐喻与现实.吉林大学硕士学位论文,2009.

[42] 李向军.试论中国古代荒政的产生与发展历程.中国社会史研究,1994(2).

［43］李泽洲.建构危机时期的政府治理机制.中国行政管理,2003(6).

［44］廖业扬.我国现行公共危机管理体制之优势.前沿,2010(21).

［45］林斌.大众传媒在公共危机管理中的双重性.新闻世界,2011(4).

［46］林梅.社会政策过程中不同政策主体之间的博弈分析:关系及格局——以淮河污染防治为例.东岳论丛,2006(11).

［47］林震.政策网络分析.中国行政管理,2005(9).

［48］刘军.关系网络与政治行为——西方政治网络观简析.学术交流,2007(11).

［49］刘俊,黄毅峰.浅谈公共政策执行中自由裁量权的必要性及其控制.江西社会科学,2005(12).

［50］刘霞,向良云.网络治理结构:我国公共危机决策系统的现实选择.社会科学,2005(4).

［51］刘智勇,刘文杰.公共危机管理多元主体协同研究述评——以近10年来国内期刊论文研究为例.社会科学研究,2012(3).

［52］龙太江.从"对社会动员"到"由社会动员"——危机管理中的动员问题.政治与法律,2005(2).

［53］吕景胜.紧急状态法立法研究.中国人民大学学报,2003(5).

［54］吕孝礼.荷兰莱顿大学危机研究中心相关研究述评.中国应急管理,2010(5).

［55］吕志奎.公共政策工具的选择——政策执行研究的新视角.太平洋学报,2006(5).

［56］马建珍.浅析政府危机管理.长江论坛,2003(5).

［57］马力宏.论政府管理中的条块关系.政治学研究,1998(4).

［58］毛光烈.试论行政合理性原则对行政自由裁量权的控制.汕头大学学报(人文科学版),1999(1).

［59］毛平,肖潇.股市中的政策风险防范.经济导刊,2010(2).

［60］鸣弓."罪己诏":帝王的自我批评文本.书屋,2007(3).

［61］莫纪宏.中国紧急状态法的立法状况及特征.法学论坛,2003(4).

［62］倪道善.略议古代帝王的罪己诏.档案学通讯,2004(3).

［63］聂世军.从"罪己诏"谈领导的公共危机应对之道.领导科学(旬刊),2009(9).

［64］欧阳景根.政治宪法、法律宪法、社会/公民宪法——民族国家政治能力增强的复合宪法模式.学术月刊,2005(9).

[65] 浦树柔.公共安全.瞭望新闻周刊,2004(8).

[66] 齐杏发.差序格局、关系网络与政府间运行机制.武汉大学学报,2008(9).

[67] 钱亚梅.风险社会的责任担当问题.复旦大学博士论文,2008.

[68] 邱泽奇.群体性事件与法治发展的社会基础.云南大学学报,2004(5).

[69] 任勇.多元主义、法团主义、网络主义:政策过程研究中的三个理论范式.哈尔滨市委党校学报,2007(1).

[70] 石发勇.关系网络与当代中国基层社会运动——以一个街区环保运动个案为例.学海,2005(3).

[71] 石凯,胡伟.政策网络理论:政策过程的新范式.国外社会科学,2006(3).

[72] 苏力.中国当代公共知识分子的社会建构.社会学研究,2003(2).

[73] 孙立英.汉代罪己诏略析.和田师范专科学校学报,2009(7).

[74] 谭萍.治理维度下的政策网络理论探究.山东大学硕士学位论文,2008.

[75] 唐云锋,许少鹏.政策网络理论及其对我国政策过程的启示.中共浙江省委党校学报,2012(2).

[76] 田国秀.风险社会环境对当代个体生存的双重影响——吉登斯、贝克风险社会理论解读.哲学研究,2007(6).

[77] 王宝治.社会自力救济行为的生成与预防——由2008年一系列群体性事件引发的思考.河北学刊,2009(7).

[78] 王兵.论洛克政府起源学说.中共中央党校硕士论文,2009.

[79] 王德迅.国外公共危机管理机制纵横谈.发展,2006(1).

[80] 王德迅.日本危机管理研究.世界经济与政治,2004(3).

[81] 王贵秀.创建危机学刍议.理论前沿,1996(10).

[82] 王乐夫,马骏等.公共部门危机管理体制:以非典型肺炎事件为例.中国行政管理,2003(7).

[83] 王良.论国外危机管理机制的特点及启示.毛泽东邓小平理论研究,2008(7).

[84] 汪伟全.人际互动:研究地方政府间关系的重要视角."中国特色社会主义行政管理体制"研讨会暨中国行政管理学会第20届年会论文集.

[85] 王艳.论公共危机中的政府责任.黑龙江社会科学,2006(3).

[86] 王战军.群体性事件的界定及其多维分析.政法学刊,2006(10).

[87] 魏立尧,陈凯.企业危机管理理论评述与扩展.华东经济管理,2005(6).

[88] 威廉·韦德.合理原则.李湘如译.法学译丛,1991(6).

[89] 吴嘉蓉.国家利益原则——观察国际关系的一把钥匙.理论改革,2000(6).

[90] 吴兴军.公共危机管理的基本特征与机制构建.华东经济管理,2004(3).

[91] 向波.论行政伦理的价值与构建——基于公共危机治理中自由裁量权合理应用的分析.北京行政学院学报,2010(4).

[92] 向玉琼.危机状态下的公共政策"不决定"分析.云南社会科学,2007(4).

[93] 肖金明.反思 SARS 危机:政府再造.法制建设与道德重构.中国行政管理,2003(7).

[94] 谢志平.公共政策风险及其防范.东北财经大学学报,2009(7).

[95] 徐刚,黄训美.政府危机管理中的公共关系问题研究.中国行政管理,2004(5).

[96] 薛澜,朱琴.危机管理的国际借鉴:以美国突发公共卫生事件应对体系为例.中国行政管理,2003(8).

[97] 薛立强,杨书文.从"中央地方关系"到"政府间纵向关系"———代表性观点与理论趋势.云南社会科学,2010(5).

[98] 许向阳.公共知识分子应对自身"危险性"高度警觉.中国改革,2004(11).

[99] 杨安华.近年来我国公共危机管理研究综述.江海学刊,2005(1).

[100] 杨冠琼.危机性事件的特征、类别与政府危机管理.新视野,2003(6).

[101] 杨小云.实现从人治意识走向法治意识的历史性转变.湖南师范大学社会科学学报,2000(6).

[102] 杨雪冬.风险社会理论述评.国家行政学院学报,2005(1).

[103] 杨亚清,李玉桃.从汶川地震看国际援助.中共山西省委党校学报,2009(10).

[104] 叶国文.危机管理:西方的经验和中国的任务.城市管理,2003(11).

[105] 鄞益奋.利益多元抑或利益联盟——政策网络研究的核心辩解.公共管理学报第四卷第三期,2007(7).

[106] 印度.我国公共危机治理的多元主体参与研究.大连海事大学硕士论文,2009.

[107] 尹贻林,陈伟珂.公共政策风险评价与控制系统.天津大学学报,2000

(3).

[108] 余敏江,梁莹.协商民主与政策执行网络.理论探讨,2006(1).

[109] 于建嵘,裴宜理.中国的政治传统与发展.南风窗,2008(20).

[110] 于建嵘.从刚性稳定到韧性稳定——关于中国社会秩序的一个分析框架.学习与探索,2009(5).

[111] 于建嵘.当前我国群体性事件的主要类型及其基本特征.中国政法大学学报,2009(6).

[112] 于建嵘.群体性事件症结在于官民矛盾.中国报道,2010(1).

[113] 张成福.公共危机管理:全面整合的模式与中国的战略选择.中国行政管理,2003(7).

[114] 张崇和.中国政府公共危机治理能力研究.北京大学博士论文,2005.

[115] 张国清.公共危机管理和责任政府——以SARS疫情治理为例.管理世界,2003(12).

[116] 张海波.风险社会与公共危机.江海学刊,2006(2).

[117] 张介明.我国古代对冲自然灾害风险的"荒政"探析.学术研究,2009(7).

[118] 张劲松,唐贵伍.论政策议程中政策主体的影响力互动及其表现.理论导刊,2007(8).

[119] 张明杰.行政自由裁量权及其法律控制.法学研究,1995(4).

[120] 张强.浅谈我国公共安全保障机制的建设问题.国际技术经济研究,2004(4).

[121] 张云昊.基层政府运行中的过度关系化现象——一个政府行为的组织制度与关系网络的竞争逻辑.华南农业大学学报,2010(3).

[122] 张文.荒政与劝分:民间利益博弈中的政府角色——以宋朝为中心的考察.中国社会经济史研究,2003(4).

[123] 张小进,左昌盛.公共危机全球治理的困境及路径选择.经济与社会发展2008(7).

[124] 张小明.从SARS事件看公共部门危机管理机制设计.北京科技大学学报(社会科学版),2003(3).

[125] 张永坚.政策失败的原因与对策.求实,2001(4).

[126] 赵鹏.瓮安事件是近年来我国群体性事件的"标本性事件".瞭望,2008(9).

[127] 赵亚杰.我国实施行政问责制的困境及完善路径.行政与法,2008

（10）.

［128］郑贤君."公共利益"的界定是一个宪法分权问题.法学论坛,2005(1).

［129］钟开斌.认知—心理、官僚—组织与议程—政治——西方危机决策解释视角的构建与发展.世界经济与政治,2007(1).

［130］周世亮,曹映来.政策执行网络：一种政策执行的新视角.湖北社会科学,2007(7).

［131］朱力.中国社会风险解析——群体性事件的社会冲突性质.学海,2009(1).

［132］诸葛福民,原光.公共危机治理中的信息公开问题———政府、媒体和公众的利益博弈.山东社会科学,2011(11).

［133］朱孝彦.对行政不作为救济的法理分析.河南科技大学学报（社会科学版）,2004(6).

［134］朱亚鹏.公共政策研究的政策网络分析视角.中山大学学报,2006(5).

英文参考文献

［1］Ali Farazmand, ed., 2001, *Handbook of Crisis and Emergency Management*, New York: Marcel Dekker.

［2］Allison, G. T., 1971, *Essence of Decision*, Boston, Mass: Little Brown.

［3］Anthony Giddens, 2000, *Runaway World: How Globalization Is Reshaping Our Lives*, London: Rout ledge Press.

［4］Atkinson, Michael & Coleman, William, 1989, *Strong States and Weak States: Sectoral Policy Networks in Advanced Capitalist Economies*, in British Journal of Political Science, Vol.19, No. 1.

［5］Axlerod Robert, 1984, *The Evolution of Cooperation*, New York: Basic Books.

［6］Benny Hjern and David Portor, 1981, *Implementation Structure: A New Unit of Administrative Analysis*, Organization Studies, No. 2.

［7］Blaikie P, Cannon T, Davis I, and Wisner B, 1994, *At Risk: Natural Hazards, Peoples Vulnerability and Disasters*, London: Rout ledge Press.

［8］Borzel, T. A., *Organizing Babylon-on the Different Conceptions of Policy*

Networks, *Public Administration*, summer 1998, Vol. 76.

[9] Cooper Terry L., 1990, *The Responsible Administration* (3rd ed.). San Francisco: Jossey-bass Publisher.

[10] D. Marsh and Raw Rhodes, 1992, *Policy Networks in British Government*, Oxford: Clarendon Press.

[11] D. Marsh, 1998, *Comparing Policy Networks*, Buckingham: Open University Press.

[12] David Marsh and Martin Smith, *Understanding Policy Net-works: Towards a Dialectical Approach*, *Policy Studies*, 2000, 48(1).

[13] David Marsh and R. A. Rhodes, eds., 1992, *Implementing Thatch Rite Policy: Audit of an Era*, Buckingham: Open University Press.

[14] Deborah W. Larson, 1985, *The Origins of Containment: A Psychological Explanation*, Princeton: Princeton University Press.

[15] Denise Scheberle, 1997, *Federalism and Environmental Policy: Trust and the Politics of Implementation*, Washington, D. C.: Georgetown University Press.

[16] Dowding K., 1995, *Model or Metaphor? A Critical Review of Public Network Approach. Political Studies* (XLIII).

[17] Eric K. Stern, 1999, *Crisis Decision-Making: A Cognitive-Institutional Approach*, Stockholm: Department of Political Science, Stockholm University.

[18] George C. Edwards, 1980, *Implementing Public Policy*, Washington, D. C.: Congressional Quarterly Press.

[19] Graham Allison and Philip Zelikow, 1999, *Essence of Decision: Explaining the Cuban Missile Crisis*, New York: Longman.

[20] Heclo, H., *Issue Networks and the Executive Establishment*. In A. King (Ed.), 1978, *The New American Political System*. Washington: American Enterprise Institute for Public Policy.

[21] Hermann, Charles F., 1972, *International Crises: Insights from Behavioral Research*, New York: Free Press.

[22] Hewitt, Kenneth, ed., 1983, *Interpretations of Calamity: From the Viewpoint of Human Ecology*, London: Allen and Unwind.

[23] Howlett, M., and Ramesh, M., 1995, *Studying Public Policy: Policy Cycles and Policy Subsystems*, Oxford: Oxford University Press.

[24] Hudson, J., and Lowe, S., 2004, *Understanding the Policy Process: Ana-*

lyzing Welfare Policy and Practice, Bristol, The Policy Process.

[25] Irving L. Janis, 1989, *Crucial Decisions: Leadership in Policymaking and Crisis governance*, New York: the Free Press, a Division of Macmillan, Inc.

[26] J. Hudson, *Informatization and Public Administration: A Political Science Perspective, Information, Communication and Society*, 1999(2).

[27] J. L. Pressman and A. Wildvasky, 1973, *Implementation*, Berkeley: University of California Press.

[28] James E. Anderson, 2003, *Public Policy Making: An Introduction*, Houghton Mifflin Company.

[29] James G. March and Johan P. Olsen, 1989, *Rediscovering Institutions: The Organizational Basis of Politics*, New York: Free Press.

[30] James P. Lester and Joseph Stewart, JR. , 1996, *Public Policy: An Evolutionary Approach*, West Publishing Company.

[31] Katzenstein Peter, 1977, *Between Power and Plenty*, Madison: University of Wisconsin Press.

[32] Kenis, P. , Schneider, V. , 1991, *Policy Network and Policy Analysis: Scrutinizing a New Analytic Toolbox*, in B. Martin & R. Mayntz (Eds.), *Policy Networks, Empirical Evidence, and Theoretical Considerations*, Frankfurt am Main: Campus Verlag.

[33] Klijin E. H. , and Koppenjan J. F. M. , 2000, *Public Management and Policy Network: Foundations to a Network Approach Governance, Public Management*, 2-(2).

[34] Klijn, E. H. , *Analyzing and Managing Policy Process in Complex Networks: A Theoretical Examination of the Concept Policy Network and its Problems*, in *Administration & Society*, 1996(28).

[35] Lowi, *Four Systems of Policy, Politics and Choice, Public Administration Review*, 1972(32).

[36] M. L. Goggin, 1990, *Implementation Theory and Practice: Toward a Third Generation*, Glenview, ILL: Scott, Foressman/Lettle, Brown Higher Education.

[37] Marin & Mayntz, 1991, *Policy Network: Empirical Evidence and Theoretical Considerations*, Frankfurt am Main: Campus Verlag.

[38] Marsh D. & Smith M. , *Understanding Policy Networks: Towards to a Dialectical Approach, Political Science*, 2000(48).

[39] Marsh D., Rhodes R. A. W., 1992, *Policy Networks in British Government*, Oxford: Oxford University Press.

[40] Michael Moran, Martin Rein and Robert E Goodwin, 2006, *The Oxford Handbook of Public Policy*, Oxford: Oxford University Press.

[41] Peter Bachrach and Morton S. Baratz, 1979, *Power and Poverty*, New York: Oxford University Press.

[42] Peter De Leon, 1978, *A Theory of Policy Termination in the Policy Cycle*, ed. J. V. May and Aron Wildavsky, Beverly Hills, CA: Sage.

[43] Peter Nan-Shong Lee, 1997, *Policy Implementation in Reform China: The Case of Retirement Insurance*. Hong Kong Institute of Asia-Pacific Studies. The Chinese University of Hong Kong. Shatin, New Territories Hong Kong: Occasional Paper No. 67.

[44] Rhodes R. A. W., 1997, *Understanding Governance*, Buckingham: Open University Press.

[45] Rhodes, R. A. W and David Marsh, 1992, *New Directions in the Study of Policy Networks*, European Journal of Political Research, 21.

[46] Ripley, R. B., & Franklin, G. A. Congress, 1980, *The Bureaucracy, and Public Policy* (Rev. ed.). Homewood, Ill. Georgetown: Dorsey Press.

[47] Rosenthal Uriel and Bert Pijnenburg, 1991, *Crisis Governance and Decision Making: Simulation Oriented Scenarios*, Boston: Kluwer Academic Publishers.

[48] Rosenthal Uriel, Charles Michael T., 1989, *Coping with Crises: The Management of Disasters, Riots and Terrorism*. Springfield: Charles C. Thomas Publisher Ltd.

[49] Saundra K. Schneider, 1995, *Flirting with Disaster: Public Management in Crisis Situations*, Armonk, N. Y.: M. E. Sharpe.

[50] Smith Martin, 1993, *Pressure, Power and Policy: State Autonomy and Policy Networks in Britain and the United States*, Springfield, Illinois: Charles C. Thomas Publisher Ltd.

[51] Susan L. Shirk, 1993, *The Political Logic of Economic Reform in China*, Berkeley: University of California Press.

[52] Tanjia A. Borzel, 1997, *Policy Networks-A New Paradigm for European Governance?* European University Institute, Badia Fiesolana, San Domenico (FI).

[53] Taylor Michael, 1987, *The Possibility of Cooperation*, Cambridge: Cam-

bridge University Press.

[54] Ulrich Beck, 1992, *Risk Society: Towards a New Modernity*, London: Sage Publication.

[55] Ulrich Beck, 1999, *World Risk Society*, London: Polity Press.

[56] W. Timothy Coombs, 1999, *Ongoing Crisis Communication-Planning, Managing, and Responding*, London: Sage Publications, Inc.

[57] Wayne Parsons, 1995, *Public Policy: An Introduction to The Theory and Practice of Policy Analysis*, London: Edward Elgar.

[58] Wilks, S., & Wright M., 1987, *Comparative Government – Industry Relations*, Oxford: Clarendon Press.

[59] William L. Waugh, 2000, Living with Hazards Dealing with Disasters: An Introduction to Emergency Management, New York: M. E. Sharpe, Inc.

后 记

通常认为,博士论文是对某一专门领域的专门课题所进行的专门研究,其主要目的是探寻真理、发现规律、解决问题,进而在某种程度上增加人类的知识。当然,既然是"博士"论文,自然也不可缺少学术评价和门槛准入的意义,它意味着一种经历、一种磨练、一种不仅限于学院书斋内的能力和心智考验。对于我而言,对后者的感触更加深刻。

做博士论文,是一种特殊的人生体验,至少对我而言如此。它意味着孤独、思索、欣喜、绝望、迷惘、感恩、顿悟和平静,以上所有的这些语汇,任何一个都不是抽象而做作地堆砌以求修辞的对仗,而是我真真切切的感悟心得。这是一个痛苦的过程,但也是一个快乐的过程,尤其是在喧嚣纷扰的一天过后,端坐案前,平静地思考和书写一些纯粹而理性的文字,透过阅读文献与学人进行跨越时空的对话,是一种难得的心灵享受。

对"公共危机"这一课题的研究兴趣,源于我硕士毕业那年正值2003年"非典"肆虐,切身的体验让我认识到良好的政策体系对于挽救鲜活的生命、平复惊恐的人心、维系稳定的秩序是多么重要,而个人命运、家庭财富与社会资本在一场巨大危机的面前,又是那么渺小与脆弱,所以如何从公共政策的角度治理危机,是一个既有终极关怀又有现实意义的话题。就在本文即将定稿时,四川雅安的地震、H7N9禽流感的蔓延、厦门市民集体抵制PX事件等等,又一次证明了公共危机这一议题在当代显著的关注和研究价值,用"方兴未艾"来形容实不为过。

在此,要感谢所有在我博士求学道路上给予我关心和帮助的师长、家人和朋友。感谢我的导师陈庆云教授的言传身教和谆谆教诲，陈老师严谨的治学态度和求实的研究风格，让我受益终身；感谢我的父母和妻子的关心和支持，他们既是我奋斗向前的动力，更是我守候栖息的港湾；感谢所有给予我帮助、忠告和建议的师长和朋友，是你们教我成长、令我感恩。

路才刚刚开始，这只是一个新的起点。

2013 年 6 月